普通高等职业教育“十二五”规划教材

推销与谈判技术

楼红平◎主　编
涂云海　李　丽　殷军社◎副主编

清华大学出版社
北　京

内容简介

本书定位为高职高专商贸类专业及企业经营管理人员从事推销与谈判工作的入门教材，以推销与谈判的实务工作程序为线索设计内容体系，系统而全面地介绍了推销与谈判的基本知识、基本技能与技巧，具有较强的实用性和可操作性。

本书基于工作过程的实际，将内容划分为推销认知、推销方式与推销模式、推销准备、寻找与约见客户、推销洽谈、商务谈判、异议处理与促成交易、客户回访8个项目。在每个项目中都结合推销与谈判过程中的实际情况安排了导入案例和具体实例，帮助读者思考理解；在每个项目的最后还安排了实训内容，使读者能够在掌握所学知识的基础上，通过实践感受所学所知，从而真正掌握推销与谈判的各种技巧。

图书在版编目(CIP)数据

推销与谈判技术 / 楼红平主编 .--北京：清华大学出版社，2015（2023.7重印）

（普通高等职业教育"十二五"规划教材）

ISBN 978-7-302-40566-5

Ⅰ.①推… Ⅱ.①楼… Ⅲ.①推销-高等职业教育-教材 ②商务谈判-高等职业教育-教材 Ⅳ.①F713.3 ②F715.4

中国版本图书馆CIP数据核字(2015)第145813号

责任编辑：刘志彬
封面设计：汉风唐韵
责任校对：王荣静
责任印制：杨 艳

出版发行：清华大学出版社
网　址：http://www.tup.com.cn，http://www.wqbook.com
地　址：北京清华大学学研大厦A座　**邮　编**：100084
社 总 机：010-83470000　**邮　购**：010-62786544
投稿与读者服务：010-62776969，c-service@tup.tsinghua.edu.cn
质量反馈：010-62772015，zhiliang@tup.tsinghua.edu.cn
印 装 者：三河市科茂嘉荣印务有限公司
经　销：全国新华书店
开　本：185mm×260mm　**印　张**：16.5　**字　数**：400千字
版　次：2015年8月第1版　**印　次**：2023年7月第5次印刷
定　价：47.00元

产品编号：064885-02

Preface 前言

推销与谈判技术是一门操作性极强的应用型课程。为了将理论教学与实训教学融为一体，实现教、学、做的一体化，本书在编写过程中突出了理论学习与实践操作并举，理论知识的编排以够用为原则，实训设计则强调可执行性、相关性和实践性。本书主要特点为：以知识教育为基础，以能力培养为中心，突出应用性和针对性，合理设计学生的知识、能力、素质结构，重视学生实践能力的培养，包括"动脑"思考、"动口"表达和"动手"操作习惯的养成，体现以知识传承为标准的知识质量观转变为融传授知识、培养能力、提高素质三位一体的职业教育质量观。因此，在课堂教学强调从"教师单一主体"到"学生、教师双主体"的教学方式演变中，教学设计中更应着重体现学生的教学主导地位。

本书以推销与谈判技术的理论和方法应用为研究对象，内容通俗易懂，具有较强的实用性和可操作性，定位为高职高专商贸类专业及企业经营管理人员从事推销与谈判工作的入门教材。因此，本书设计既立足于基础知识，又高于基础知识，把推销与谈判的内容基于工作过程的实际，分解为推销认知、推销方式与推销模式、推销准备、寻找与约见客户、推销洽谈、商务谈判、异议处理与促成交易及客户回访 8 个项目，并把每一个项目进一步细分为若干个学习情景，方便教师的教学与学生的学习，有利于教师对整体课程教学进行设计，也有利于理论教学过程与实际训练环节有机结合，不仅能加深学生对基础知识的理解，同时也能提高学生的实际操作能力。

本书的实训内容包括角色演练、课内模拟实训和课外实战训练等不同的形式，教师可以根据实际条件选取不同类型的实训项目布置给学生，并指导学生进行实践，可使学生逐步巩固所学的现代推销与谈判知识与技能。

本书由楼红平任主编，涂云海、李丽、殷军社任副主编，王震宁、王晓丹、朱田参与编写。具体分工为：项目1、项目2由楼红平和涂云海共同编写，项目4、项目8由李丽编写，项目5、项目6由殷军社和王震宁共同编写，项目3、项目7由王晓丹和朱田共同编写；全书由楼红平统稿。

本书在编写过程中得到了清华大学出版社及各位领导、专家的大力支持，也参阅了大量文献，在此一并致谢。

由于作者水平有限，书中难免存在错误和不足之处，欢迎广大读者批评指正。

编　者

目录

项目1 Chapter 1 推销认知

知识目标

1. 了解并掌握推销的基本概念、特点及功能。
2. 掌握推销工作的原则。
3. 理解推销与市场营销之间的关系。

能力目标

掌握现代推销工作的一般过程,树立正确的推销意识,并将其用于指导推销实践。

导入案例

小李的推销意识

一对中年夫妇来到店里,小李迎上去,礼貌地询问:“您好,请问您需要什么酒?”

他们冲小李一笑说:“随便看看。”

小李回应:“您随便看,有什么需要随时吩咐。”**(并与客户保持适当距离,时刻关注客户,寻找恰当的推销机会,以便及时为其提供服务)**

这时客户驻足于××酒庄酒柜前,说:“你们这儿也有这款酒啊,我喝过这款酒,而且去过这个酒庄,那里有跑马场、高尔夫球场,还去那里的酒窖看过。”

“是吗?你真是见多识广,太羡慕您了。您一定是懂酒的行家吧?”

客户笑道:“一般吧。”**(从客户的笑容可以看出他非常愿意接受赞扬)**

“您一定还去过不少地方,喝过不少名酒吧?”

(情景说明:适时赞扬客户,满足客户求尊重的心理需要)

不等客户回答,小李接着说:“我们这儿有一款澳大利亚进口的雅典娜干红,老会员都反映这款酒非常浓郁、醇厚,性价比很高,我推荐给您品尝一下。”

客户接受了小李的建议："那就拿上两瓶吧。"

(情景说明：有的时候把会员的反响告知客户，比推销人员夸夸其谈会更有说服力)

小李接着说："您办张会员卡吧，相信您喝完这款酒之后还会经常光顾我们店的，会员卡可以打九折，积分到一定额度还有礼品赠送，非常实惠。"顾客欣然接受。

(情景说明：对自己所售商品要表露出很强的信心，辅以适时的心理暗示，会使客户更信任你，并且觉得自己买的是对的)

最后，客户又选了一瓶风笛手威士忌，非常高兴地与小李道别。

(资料来源：道客巴巴《成功的推销案例》，有改编，作者不详)

【思考】阅读完案例，你从李芳身上学到了什么？

学习情景1 推销概述

推销是一个古老的名词，是人们所熟悉的一种社会现象，它是伴随着商品交换的产生而产生，伴随着商品交换的发展而发展的。它是现代企业经营活动中的一个重要环节，渗透在人们的日常生活之中。推销就其本质而言，是人人都在做的事情。人类要生存，就要交流，而正是在交流中彼此展示着自身存在的价值。世界首席保险推销人员齐藤竹之助在几十年的实践中总结出的经验是"无论干什么都是一种自我显示，也就是一种自我推销"。

但由于历史和现实的原因，有些人对推销有着种种误会和曲解，甚至形成了习惯性的思维，总是把推销与沿街叫卖、上门兜售以及不同形式的减价抛售联系在一起；针对推销人员，则认为他们唯利是图、不择手段。这种错误的认识，使人们忽视了对推销活动规律的探讨和研究，也影响了优秀职业推销队伍的建立。因此，正确认识推销是熟悉推销业务、掌握推销技巧的前提。

一、推销的含义

随着社会的变迁，推销的含义也在不断地演变。在社会发展的不同阶段，人们会对推销有着不同的理解和认识。

从广义上讲，推销是指一个活动主体，试图通过一定的方法和技巧，使特定对象接受某种事物和思想的行为过程。

狭义的推销是指商品交换范畴的推销，即商品推销。它是指推销人员运用一定的方法和技巧，帮助客户购买某种商品和劳务，以使双方的需要得到满足的行为过程。

理解推销的含义应注意以下几个方面：

(1) 商品推销是一个复杂的行为过程。传统的观念认为推销就是一种说服客户购买的行为。这种观念导致了在推销过程中过分强调推销行为本身，推销者一味地将自己的推销意志强加给客户，而不研究客户对推销行为的反应，只顾及己方利益的实现，而忽略了客户需求的满足。这种把推销理解为单纯说服行为的观点，是导致目前社会上人们普遍对推销人员抱有成见的主要原因。从现代推销活动来看，推销应该包含寻找客户、推销接近、推销洽谈、处理客户异议等。

(2) 推销行为的核心在于满足客户的欲望和需求。从现代市场营销学的观念看，客户的潜在需求更值得经营者关注。潜在需求是需要启发和激励的，这便是推销的关键所在。推销人员作为推销行为的主动方，必须学会寻找双方利益的共同点，在这利益共同点上说服与帮助客户，使客户的购买行为得以实施，从而实现双方的最终目标。

(3) 在推销过程中，推销者要运用一定的方法和技巧。由于推销者和推销对象属于不同的利益主体，这就使得推销行为具有相当的难度。深入地分析、了解市场和客户，灵活、机动地采用相应的方法和技巧，才能促成交易。

二、推销的要素

任何企业的商品推销活动都少不了推销人员、推销品和客户，即推销主体、推销客体和推销对象。如图 1-1 所示，推销人员、推销品和客户构成了推销活动的三个基本要素。商品的推销过程，是推销人员运用各种推销技术，说服客户接受一定推销品的过程。

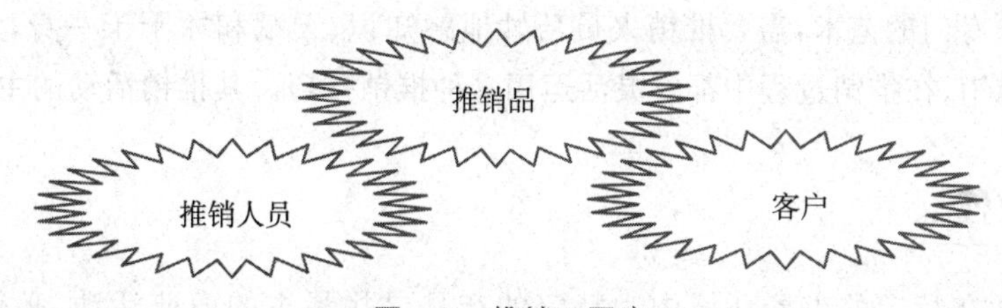

图 1-1 推销三要素

1. 推销人员

推销人员是指主动向推销对象销售商品的推销主体，包括各类推销人员。在推销的三个基本要素中，推销人员是最关键的。在销售领域中，有一个最大的迷惑，那就是许多推销人员以为他们卖的是产品。其实不然，真正的推销不是推销产品，而是推销自己。推销成功与否，往往取决于推销人员的服务精神和态度，因为推销人员是世界上独一无二的，只有客户喜欢其为人、个性、风格，客户才会购买其所推销的产品。尽管说“每个人都是推销人员”，但对职业化的推销人员来讲，推销具有更丰富的内涵。在观看美国职业男篮——NBA 球赛时，我们会体会到“什么是真正的篮球运动”，为他们娴熟、超人的技巧赞叹。对于职业推销人员来讲也一样，只有以特有的技能赢得客户的信任与赞誉，才能展现其存在的社会价值。

2. 推销品

所谓推销品，是指推销人员向推销对象推销的各种有形与无形商品的总称，包括商品、服务和观念。推销品是推销活动中的客体，是现代推销学的研究对象之一。因而，商品的推销活动，是对有形商品与无形商品的推广过程，是向客户推销某种物品的使用价值的过程，是向客户实施服务的过程，是向客户宣传、倡议一种新观念的过程。

3. 客户

依据购买者所购推销品的性质及使用目的，可把推销对象分为个体购买者与组织购买者两个层次。个体购买者购买或接受某种推销品是为了个人或家庭成员消费使用；而组织购买者购买或接受某种推销品，是为了维持日常生产加工、转售或开展业务需要，通常有营利或维持正常业务活动的动机。由于推销对象的特点不尽相同，因而采取的推销对策也有差异。

现代商品的推销少不了推销人员（推销主体）、推销品（推销客体）及客户（推销对象）三个基本要素，如何实现其协调，保证企业销售任务得以完成，客户实际需求得以满足，是广大推销人员应该把握的问题。

三、推销的特点

推销是一项专门的艺术，需要推销人员巧妙地融知识、天赋和才干于一身，无论是人员推销还是非人员推销，在推销过程中都要灵活运用多种推销技巧。其推销活动的主要特点如下：

1. 特定性

推销是企业在特定的市场环境中为特定的产品寻找买主的商业活动，必须先确定谁是需要特定产品的潜在客户，然后再有针对性地向推销对象传递信息并进行说服。因此，推销总是有特定对象的。任何一位推销人员的任何一次推销活动，都具有这种特定性。他们不可能漫无边际或毫无目的地寻找客户，也不可能随意地向毫不相干的人推销商品，否则，推销就成为毫无意义的活动。

2. 双向性

推销并非只是由推销人员向推销对象传递信息的过程，而是信息传递与反馈的双向沟通过程。推销人员一方面向客户提供有关产品、企业及售后服务等方面的信息；另一方面必须观察客户的反应，调查了解客户对企业产品的意见与要求，并及时反馈给企业，为企业领导做出正确的经营决策提供依据。因此，推销是一个信息双向沟通的过程。

3. 互利性

现代推销是一种互惠互利的双赢活动，必须同时满足推销主体与推销对象双方的不同要求。成功的推销需要买与卖双方都有积极性，其结果是“双赢”，不仅推销的一方卖出商品，实现赢利，而且推销对象也感到满足了需求，给自己带来了多方面的利益。这样，既达成了今天的交易，也为将来的交易奠定了基础。

4. 灵活性

虽然推销具有特定性，但影响市场环境和推销对象需求的不确定性因素很多，环境与需求都是千变万化的。推销活动必须适应这种变化，灵活运用推销原理和技巧，恰当地调整推销策略和方法。可以说，灵活机动的战略战术，是推销活动的一个重要特征。

5. 说服性

推销的中心是人不是物，说服是推销的重要手段，也是推销的核心。为了争取客户的信任，让客户接受企业的产品，采取购买行动，推销人员必须将商品的特点和优点，耐心地向客户宣传、介绍，促使客户接受推销人员的观点、商品或劳务。

四、推销的功能

推销作为一种社会经济活动，是伴随着商品经济一起产生和发展的。可以说，推销是商品经济活动中一个必不可少的组成部分，对推动商品经济的发展起着积极的作用。推销作为一种企业行为，更是决定着企业的生死存亡。这些都是由推销本身所具有的功能决定的。推销的功能可以归纳为以下几个方面：

1. 销售商品

销售商品是推销的基本功能。推销是商品由推销人员向推销对象运动的过程。在这个过程中，推销品运动是作为推销主体双方各自需求得以实现的具体方式。通过寻找客户、接近客户、推销洽谈，进而达成交易，实际上就是实现商品所有权的转移，完成了商品销售。

就推销过程而言，寻找、接近客户是销售商品的前提。在正式接近客户之前，推销人员首先要分析潜在客户的有关资料，了解潜在客户的需求，掌握客户未被满足的需求及其购买能力。在充分掌握资料的基础上，推销人员有针对性地选用各种接近客户的方法，并以从容、诚恳、充满自信的态度去面对客户，使客户明确推销品能满足他的需要，为他带来利益，并通过推销人员对推销品的介绍，使他感到购买推销品是一种机会，从而引起购买欲望，形成购买决策。其次，推销洽谈是销售商品的关键。在洽谈过程中，一方面，要进一步向客户提供其所需的信息；另一方面，要有针对性地就商品价格、销售方式等敏感问题进行洽谈，力求找到双方利益的共同点；同时，还要善于处理洽谈过程中的异议和矛盾，及时消除误会，避免冲突。

达成交易是销售商品的手段。推销人员要把握好时机，针对不同的推销对象，灵活地选用不同的成交方法,迅速地达成交易,以达到销售商品的目的。

2. 传递商品信息

由于科学技术的进步和生产的发展,现今市场上的商品种类繁多,新产品更是层出不穷,客户面对市场,常常眼花缭乱。他们需要得到有关的商品信息,以便比较、评价和选择满意的商品。推销不仅要满足客户对商品的需要,也要满足客户对商品信息的需要,及时地向客户传递真实、有效的信息。

推销人员向客户传递的商品信息主要有以下几方面:

(1) 商品的一般信息。它是指有关商品的功效、性能、品牌、商标、生产厂家等有关信息,告知客户某种商品的存在。

(2) 商品的差别优势。它是指商品在同类中所处的地位及特殊功能。要针对不同客户的需要,突出宣传所推销商品的某些特征,以便在客户心目中树立产品形象。

(3) 商品的发展信息。它是指有关商品的发展动态,如新材料的运用、新产品的开发及老产品改进等信息,用以引导客户接受新产品。

(4) 商品的经营信息。它是指有关商品的销售价格、经营方式、服务措施、销售地点等信息,以方便客户购买。

3. 提供服务

推销不仅是把商品销售给客户,而且是通过提供各种服务,帮助客户解决各种困难和问题,满足客户多层次、多方面的需求。通过服务提高客户的满意度,从而建立起企业和产品的良好信誉。

在推销过程中,企业和推销人员为客户提供的服务有以下几方面:

(1) 售前服务。它是指在销售前为客户提供信息咨询或培训的服务。

(2) 售中服务。它是指在销售过程中为客户提供热情接待、介绍商品、包装商品、送货上门、代办运输等服务。

(3) 售后服务。它是指为客户提供售后的安装、维修、包退、包换、提供零配件、处理客户异议等服务。

企业和推销人员通过提供各种服务,赢得客户的信赖,提高企业的声誉,有利于进一步巩固市场,为开拓新产品打下基础。

4. 反馈市场信息

现代推销过程是一个供求信息的双向沟通过程。推销人员是企业通往市场的桥梁,是企业联系市场的纽带,是企业获取情报的重要渠道。他们直接与市场、客户接触,能及时、准确地收集市场信息。推销人员向企业反馈的市场信息主要有以下几方面:

(1) 客户信息。例如,客户对推销品及其企业的反应,客户的需求、购买习惯、购买方式及经济状况等。

(2) 市场需求信息。例如,推销品的市场需求状况及发展趋势、推销品在市场中的优劣态势等。

(3) 竞争者信息。例如,竞争者商品的更新状况、销售价格、质量、品种规格及竞争者促销手段的变化等。

五、推销与市场营销的关系

在实际工作中,有些人没有弄清楚现代推销学与市场营销学的概念,把两者混为一谈,这是不对的。

现代推销学是研究现代推销活动过程及其一般规律的科学。它所研究的对象是推销观念和推销理论、推销技术和推销手段、推销品及其使用价值、推销过程及其规律、推销对象及其特征和购买动机等。其基本理论包括推销观念和推销技术两大部分。

市场营销学所研究的,是在变化的市场环境中满足顾客消费需要、实现企业目标的商务活动过程,主要包括市场营销调研、市场细分、选定目标市场、产品开发、定价、分销、促销及售后服务等。

从以上定义中可以看出,推销学与市场营销学既有联系,又有区别。推销学是市场营销学的重要组成部分,又是由市场营销学延伸出来的独立学科。

在企业经营实践中,营销具有全局性、全过程、战略性的特征,而推销则具有局部性、阶段性、战术性的特征。因此,在具体的营销实践中,推销方案是在营销方案的指导下,根据营销方案的相关规定来制定的。企业市场营销方案的优劣将在一定程度上影响和制约推销活动能否顺利展开和推销人员工作业绩的大小。例如,某企业在确定生产项目之前,进行过详细、客观的市场调查和分析,生产出来的产品具有明确的市场指向(即该产品满足哪一种人的什么样的需求),因而,推销人员就能较快地确定推销范围,迅速找到目标客户,推销活动由此顺利展开。所以说,一个高明的市场营销方案能使推销人员花较少的力气,取得较大的推销成果。而一个蹩脚的市场营销方案将极大地影响和制约推销人员创造性和积极性的发挥,推销人员花很大的力气,却只能取得微小的成果。例如,某市场营销方案的价格体系设计不合理,出厂价偏高而零售价偏低,表面上看,有利于促进客户购买,又维护了企业利益,但因批发商、零售商不能得到行业平均的进销差价,挫伤了批发商和零售商的经销积极性。这样的价格体系就给推销人员发展客户设置了极大的障碍。在价格体系设计合理的前提下,一个推销人员每天可发展一个客户,而在价格体系不合理时,可能要花 3 倍以上的时间才能发展一个客户。推销效率和推销业绩因此而大打折扣。

应当指出的是,现阶段在我国很多中小型企业和新创办的企业中,市场营销人员和推销人员的职能界定不是十分清楚,在这些企业从事产品销售工作的人,通常具有营销人员和推销人员的双重身份,即名义上的营销人员同时要承担部分营销策划工作,而名义上的营销人员同时要做具体的推销工作。

学习情景 2　推销工作的基本原则

推销是一种特殊的职业，它不仅需要从事这项工作的人具有专门的推销知识，还要求推销人员具有良好的心理素质、性格特征及遵循正确的推销原则。因为推销工作总是不断面对新的客户和新的情况，推销工作的成绩不仅取决于推销人员自身的努力，而且常常取决于客户的反应。推销人员经常要独自面对各种困境和难题，具有极大的挑战性。所以，推销是一项能发挥个人能力和聪明才智的工作。这项工作使人获得丰富的社会阅历，是市场经济条件下得以实现自身价值的一项重要的财富积累。越来越多的人正是从推销工作开始走向事业的成功。

商品推销的基本原则，是基于对推销规律的认识而概括出来的推销活动的依据和规则。推销人员掌握正确的推销原则，可以使推销活动有所遵从，减少推销失误，提高推销成效。

一、满足客户需求的原则

客户的需求和欲望是市场营销的出发点，也是推销的出发点。产品是满足人们需求的有形与无形的物质或服务的综合体。客户之所以购买某种产品或服务，总是为了满足一定的需求。因此，推销人员必须认真了解客户的需求，把能够满足客户需求的方案向客户推荐，让客户明白它确实能满足其需求。客户只有产生了需求才可能产生购买动机并导致购买行为。满足需求，是客户购买的基本动机。一位推销人员若不能真切地了解客户的内在需求，在推销品与客户需要之间成功地架起一座桥梁的话，推销是不可能成功的。

推销人员不仅要了解推销对象是否具有支付能力的需求，而且要了解推销对象的具体需求是什么，要熟悉自己的客户，既了解他们的一般需求，又了解他们的特殊需求，把客户的需求放在第一位，向其推销适当的产品或服务。

【同步案例 1-1】

尊重客户是做好销售工作的前提

银川市某体彩销售站业主杨女士是宁夏优秀体育彩票业主。她说："最初我并不喜欢彩票，只是因为我爱人是个超级球迷，后来以我的名义开了个彩票店，我才开始关注彩票。但是，真正变成一名职业业主，还是因为一个很偶然的细节。"

因尊重而入行

"当时我是在银川市一家五星级酒店工作，待人接物都有职业习惯，因此接钱递彩票都用的是双手，就是因为这个细节，一位顾客突然说：'好有礼貌的小杨啊！'"

"我的店面坐落在一个新住宅区里，流动人口少，客户几乎全部是小区内的居民。我把为彩民做好服务摆在了第一位，并尽自己所能帮助小区居民，为此我还特地加入了小区居民自发组织的一个QQ群，那个群大概有500人的规模，我可以通过QQ群随时了解大家在生活上的需求，并主动提供帮助。人家感激我，以礼物回报被我拒绝，大家过意不去，总是让我给推荐几个号，多买几张彩票作为对我的回报，一来二去也就形成了常态。”

因信任而和谐

在五星级酒店做到了管理层的杨女士把细节做到了极致，她喜欢整理废票，经常能在其中发现客人遗漏的中奖彩票。有一次，她发现一张中了500元的彩票。清楚记得那位匆忙离去客人样子的杨女士把这张彩票留了整整一个月，直到那位客人再一次出现在店里，她连忙把中奖彩票还了回去。

杨女士的店营业面积不过50m²，短短几年从最初的一年40万元的销售额增长到了400万元，销量稳居银川市前三位。她的店能获得这样的跨越式发展，靠的就是对彩民的重视。

（资料来源：http://www.kaixian.tv/gd/2014/1226/11770792.html）

应用亮点：在实际销售工作过程中在细节上尊重客户，热情接待客户，不仅能使客户如沐春风，且销售工作也是事半功倍。

二、互利互惠的原则

推销是说服客户采取购买行动的过程，它使生产经营者获得利润，为再生产顺利进行创造了必要的条件。但对客户而言，通过购买也必须能满足消费需求和获得利益。推销的实质是交换，其结果要对双方有利，使买卖双方都比没有达成这笔交易前更好。

互利互惠原则是指在推销过程中，推销人员要以交易能为双方都带来较大的利益或者能够为双方都减少损失为出发点，不能从事伤害一方或给一方带来损失的推销活动。要知道，客户之所以进行购买，就在于交易后得到的利益大于或等于他所付出的代价。因此，推销人员在推销活动中要设法满足自己和客户双方所追逐的目标，实现“双赢”是培养忠诚客户之计，是客户不断购买的基础和条件，也是取得客户口碑的基础和条件。要成为受欢迎、被期待的推销人员，就必须设法为客户提供利益，也就是设法使客户从购买中得到其预期的好处。

推销人员在把握互利互惠原则时，切不可简单地理解为是对客户的让利或赠奖利诱。实际上，客户追求的利益也是多方面的，必须将它与客户所具有的多种需要相适应。推销人员在努力实现互利互惠原则时，必须善于认识客户的核心利益，并与客户加强沟通。正确运用互利互惠原则开展推销活动，必须在推销之前分析交易活动的结果能给客户带来的利益。客户追求的利益，既有物质的，也有精神的。不同的客户对同一商品会产生不同标准的价值判断。客户对需求强烈的商品，价值判断较高；反之则相反。商品不同，带给客户的利益就会有差异。不同的客户对商品价值的评判会有高低，要在准确判断推销品给客户带来利益的基础上找到双方利益的均衡点，开展“双赢”的推销活动。

在进行利益判断时，优秀的推销人员，不仅要看到当前的推销利益，而且要看到长远的推销利益；不仅要看到直接的推销利益，还要看到间接的推销利益。推销人员要多因素综合评价利益均衡点，不能以某一次交易的成功与否来判断推销的利益，要坚持用能给客户带来的利益引导客户成交。充分展示商品或服务能给客户带来的利益，是引导客户购买的重要途径。这种展示越充分、越具体，客户购买的可能性就越大。

掌握互利互惠原则的意义在于以下几点：

(1) 互利互惠是双方达成交易的基础。在商品交易中，买卖双方的目的是非常明确的。双方共同的利益和好处是交易的支撑点，只有在双方都感受到这种利益时，才有可能自觉地去实现交易。

(2) 互利互惠能增强推销人员的工作信心。因为社会的成见，推销人员或多或少地有一种共同的心理障碍，就是对自己的工作信心不足，总是担心客户可能对他的态度不满意，怕留给客户唯利是图、欺骗的印象。产生这种心态的重要原因在于他们或者没有遵循互利互惠的原则，或者没有认识到交易的互利互惠性。推销人员应该认识到，由于自己的劳动，当客户付出金钱时，获得了一份美好的生活。从这种意义来说，推销人员是客户生活的导师。如此有意义的工作，获得利润和报酬是理所当然的。

(3) 互利互惠能形成良好的交易气氛。由于买卖双方各自的立场和利益不同，双方的对立情绪总是存在的。其实，客户对推销人员的敌对情绪，是因为不能确知自己将会获得的利益。所以，推销人员要以稳定、乐观的情绪，耐心、细致的态度，把交易能为客户带来的利益告知对方。

(4) 互利互惠有利于业务的发展。互利互惠的交易，不但能使新客户发展成为老客户，长久地保持业务关系，而且客户还会不断地以自己的影响带来新的客户，使推销人员的业务日益发展，事业蒸蒸日上。

互利互惠是商品交易的一项基本原则，但在具体执行中没有明确的利益分割点。双方利益的分配，也并非是简单的一分为二。优秀的推销人员，总能够使客户的需求得到最大程度的满足，又能使自己获得最大的利益。

【同步案例 1-2】

不卑不亢巧陈情

湖南的曾某在当地是首屈一指的经销商，一天能接待十多个业务员。郑州一家动物药业有限公司的业务员李某前往曾某处推销产品，合作成功后一个月回访曾某，恰逢曾某当天已接待了几个河南的业务员，还因退药问题与其中一位发生了纠纷。曾某很不耐烦，态度极差，李某却不卑不亢，巧妙陈情，不但化解了一场危机，还巩固了该客户。

一个月前曾某和业务员李某达成了合作意向，态度也非常温和，之后李某给曾某发了3件药品共18箱货。李某为能和曾某这样在当地数一数二的大经销商合作而感到很高兴，决定再去拜访曾某，争取扩大业务量。不料刚一进门曾强就冷冷地说："卖出去多少货给你清账，其余的货统统拿回去，从今天起不合作了！"李某很困惑，心想，上次见面态度还挺好的，这会儿是怎么了，产品的销量还是不错的呀，曾某为什么生气呢？正在困惑，曾某气愤地说：

“我不与河南人做生意!”李某听了这话,便猜想可能是曾某和其他河南籍业务员产生了纠纷,迁怒到自己身上,心想这种情况下忍让已没有多大意义,以硬制硬或许还可以争取到机会,于是他毫不妥协地说:“曾经理,我觉得你说这话欠妥。我是河南人,今天是我第二次见你,你好好想想我第一次见你时坑过你没?骗过你没?哪点对不住你了?你这样说是对我人格的侮辱。你可以不买我的产品,但不能说这样的话。我们河南人来找你是给你带来利润的,没有我们你的钱去哪儿挣?”说完郑重地要求曾某退货。看到李某义正词严,自己又确实理亏,曾某有些后悔刚才的鲁莽,语气就缓和了下来,对李某说:“你看你凶的,这一个月来我亲自给你推销这个药,一个月都给你卖出去了三分之二,你还这么凶巴巴的。”李某依旧不依不饶地说:“销售是销售,今天的事是今天的事,我是气你说这句话。我诚心实意和你合作,你却侮辱我的人格!”这句话说得曾某更不好意思,他拿过计算器一算,货款一共是3060元,就对李某说:“我先付给你2060元行不?这1000元押到这儿,这批药卖完还想进你的货呢。”李某一听,见好就收,表示同意,曾某就把账清算给他。李某拿着已拆开的半箱药对曾某说:“曾经理,我公司这药质量是绝对有保证的,不会有用户退货的纠纷,你就放心地卖吧,绝对不会损坏你的声誉。”临走时曾某亲自送他到门外,李某趁势留下宣传资料说:“曾经理,这里还有很多好药,你平时很忙,若有时间就看看,如果你不做这些产品,别人做了,你就太遗憾了。”曾某接过宣传资料表示要仔细看看,若有合适做的药品就和他联系。截至目前,两人之间的合作一直很稳定,业务量持续增长。

(资料来源:道客巴巴.3个经典销售案例分析.http://www.doc88.com/p-279401041945.html.有改编,作者不详)

应用亮点:

(1) 谈生意的双方应是平等的,尊严问题是不容妥协的,以忍气吞声换取的业务是病态的,也是不能持久的。

(2) 做业务既要讲合作,也要讲斗争,有时甚至要出“狠招”。争吵和误解有时不是坏事,澄清才能化解矛盾,争执才会产生进步,理解方可增进友谊。

(3) 谈判要讲求策略,察言观色、张弛有度地讲道理、摆事实才能变被动为主动。

三、推销使用价值观念的原则

使用价值观念,是客户对商品有用性的认识。推销人员与其说是在推销商品,不如说是在推销商品的有用性。人们总是基于对商品有用性的认识来实施购买行为。但是面对层出不穷的新产品,客户对商品有用性的认识是有限的,或者说要有一个过程。又由于生活方式和生活观念的不同,即使对同一种商品的同一种使用价值,人们也会有不同的认识。推销使用价值观念的原则,就是在推销商品时,要利用或改变客户原有的观念体系,想方设法使客户形成对商品使用价值的正确认识,以达到说明和帮助客户购买商品的目的。著名的推销专家戈德曼说过:“你不要单纯地推销具体的商品,更重要的是推销商品的使用价值观念。”就如我们推销洗衣机,重要的是让消费者接受一种省时、省力、舒适、快节奏的现代生活观念,让消费者认识到洗衣机在减轻家务劳动、有效利用闲暇时间、提高生活质量方面所具有的作用。

具体地说，推销使用价值观念原则的意义在于以下几点：

(1) 具有使用价值观念，才能最终决定购买。决定客户最终购买的，一是购买力，二是对商品有用性的认识。随着社会的发展，人们收入的水平不断提高，对商品的购买力越来越强。许多时候，人们对商品持观望态度，迟迟不肯实施其购买行为，就是因为对商品的有用性认识不足，也就是没有形成正确的使用价值观念。所以，推销人员首先应该帮助客户形成对商品有用性的正确认识，或者缩短这个认识过程。

(2) 使用价值观念是购后评价的标准。客户的购后评价是客户需求满足程度的反映。对推销人员而言，良好的购后评价能带来回头客及更多的新客户；不良的购后评价，将使推销人员失去这一客户，并影响到新客户的发展。例如，当前空调进入越来越多的家庭，但用户的购后评价褒贬不一。虽然空调在炎热的夏季里能使人们享有一份清凉和舒适，但也有人抱怨空调的噪声、费电，还有人认为空调影响家人健康，孩子经常感冒，老人关节痛……这些不良的购后评价，会影响一部分家庭的空调消费。所以，要使客户有良好的购后评价，除产品和服务本身的因素外，还必须引导客户形成正确的使用价值观念。

(3) 使用价值观念需要推销。就推销而言，正确的使用价值观念非常重要。但客户往往由于各种原因不能形成正确的使用价值观念。例如，对大量涌现的新产品不熟悉，不了解；对自己许多方面的需要不了解，或者没有把自己的需要与商品联系起来。这些都导致了客户不能认识到商品的有用性。这就需要推销人员去帮助客户正确认识商品的使用价值，认识自己的需要，并把两者密切联系起来。所以说，使用价值观念需要推销。

实践中有许多成功的推销，总是能巧妙地向客户推销使用价值观念。例如，"海飞丝"洗发水可以去除头屑；"小米"手机坚持"为发烧而生"的设计理念，将全球最顶尖的移动终端技术与元器件运用到每款新品。正是这些商品使用价值观念的灌输，使得这些商品深入人心，获得消费者的青睐。

四、人际关系原则

人际关系原则是指推销人员在推销商品时，必须建立和谐的人际关系。

买卖双方的关系是一种经济利益的交换关系，是人际关系的一种。推销人员建立广泛而良好的人际关系，可以为形成更多的买卖关系打下基础。美国的埃尔默·莱特曼是20世纪60年代末世界著名的人寿保险专家，他说过这样的话："我并不销售保险，我建立关系，然后人们就来购买人寿保险。"美国著名的推销人员乔·吉拉德也说过："生意不是爱情，而是金钱，你不必指望所有的人都爱你，却可以让所有的人都喜欢你。"埃尔默所说的"建立关系"和吉拉德所说的"让所有人都喜欢你"，都是指建立和谐的人际关系。他们取得举世瞩目的推销成绩，与他们善于建立和谐的人际关系是分不开的。推销人员应致力于建立一种真诚的、长期的、富于人情味的人际关系，这种关系能使双方感到满意和愉快，而不使一方的利益受到损害。

作为一名推销人员，只有做到言而有信，言行一致，表里如一，在推销过程中不提供伪劣产品，不从事欺骗性活动，不传播虚假信息，才能建立起良好的人际关系。著名企业家包玉刚从小就受到“做人诚实可靠，做事规规矩矩”的训诫，并受益终生，成就辉煌业绩。他把讲信用看作企业经营的根本。他说，纸上的合同可以销毁，但签订在心上的合同是撕不毁的，与人之间的友谊应建立在互相信任上。

【同步案例 1-3】

销售部主管给新员工的三句话

1. 你永远不知道客户在想什么(所以不要花心思去猜)；

2. 你永远不知道自己做得对不对(所以做事情不要缩手缩脚)；

3. 你永远不知道今天的客户明天会不会成为竞争对手(所以关系再好，有些事情也要保密)。

(资料来源：杭州博新企业有限公司资料)

应用亮点：作为一名新入职的推销人员，学会人际关系的处理是在公司生存的关键所在，尤其是客情关系的维系更为重要，关系到双方利益关系和感情关系的维系。

学习情景 3 现代推销流程及推销职业评价

一、现代推销流程

根据推销活动的程序化理论，现代推销过程可以分为以下几个步骤：准备工作、寻找并鉴定潜在客户、选择接近方法、讲解、示范与推销洽谈、处理异议、达成交易、售后与回访工作。如图 1-2 所示，在推销流程中，推销准备、寻找客户、推销接近是推销工作成功的前提与基础；沟通洽谈、异议处理、达成交易则是推销工作的主要内容；售后服务与回访是推销过程中关键的一个环节，良好的售后服务能够赢得客户的青睐，增进推销人员与客户的感情，保持老客户，开发新客户，增强竞争力；客户回访所获得信息反馈则有利于企业更好地把握市场需求，在激烈的市场竞争中立于不败之地。

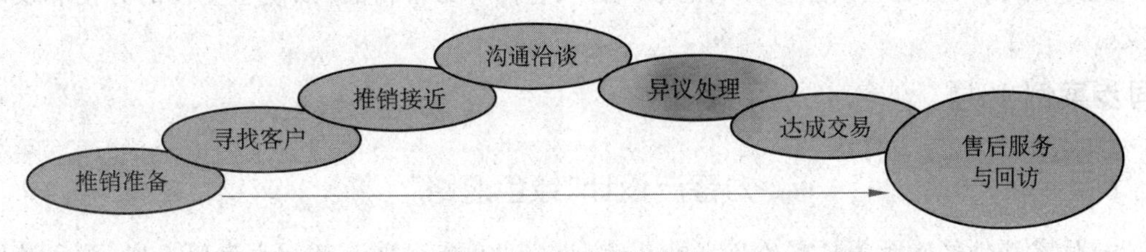

图 1-2 现代推销流程

(一)推销准备

推销作为一项复杂的系统工程,准备阶段就是推销活动的备战阶段,包括充分认识所推销的产品、充分了解目标客户及对客户做好应有的心理准备。每一位推销人员都应该在推销前做好这三方面的准备工作,以便做到心中有数、稳操胜券。

1. 充分认识所推销的产品

推销人员对推销品的信心建立在相信它能真正满足客户需求的基础上。对产品的了解程度是衡量一个推销人员专业知识的重要标志。推销人员不仅要了解产品的性能,而且要熟知产品是如何制造出来的,厂家能提供哪些配套服务,以及产品的使用与维修等知识。一些技术含量高的产品,如果推销人员具备丰富的专业知识及演示能力,在推销中运用得当,会收到意想不到的效果。

同时,为了适应竞争,推销人员必须对竞争者的营销策略及其产品作认真的学习与分析,学习竞争者的长处,找出推销品的优点与特色,以便在推销过程中用适当的方式表达出来。

2. 充分了解目标客户

推销人员在正式推销之前必须对推销对象的相关情况做到心中有数,包括目标客户个人的信息,如家庭情况、爱好、收入水平、职业及在企业中担任的职位等,或客户所在企业的信息,如企业规模、经营范围、销售对象、购买量、追求的利润率、企业声誉、购买决策方式及选择供应商的要求等。

3. 对客户做好应有的准备

根据产品的特点与客户的需求,确定交谈的步骤,如准备向客户介绍哪方面的情况,应怎样结束面谈,如何为今后再次接触留有余地。

当然,拜访陌生客户更需要做好充足的心理准备。例如,当客户临时有事,不在怎么办?客户态度不好怎么办?如果客户更愿意选择竞争者的产品,该如何处理?等等。这些问题的应对和处理,都需要良好的心理准备。

此外,推销人员还应该准备好笔记本、名片、合同等必备物品,以便于交往的方便和及时成交。

【同步案例 1-4】

为客户设计“绿色退路”

一位富翁讲起他白手起家的故事时总结出一条“真理”:自己退一步海阔天空,要主动给别人留条后路。比如说话留有余地,即使对方该死,也给对方一个缓期执行。他举了个例子，最初，他在上海滩摆地摊，赚了第一桶金。这样的地方，客户杀价毫不留情，常常是拦腰砍下，所以，真正狠的摊主，不会与其对杀，要提前为顾客设计一些“绿色退路”。同样，我们之所以争吵激辩，甚至打架，是因为没有退路，没有台阶下。可是，卑微的摊主，有什么条件给强势的顾客创造退路呢？这个年轻的朋友说，有，是智慧，当场反杀价是三流技能，一流技能是在“战前”就武装好了，交战的时候，一般不亮武器，就可以把对手“请”进设计好的退路里，而不是辛苦、血腥的狭路相逢。他拿口罩来举例说明：有3种款式，进价分别为0.5元、1元、2元，零售价格分别为2元、6元、15元。其中，进价0.5元和2元的是反杀价的工具，是为顾客准备的退路。进价1元的，才是他真正销售的产品，进价0.5元的可以只进几个，款式特别差，颜色特别土，最好让别人看都不愿意看；进价2元的，款式、颜色和进价1元的让人感觉质量差不多；这样，顾客基本会淘汰进价0.5元的和2元的。一目了然的对比，顾客会觉得进价1元的比较实惠，值得买，价钱合理，甚至认为是捡了个大便宜。“秒杀”就这样立竿见影，摆出两条退路，你不退也得退，和风细雨的，没有刀光剑影，却胜券在握。

（资料来源：罗西．每天变好一点点：通往幸福的五个阶梯．北京：中国画报出版社，2010）

应用亮点：对推销人员来说，充分认识所推销的产品和目标客户的需求，以及客户的购买心理是达成交易的关键所在。

（二）寻找客户

寻找客户是指寻找本企业所提供产品的潜在购买者和现实购买者。推销工作应以目标客户为导向。推销人员在尽可能详尽地收集目标市场客户相关信息资料的基础上，建立潜在客户档案，并根据支付能力和特定需求加以筛选和分类，寻找最有可能购买的客户。

（三）推销接近

推销接近是推销人员正式开展推销面谈的前奏，是整个推销过程中一个重要的环节。推销接近一般包括接近准备、约见客户与正式接近客户三个环节。

由于种种原因，一些推销对象很难接近，常令推销人员“扑空”。因此，为了有效地接近访问对象，推销人员要做的第一件事，就是做好接近客户的准备工作。

1. 接近准备

接近准备的主要内容就是收集、整理、分析目标客户的有关资料，进行推销预测。具体包括客户资料的准备和推销工具的准备两个方面。推销对象不同，接近准备的内容也应有差别。

2. 约见客户

推销人员约见客户的内容要根据推销人员与客户关系的密切程度、推销面谈需要等具体情况来定。比如：对关系比较密切的客户，约见的内容应尽量简短，不必面面俱到，提前打个招呼即可；对来往不多的一般客户，约见的内容应详细些，准备应充分些，以期发展良好的合作关系;对从未谋面的新客户,则应制定细致、周到的约见内容,以引起对方对推销活动的注意和兴趣,消除客户的疑虑,赢得客户的信任与配合。

3. 正式接近客户

推销人员在正式接近客户时,能否争取主动,使客户有继续谈下去的热情和信心,还得掌握一定的接近方法和技巧。

(四)沟通洽谈

沟通洽谈是推销人员本着利益与友谊并存的原则,运用各种方式、方法、手段与策略去说服客户购买的过程,也是推销人员向客户传递信息并进行双向沟通的过程。一般而言,客户在洽谈中提出自己的异议非常正常。推销人员必须利用丰富的产品知识和专业素养,通过有效沟通使洽谈继续下去。

洽谈的过程可以分为三个阶段:第一阶段是洽谈开始时,主要是向客户介绍产品;第二阶段是解答客户提出的各种疑问;第三阶段是准备或促使成交阶段。

(五)异议处理

有人说:“推销由遭到拒绝而开始。”只要从事推销活动,就不免会遭到拒绝。很少有当你刚上门推销,对方就说“你来得正好,我正急需……”之类的巧合。推销人员的工作就是即使对方摆出一副拒绝的架势,你也要有相应的对策。心平气和、从容不迫无疑是对策之一。遭到拒绝时,仍应保持微笑,目光正视客户,不要游移不定或沮丧失望。即使遭到最后的拒绝,都应以刚进门的姿态,说声“谢谢”,彬彬有礼地告辞。不断总结各种不同的拒绝理由和方式,准备今后的对策。否则,原先高昂的斗志,就会一泻千里,产生怨恨客户、无法接近客户的心态,难以做好推销工作。当然,对客户异议的类型,可以事先准备好标准应答语,在实际中灵活运用。

拓展阅读

如何缩短与客户的心理距离

推销人员与客户初次见面,双方的心理距离很大。对初次见面的推销人员,客户心里常常在揣测:对方是什么人?找我有什么企图?会不会设什么圈套?该不该和他认识?等等。推销人员与客户接触以后,应主动热情地接近客户,尽快缩短与客户之间的心理距离,积极创造有利于沟通的气氛和环境。具体地说,一是要真诚地向客户表示关心。表示对客户关心的话题很多,如工作、事业、家庭、孩子、身体等。这种关心应是真诚的,发自内心的。真诚的关心会使客户解除戒心。二是不要放过称赞客户的机会。当然这种称赞要适当,既要看准对象,又要讲究方式和分寸。例如,一位母亲带着一个长得并不好看的小孩儿,你说“这个小孩真可爱”,母亲很高兴。你如果说“这个孩子真漂亮”,母亲会认为你在讽刺她,因而引起反感。三是要抓住机会。例如,一个推销人员到一个商场推销商品,正逢售货员与客户发生纠纷。推销人员立即上前劝解,好言把客户劝走,为售货员解了围。后来当推销人员与这位售货员洽谈业务时,谈得非常投机,很快达成交易,并为双方建立长期业务关系打下了基础。

(六)达成交易

达成交易是推销过程的成果和目的,是整个推销活动的高潮与关键,是优质服务赢得客户信任、满足客户需求的结果。达成交易是指客户同意接受推销人员的建议,实施购买行为。只有成功地达成交易,才是真正成功的推销。在推销活动中,推销人员要正确处理客户异议,捕捉成交信号,不失时机地说服客户做出购买决策,使客户完成一定的购买手续。同时,推销人员一定要树立“成交不是推销的结束,而是下一次成交的开始”的理念。

(七)售后服务与回访

售后服务与回访,就是在商品(或服务)出售以后所提供的各种服务活动。从推销工作来看,售后服务本身同时也是一种促销手段。在追踪跟进阶段,推销人员要采取各种形式的配合步骤,通过售后服务来提高企业的信誉,扩大产品的市场占有率,提高推销工作的效率及效益。在市场竞争激烈的今天,随着消费者维权意识的提高和消费观念的变化,消费者在选购产品时,不仅注意到产品实体本身,在同类产品的质量和性能相似的情况下,更加重视产品的售后服务。因此,在提供物美价廉的产品的同时,向消费者提供完善的售后服务及必要的回访,已成为现代企业市场竞争的新焦点。

二、推销职业评价

现代推销既是一项复杂的工程技术,又是一种技巧性很高的艺术。推销人员从寻找客户开始,直至达成交易获取订单,不仅要周密计划,细致安排,而且要与客户进行重重的心理交锋。由此,成功的推销要求推销人员必须顺应客户的心理活动轨迹,审时度势,及时在“促”字上下功夫,设法加大客户“得”的砝码,不断强化其购买动机,采取积极有效的推销技术去坚定客户的购买信心,敦促客户进行实质性思考,加快其决策进程。往往可以根据客户不同情况下的心理特点,尝试采用相应的推销方法和技巧去加快交易的进程,取得推销的实质性成效。

现代推销更是一门艺术。首先,做人就是一门推销艺术。每个人首先要学会推销自己,对自己进行包装,以获得他人的认同。而这个过程是需要推销人员不断进取,不断充实自己,才能取得好的推销效果。其次,做人跟做推销人员没有本质区别。前者推销的是自己,后者推销的是产品。而做销售首先销售的是自己的人格魅力,其次才是产品。

【同步案例 1-5】

李嘉诚的故事

李嘉诚先生是著名的企业家，但其创业初期有过一段不寻常的推销经历。他出生于广东潮安县一个书香门第，11 岁读完两年小学后便辍学，在舅舅的南洋钟表公司做杂工。父亲的早逝给李嘉诚留下一副家庭重担和债务。14 岁时李嘉诚凭着毅力、韧性和真诚在港岛西营盘的春茗茶楼找到一份工作，在努力干好每一件事的同时，给自己定了两门必修功课。其一是时时处处揣测茶客的籍贯、年龄、性格、职业、财富等，以便找机会验证；其二是揣摩顾客的消费心理，既待人真诚又投其所好，让顾客在高兴之余掏腰包。李嘉诚对顾客的消费需求和习惯了如指掌，如谁爱吃干蒸烧卖，谁爱吃虾饺，谁爱吃肠粉加辣椒，谁爱喝红茶绿茶，什么时候上什么茶点，心中都有一本账，练就了一套赢得顾客又能让顾客乖乖掏钱的本领。后来，李嘉诚到一家五金厂做推销人员，他每天起得最早，第一个来到厂里，挑着铁桶沿街推销。靠着一双铁脚板，他走遍了香港的每个角落，从不放弃每一笔可做的生意。李嘉诚凭着坚忍不拔的毅力，建立了销售网络，赢得顾客的信誉，也深受老板器重。再后来，因为塑胶业的蒸蒸日上，李嘉诚开始推销塑胶产品，由于其肯动脑筋，又很勤奋，在塑胶产品推销过程中大显身手，业绩突出，20 岁便被提升为业务经理，而且也使李嘉诚淘得了第一桶“金”，同时也练就了企业家的才能，为日后进军塑胶业和构建其庞大的企业帝国打下了坚实的基础。原来家里一贫如洗，连小学学历都没有的李嘉诚，如何成为日后的华人首富呢，他是如何起步的呢？这里面要回答的问题很多。透过李嘉诚先生创业的艰辛历程，我们既可以了解李嘉诚先生非凡的智慧，也可以领悟不同时代不同人的成功之道。但许许多多成功人士的共同特点之一就是——靠推销起家，靠推销技艺这个无形资产白手发家。然而，起步是创业者要经历的最艰难的阶段。在没有资金、没有背景、没有社会关系的情况下，除了理想简直一无所有，不得不在黑暗中到处摸索，这是最险恶的一道关，必须倾尽全力。记住，没有有形资产，则必须有许多的无形资产。推销技巧便是这许多无形资产中最易找到，又最容易学习掌握、最容易让人起步、最使人一生受益的无价瑰宝。

（资料来源：王燕娥．李嘉诚的故事．长春：北方妇女儿童出版社，2011．有删减）

应用亮点：

(1) 推销是帮助个人走向事业成功的最好途径之一。推销工作是极具挑战性的工作，推销人员需要充分发挥人的主观能动性克服面临的挑战，充分调动个人的潜力，通过艰苦的推销工作又进一步磨炼意志与情操。推销人员在推销工作中也能够了解市场、市场规律及众生百态与人情世故。

(2) 李嘉诚具有强烈的敬业精神和成功的欲望，聪明好学，工作十分勤奋，善于观察和思考并掌握推销技巧。

学习情景4 实训与演练

一、角色演练

1. 演练内容

(1) 问候。

(2) 介绍自己(包括姓名、来自哪里、兴趣及特长、对专业和课程学习的理解、认识和期望,或介绍家乡特产、旅游风景名胜等)。

2. 演练步骤、要求

(1) 根据要求,精心写一份一分钟自我介绍,利用课余时间反复演练,做到内容熟练、神情自然。

(2) 时间、地点由任课教师指定。

(3) 具体步骤:第一步,上台问候,站稳后向所有人问好,注意展现热情,面带微笑;第二步,正式内容演练,自我介绍,注意音量、站姿、介绍顺序、肢体动作等;第三步,致谢回座。

3. 评分规则

(1) 由班委组成评委,对每个同学进行评分,最后取评委平均分。

(2) 评分标准:

①上讲台自我推销介绍神态、举止(55分):声音大小10分;热情展现7分;面带微笑10分;站姿8分;肢体语言5分;语言表达10分;服装得体5分。

②自我介绍词内容新颖、独特,顺序合理(35分)。

③时间掌控(10分):每位同学介绍时间控制在60~90秒,少于45秒或超过100秒,此项不得分。

4. 注意事项

(1) 每位同学要精心准备,反复演练。

(2) 上台演练按学号顺序,一个接一个进行。第一位同学上台后,后一位同学在指定位置等候。

二、课内模拟实训

1. 实训目的

通过积极发言,认识推销与谈判,并理解推销与谈判工作在企业经营中的重要性。

2. 实训要求

(1) 自由发言,但要求每位同学畅谈对推销与谈判的认识。
(2) 教师进行点评及总结。

3. 实训步骤

(1) 不分组,以个人为单位。
(2) 课堂上鼓励学生积极发言,教师充当主持人角色。
(3) 根据实际情况,也可以增加点辩论的色彩。
(4) 教师及时点评及总结,肯定正确的表达,纠正错误的观点。

4. 实训课时

1 学时。

三、课外实战训练

1. 训练任务

尝试选择一种日常用品,到社区开展推销。

2. 训练目的

在没有掌握有关推销理论和技巧的情况下,总结所面临的推销问题。

3. 训练要求

(1) 小组或个人完成。
(2) 训练结束后,由小组或个人形成书面报告,下次课前 15 分钟汇报体会。

4. 考核点

对推销的认知。

【实训教学建议】

1. 授课教师围绕本项目的教学目标,创设一个与工作、生活实际相似的情境。

2. 通过情境设计,在课堂教学中给学生更多参与互动的机会,实现教学双向互动。

3. 在实训教学过程中,实施教、学、做一体的教学思路,尤其是强调学生动脑(思考)、动口(表达)和动手(写与做)的能力训练,改"教师为单一主体"的教学方式为"学生、教师双主体"的教学方式,培养学生课堂上积极参与的好习惯。

项目2 Chapter 2 推销方式与推销模式

知识目标

1. 了解并熟悉电话推销、上门推销、网络推广等推销工作的基本方式。

2. 掌握爱达模式、迪伯达模式、费比模式和吉姆模式等主要推销模式的要点、步骤和注意事项等。

能力目标

能够在推销工作实践中运用不同的推销模式，使推销工作得以顺利开展，并取得预期的推销成效。

导入案例

中国移动顾问式销售六步流程关键动作要点
——以TD(4G)业务为例

(主动迎向客户、微笑问好，主动询问客户前来的意图)

第1步：主动相迎，探寻客户认知，主动派发TD业务宣传单，主动引导客户关注TD业务，成功引导客户到体验区进行TD业务体验，引领客户进入体验区，做好交接。

(询问客户基本通信情况，了解客户现状)

第2步：询问客户对TD业务的认知及兴趣点，善用提问挖掘及确认客户需求。根据客户需求，提出合理的业务方案建议；根据客户的提问准确作答，并暗示TD业务功能优势，确认客户需求，总结归纳并由对方确认。

(根据客户需求进行业务演示，突出产品功能)

第3步：结合需求，介绍产品突出卖点，根据客户需求进行业务演示，又突出产品优势，询问客户现时感知，重复强调卖点，打动客户，总结客户评价，并引导客户确认。

第4步：促成销售、挖掘顾虑。促成销售，达成协议。客户犹豫时，进一步询问客户顾虑。

（了解客户顾虑，认同客户想法）

第5步：引用例证，排除客户顾虑。异议及顾虑处理需要引入情景，建立客户使用信心，对于无法实现的功能，主动咨询客户解决方案。结合目前的政策，推动成交，引领客户到前台办理，做好交接。如遭到客户拒绝，友善处理，留下良好的客服印象。

第6步：态度友善，确认需要。友善处理、留下印象，简单介绍该项业务的资费标准和注意事项，完成办理，感谢客户。

（资料来源：中国移动前台营销情景及相关话术培训资料）

【思考】阅读完案例，请分析中国移动是如何做到让客户产生宾至如归的消费体验的。

学习情景1 推销方式

推销方式是人们在进行推销活动时，为了达到推销目的所采用的方式和途径，而推销模式是人们在长期的推销实践中总结出来的程序化的规律。两者之间互相联系，又略有不同。

对于企业而言，要将所生产的产品推销给客户，必须考虑推销方式。产品销售通过什么渠道、采用什么方式最合理？产品是摆在商场，还是放在专卖店，或是上门销售、网络销售？这些都是企业需要考虑的问题。

一、电话推销

电话推销是推销人员通过电话向潜在客户展示产品或服务，以达到获取订单、成功销售为目的的一种销售方式。这种方式在用以联系距离较远的客户，或为现有客户服务方面有一定的优势，因为推销人员可以坐在办公室里开展业务，扩大销售，减少出差和旅行方面的费用。电话推销的目标就在于能以一种经济有效的方式满足客户需要，为客户提供产品或服务。电话销售的对象是现有或潜在的目标市场客户，通过与他们的沟通，不仅可以维持与客户之间良好的关系，还可以为企业树立良好的形象。

电话销售通过充分利用当今先进的通信及计算机技术，为企业降低成本，创造更多的商机，增加收益。

（一）电话推销的准备

在进行电话联络之前，推销人员应做好充分的准备，准备得越充分，促成交易的成功率就会越高。

1. 收集客户资料

针对将要联络的公司和客户，推销人员应当经过仔细并且合理的选择。通常情况下，使用电话号码簿是一个方法，但电话号码簿上的客户并不都对推销的内容有兴趣，所以使用电话号码簿的效果并不理想，常常是打了许多电话，才能找到一个客户。主要原因在于，电话簿上对客户资料的记载很不详细。

因而推销人员应主动收集客户资料，内容包括公司名称、业务类型、资金实力、职工人数、联系人姓名、电话号码和地址等，对潜在客户了解得越多，越容易列出适当的特征，以及有效的推销方法，更重要的是可据此促成交易成功。这样在从事电话推销的起步时，就已经有了一定的准备。

2. 了解客户的潜在需求

电话推销之前，推销人员要在综合考虑客户的行业及其在行业中所处位置的基础上，了解客户可能有哪些潜在需求，进一步明确能给客户提供的产品和服务。

3. 找出关键人物

销售成功与找对销售对象关系十分密切。一般来讲，关键人物是指有需要的、有决策权的、有购买能力的人。通过接触客户的关键人物，可以获知该客户的真实状况。有些推销人员容易陷入一种沟通陷阱，把时间浪费在感兴趣的人物身上，把对方当作关键人物对待，这是非常浪费时间又没有效果的销售方法。因此，对于推销人员来讲，尽早取得关键负责人的好感和信任，才能拿到订单。如何寻找关键负责人呢？可以尝试以下几种方法：

(1) 互联网查找法。随着互联网的普及，市场及销售业发展到一个新的境地。目前，大型、正规的公司都有自己的企业官网。而企业官网最基本的功能就是全面、详细地介绍企业及其产品，如企业简介、企业人员、企业组织架构、研究机构、产品的外观和功能等，一一展示在互联网上。因此，推销人员可以通过企业的网址了解客户公司的业务、产品、人员架构等，从中获得想要的负责人信息。

(2) 通过客户公司电话查找。向客户公司打电话寻找关键负责人是最直接有效的手段，一般公司都有总机，而总机接线员掌握公司各部门和负责人的电话，向总机询问能够得到想要的答案，但有时也不容易，需要一定的方法。比如，多尝试法，即多准备几个潜在客户的电话，用不同的号码去拨打，不同的人接，会有不同的反应，这样成功的概率也就比较大。如果这个客户较有意向，就不要放弃，可以寻求同事帮助再次拨打电话，借机从中学到新的方法。另外，一般公司的销售部、市场部、广告部、采购部及人力资源部等部门对外交流较为频繁，因此，沟通也相对较为顺畅，通过这些部门电话转接到关键负责人也是相对可行的办法。

(3) 通过熟人介绍。有时推销人员也可通过朋友、客户的引荐接近关键负责人。在接近关键负责人时直接说出推荐人，如“某公司的王经理介绍我来与您见面”。另外，向公司的员工询问也是获得信息的有效途径。推销人员在拜访客户时，一定要取得关键负责人的信任和好感，进而销售成功。

(二)电话推销的步骤

1. 规划电话推销的谈话内容,设计开场白

为了克服电话推销中的缺点,提高成功率,在注意礼仪、赢得客户好感的基础上,推销人员必须规划电话推销的谈话内容。如果推销人员的电话谈话内容漫无目的,客户就不会产生兴趣。所以在进行电话推销之前,必须要充分地做好准备工作,把开场白和想要表达的内容依秩序排列出来,将谈话内容进行演练,努力使之成为一般的谈话方式,以很自然的方式表达出来。

在开场白中要以最快的速度说明自己的身份,让客户了解自己的姓名、所属的公司及能提供什么类型的产品及服务,引发客户的兴趣。开场白可以让客户获得对推销人员的第一印象,决定着销售能否继续进行。如果开场白能引起客户的兴趣或好感,电话推销已经成功了一半。下面是电话推销中最简单有效的六种开场白:

(1) 提供给客户最大的好处。例如:"您好,是李明先生吗? 我是大通公司的王红,今天给您打电话,是为了去您那儿告诉您我们能提高您的工作效率。我相信您会对这个产品感兴趣。"或者:"李明先生,这个产品实在是太棒了,非常适合您。我们可以见面谈谈吗?"

(2) 分享一个重要的信息。例如:"您好,是李明先生吗? 我是大通公司的王红。今天打电话给您的原因是我们刚刚成功结束了与××的一次重要合作项目。我希望下周能到您那儿拜访,告诉您我们与××先生合作的成功经验。您看什么时候方便?"

(3) 利用第三者的推荐。例如:"您好,是李明先生吗? 我是大通公司的王红,是吴华建议我给您打电话预约。我想知道……"

(4) 缘故开场白。例如:"您好,是孙阳先生吗? 我是大通公司的王红,上星期我与您联系时,您让我今天再给您打电话预约。您看明天下午两点方便吗?"

(5) 赞美开场白。例如:"听朋友说您是位学识渊博同时非常谦虚的人,果不其然。从您说的这几句话,我已经感受到您的人格魅力了。"

(6) 请教或是问题开场白。例如:"您好,是孙阳先生吗? 我是大通公司的王红,早就听说您是××方面的专家,可以打扰您五分钟,向您请教两个问题吗?"推销人员应反复操练所准备的谈话内容,做到自然、随和。可在其他人的面前预演电话推销谈话内容,或打电话给其他推销人员进行"彩排",尽可能地去预料顾客提出的问题或反对意见,说明的方法应有弹性,能有效针对不同的顾客。

2. 约请面谈

因为电话推销成功率低于面谈推销的成功率,推销人员要尽量通过电话获得与客户面谈的机会,要敢于向客户提出面谈请求,最好主动地提出面谈的时间,要向客户明确自己已充分地了解了客户现在的需求,并且自己有能力满足其需求。这种方式可能既省时省力,同

时又可以避免模糊的信息。

3. 克服异议

如果只能通过电话推销产品或服务,推销人员要在充分了解客户需求的前提下,向客户介绍自己能够提供给客户的利益并处理客户异议。除了通常面谈时推销人员常常碰到的各类异议之外,电话推销时,推销人员往往会遇到客户说“马上要开会”“不方便继续通话”等情况,这其实是客户提出异议的另一种方式。对于客户的此类异议,最好的处理方法是请求客户给自己一两分钟的时间简明扼要地表达自己的意图,在一般情况下,客户都会满足这样的请求。推销人员可以利用这个机会想方设法地引发客户的兴趣,再一次尝试约请面谈或为下一次电话拜访创造机会。

总之,在遇到客户异议时,不要绝望地立刻挂掉电话,因为立即挂掉电话往往标志着客户拜访的失败。

【同步案例 2-1】

现场销售:如何针对不同的用户群凸显产品不同的功能

小林:现任联通机场服务厅营业员

Miss Li:30 岁,银行客户经理

地点:机场联通服务厅

小林:小姐,您好,请问有什么可以帮到您?

Miss Li:我今早看新闻听说 iPhone 6 金色机型今天开始出货了,想过来看看。

小林:(从柜台拿出样机)您说得很对,今天这款金色 iPhone 6 是我们主推的机型,相信您对它也有了一定了解吧。您是买来自己用还是送给他人呢?

Miss Li:如果合适的话我想留着自己用。

小林:其实,您这个选择真的很有眼光。这款手机最厉害的两大功能就是视频通话和办公了。视频通话就不用说了,远在天涯海角的两个人只要连上 iPhone 6 就能见到对方,真像王菲的一首歌描述的那样:想你时你在天边,想你时你在眼前。如果您跟您爱人不在同一个地方上班,平时肯定会非常想念,有了这款手机,那就像两个人真的在一起一样,每天都能见面,都能知道对方在做什么。

Miss Li:(微笑)其实你说的这个视频通话我们也可以通过 QQ 来实现的,而且那是免费的。

小林:是的,确实可以上网来实现,但是电脑毕竟携带不太方便,而且笔记本无线上网花的钱算起来是更多的。手机就不同了,你可以很方便地放在包里,随时随地想见面都可以。而且这款手机采用后置 800 万像素镜头,前置 120 万像素 FaceTime HD 高清摄像头,相当于一部半专业的相机了,你可以很清晰地拍照片和录制 DV。并且加入 Touch ID 支持指纹识别,首次新增 NFC 功能;它还是一款三网通手机,4G LTE 连接速度可达 150Mbps,这手机可是“麻雀虽小,五脏俱全”啊。

Miss Li：这一点是不错的。

（资料来源：对联通某机场服务厅的现场观察）

应用亮点：巧妙地让客户接上话题，以便充分了解客户的消费心理，是销售工作的重要环节。揣摩客户心理，突出产品的特点、优势及将给客户带来的利益，进一步强调会使信息输入客户大脑，加快成交。

（三）电话推销应注意的问题

在利用电话获取面谈机会及推销产品服务时，目的明确、语言简练准确是十分重要的原则。因此，电话推销要注意以下三个问题：

1. 避免讨论商业细节

细节问题应在与客户面谈时讨论，在电话中可以简明扼要地介绍自己公司的优势，但要避免谈论细节。客户提出产品报价之类的细节问题，如果是必须回答的，也应尽量简练。尤其不要在电话中与客户讨价还价，应在确认客户的需求后，再讨论交易条款。因为在客户了解不全面的情况下，容易因细节不合而失去合作机会。

2. 避免向关键人物询问琐碎信息

向关键人物询问琐碎信息容易引起对方的反感，导致拜访失败。例如，需要给对方邮寄一些资料时，不要向关键负责人问地址、电话等琐碎信息，可以通过其他方式如通过客户的秘书等获取。

3. 及时电话回访，维持良好关系

电话推销成功之后或是在产品送达客户之后，推销人员应及时与客户联系，询问产品是否按时送到，或使用是否满意，这是与客户维持良好关系的重要步骤。对方在接听了推销人员的电话之后，往往会留下良好的印象，因为此时的电话充分显示了推销人员及所在公司对客户的关心。在利用电话来维系良好关系方面，有许多成功的范例和方法。

例如，利用电话访问得知客户购买产品之后，应了解产品功能是否正常，客户在产品使用上是否需要帮助，还可提醒客户有关所需的保养服务，告知特价优惠的信息等。推销人员利用电话维系良好关系时也不能做过头，没有具体目的会无意义的聊天、浪费客户的时间，不仅不能维系良好的关系，反而有碍正常关系的维护。

【同步案例 2-2】

第一通电话：开场白

——服务的回访（针对阿里巴巴免费会员）

A：王总，您好！我是阿里巴巴上海服务中心的李想，看到1月份您登录过阿里巴巴，今

天打电话过来，主要想做个电话回访。您好像后来就一直没来阿里巴巴，想了解一下您是什么原因没有经常来使用及发布信息呢?

B:(半个月前登录)您好！我是阿里巴巴中国网站上海渠道的王斌，因为您之前在阿里巴巴有过登录，目前呢又正是采购的高峰，今天打电话给您主要想了解一下您产品的信息，以便我们给您提供匹配的买家信息，您看方便吗?

C:张经理，您好，我是阿里巴巴中国网站浙江渠道的韩雪，前一段时间您在阿里申请过一份会员，我们收到了您的资料，你主要是想通过阿里巴巴找哪方面的信息?

D:方总，您好！我是阿里巴巴中国网站江苏渠道的小季，非常感谢您访问阿里巴巴，今天打电话过来主要是想了解一下贵公司的一些产品情况，看我们能够为您提供什么服务和帮助?

E:李先生，您好！我是阿里巴巴中国网站上海渠道的小敏，很高兴收到您在阿里巴巴申请会员的一份资料，今天打电话过来，主要是想了解一下你产品的具体情况，希望协助您通过网络获得更多的生意机会，为您提供更好的服务。

[资料来源:阿里巴巴(中国)有限公司培训资料]

应用亮点:开场白往往给人留下重要的第一印象，后续业务的开展在一定程度上取决于第一次交流与沟通，因此开场白表达语气务必真诚、自信、不急躁，且应准确了解客户的需求，以便在交流中重点抓住此话题进行沟通。

(四)电话推销的优缺点

1. 优点

同上门推销和店堂推销相比较，电话推销显然是一种现代化的推销方法和手段，并有以下主要优点:

(1) 快速及时，节省时间。在拥有众多可以自由选择的交流工具的前提下，很多不必要当面进行的商务沟通完全可以用其他的途径来进行，这时电话就扮演了极其重要的角色。相对于信函、电报、传真等文字沟通方式，电话沟通能将信息快速及时地传递给对方。使用电话，推销人员可以腾出更多的时间能与更多需要个别服务的客户进行面对面的交流访谈。此外，推销人员在拜访客户之前如果事先用电话和客户联系，可以避免因为客户无法赴约而浪费宝贵的时间。如果必须立刻和客户联络时，使用电话也是最方便快捷的选择。

(2) 降低费用，增加收益。通过电话进行销售可以增加企业的销售量，降低营运的成本。推销人员积极主动地给客户打电话就可以保持与客户的良好关系并获得更多的订单。电话推销使得推销人员花费在出差旅途的时间、住宿与交通等的费用也相应减少。此外无论是推销人员打电话向客户介绍产品还是客户打电话向推销人员投诉，企业都能及时地把握客户的需求，更迅速地为客户提供产品和服务。

(3) 提高效率，方便沟通。电话销售虽然不是面对面的交流，但能够省去登门拜访的等候、见面客套等环节，可以在较短的时间内完成商品的推销和订购，从而提高商业活动的效率。再有电话销售属于远距离接触，对方没有被压迫感，易于接受有关产品的信息。交谈双方也不会为其他人所打扰，易于沟通。

2. 缺点

(1) 缺乏信息的表达力。目前电话主要还是通话的工具，在可视电话或电话与电视结合在一起的装置尚未普及的情况下，电话推销时推销人员无法看到客户对推销信息的反应，无法通过电话来展示商品，客户也很难直接感受到推销人员所强调的重点。与面谈推销相比较，电话推销无法把味觉、触觉及视觉等特性传达给客户，这影响了电话推销的效果。

(2) 推销易被拒绝。如果把客户和推销人员在电话中交谈的行为，与面对面交谈的行为互相比较的话，就会发现其中有着较大差异。通常客户都觉得，在电话中拒绝推销比当面拒绝容易得多，这是因为看不见推销人员，降低了客户的心理压力。

二、上门推销

上门推销是最常见的人员推销形式。它是由推销人员携带产品的样品、说明书和订单等走访客户，推销产品。这种推销形式，可以针对客户的需要提供有效的服务，方便客户，故为客户所广泛认可和接受。此种形式是一种积极主动的、名符其实的"正宗"推销形式。

上门推销可以直接同客户接触，这就决定了人员推销的优势所在。客户可以根据推销人员的描绘而形成一定的看法和印象。当然，这并不是意味着一个好的推销人员就一定可以获得推销的成功，但是，他可以留给客户一个很重要的第一印象。至少，当他要购买时，他最先想起来的可能是这个推销人员，接下来是他所属的公司。

上门推销在国外十分普遍，在我国还仅仅是开始。从长远来说，人员推销将成为营销的一种重要方法。

(一)上门推销的要点

(1) 推销人员在介绍、证实产品符合客户需求过程中，通过询问客户对产品的接受程度，并相应地采取针对措施，借以促进客户接受产品。

(2) 推销人员通过检查推销示范过程中的问题和效果，及时采取措施予以纠正和补救，促使客户接受产品。

(3) 推销人员在推销过程中不断总结推销进展情况，强调推销产品对客户需求的满足，进一步推动客户对产品的接受和认可。

(4) 推销人员通过向客户提出一系列与推销产品有关的问题，请求客户作答，逐一达成共识，促使客户逐步接受推销产品。

(5) 推销人员通过把介绍给客户并已取得证实的产品留给客户试用，从而促使客户接受推销产品。

(6) 推销人员在客户受多种因素影响无法立即接受推销产品时,要学会等待,有时还要经过很多程序和工作才能促使客户接受。推销人员在等待中,要不断地与客户接触,经常确认并总结与客户达成的共识及双方洽谈的过程,以期待经过较长时间的等待和积极的推销,能争取被更多的客户接受。

(二)上门推销的步骤

(1) 对所推销的产品、售后服务和相关法规、金融政策了如指掌,并携带必不可少的基本文件资料。

(2) 明白无误地向对方介绍自己的姓名和所服务的公司,随后向接待者、秘书和其他人员递上自己的名片。

(3) 简要而直接地阐明自己此行的目的。

(4) 当被访者乐意同自己交谈时,应聚精会神地听。

(5) 请求客户购买产品和服务。

(6) 如果客户有购买的意向,则尽力得到他们明确的许诺。

(三)上门推销的禁忌

1. 盲目推销

任何商品和服务都有其特定的需求对象和需求时间。推销人员选准推销对象,把握好推销时机是推销成功的关键。有些推销人员整天忙忙碌碌,路没少跑,话没少说,而收效甚微,原因主要在于,他们没有选择好一个明确的推销目标。

不同年龄、不同职业、不同收入的客户,对商品的需求各有不同。推销人员在推销之前,应针对自己的商品进行调查研究,选准市场,确定对象,有的放矢。

有些商品根据其功效很容易确定推销对象,而有些商品使用者与购买者往往不一致,这就需要推销人员认真分析,准确判断,分清推销对象,谁是老板,谁有决定购买权,谁对购货有影响力。

2. 礼节不周

推销人员没有预约直接闯入、面对客户礼貌不周等都属于礼节不到位的体现。上门推销要给客户留下良好的第一印象,首先就必须注意礼节礼貌,进门之前应按门铃或轻轻叩门,得到允许后方可入内。有的推销人员风尘仆仆地强行入室,自然会引起客户反感。其次是得体的称谓,礼貌的问候会缩短与客户的心理距离。有一位年轻的女推销人员,每当她出现在客户面前,总是面带微笑,热情地向客户打招呼,很快就赢得了客户的好感。

3. 夸大其词

向客户介绍商品应实事求是。漫无边际,把商品说得完美无缺,客户未必相信;适当找出一点商品缺点,反而能取得客户的信任。实践证明,要使客户对推销的产品发生兴趣,就必须使他们确认商品的质量,并认识到,购买了这些商品之后,会得到哪些好处。在介绍商品的同时应对商品进行展示,并举出一些有足够说服力的证据。如一个推销油污清洗剂的推销人员,每到一个推销点,他总是将推销的现场设在厨房,通过对厨房油污清洗效果的对比,让客户心悦诚服,买下他的产品。

4. 不懂装懂

推销人员对所推销的商品应有一个比较全面的了解,只有这样才能回答客户提出的各种疑问,并解决客户在商品使用中所出现的问题。但必须承认,推销人员不可能对所有的知识样样精通。如果遇到不甚了解的问题,绝不能用"大概""可能""也许""差不多"这样的话来搪塞客户。或故弄玄虚,卖关子。应实事求是向客户解释,如果遇到的客户是这方面的专家,应虚心向他们学习,以丰富自己的知识。

不懂装懂,不但坑害客户,也不利于自己业务活动的顺利开展。如一位客户向推销人员咨询不同皮肤适用何种化妆品时,这位业务不精通的推销人员唯恐客户看不起自己,乱侃一通,结果是这位客户差一点被毁容而诉诸法律。

5. 强行推销

推销应建立在尊重客户、双方自愿的基础上。一些推销人员为了提高自己的推销额,不替客户着想,而是采取软磨硬泡甚至欺骗的方法强行推销。这样做,不但违反了商业道德,损害了客户的利益,而且也会作茧自缚,损害推销者本身的利益。有一位推销人员很善于在熟人、朋友之间推销商品,在他苦口婆心的劝导、百折不挠的拜访下,许多人碍于情面,买回了一些本不想买、买了也没什么用处的商品。然而,当他一而再再而三地故技重演时,熟人、朋友都开始回避他,他不仅失去了一批客户,也失去了朋友的友情和信任。

6. 一锤子买卖

推销人员要提高自己的推销业绩,不仅要通过不懈的努力来扩大自己的销售市场,建立起新的销售网络,还要加强和巩固已有的推销点,使一般的客户成为熟人,进而成为朋友。上门推销不可能一次成功,经常走访老客户,进行感情上的联络与沟通,他们就可能成为你下次的主顾,同时还会向他的朋友介绍你,帮你挖掘出新的客户。对购买了商品的客户,实行定期跟踪调查,提供售后服务,会使他成为忠实而长久的客户。

三、网络推广

网络推广计划是网络营销计划的组成部分。网络推广计划不仅是推广的行动指南，同时也是检验推广效果是否达到预期目标的衡量标准，所以，合理的网络推广计划也就成为网络推广策略中必不可少的内容。

（一）网络推广的准备

一个网站如果想要保证比较好的推广效果以及效益，必须做好推广前的准备工作。制订推销计划之前，以下准备是不可或缺的：

1. 深入了解企业产品

对自己要推广的产品，要先深入了解，只有深入了解才能设计出最合适的推广方案，才能把推广工作做得最好，效果发挥到最大。

2. 全面了解竞争对手

“知己知彼，百战不殆。”推销人员应重点了解竞争对手的推广方式，学习借鉴好的经验，吸取失败的教训，最主要的是避免在推广的过程中互相冲突。

3. 善于分析，定时评估

每做完一个项目都要及时总结分析，以免盲目推广。否则就像一只无头的苍蝇，推广起来很盲目。如果选择网络公司做推广，一般要求每个月做出分析报表，就像某个公司的效益型网络服务会出具体报告一样。

（二）网络推广的要点

网络营销成功与否更多地取决于网络推广这个因素，网络推广是网络营销成功的关键所在。为了更好地策划网络营销，形成真正可执行的网络推广文案，应做到以下几点：

1. 分析自身与竞争对手的网络营销现状

在做任何网络推广方案之前，都必须对自身与竞争对手有一个详细的了解。例如，自己的优势在哪里，自己哪些方面不如竞争对手，竞争对手做了什么，竞争对手正在做什么，他们下一步又想做什么，等等。

2. 列出潜在客户群体

找出哪些是潜在的客户群体，并对相关群体作进一步的细化，如年龄大小、性别、数量、学历、收入情况、兴趣爱好、上网习惯等，根据目标人群的习惯等来制订网络推广方案。

3. 选择网络推广方法及策略

根据收集资料分析、确定网络推广方法及策略，详细列出将使用哪些网络推广方法，如搜索引擎推广、博客推广、邮件群发营销、论坛社区发帖、撰写软文宣传、活动推广、网络广告投放等，对每一种网络推广方法的优劣及效果等作分析。

4. 明确每一阶段的目标

每一阶段的目标包括以下几方面：

(1) 每天的 IP 访问量、PV 浏览量；

(2) 各搜索引擎收录多少；

(3) 外部链接每阶段完成多少；

(4) 网站的排名、PR 值权重多少；

(5) 关键词多少、各搜索引擎排名情况如何；

(6) 网络推广实际转化的客户多少；

(7) 网络品牌形象如何等。

5. 安排工作进度及人员

优秀的推广方案还要有优秀的执行团队，依据方案制作详细的计划进度表，控制方案执行的进程，对推广活动进行详细罗列，安排具体的人员来负责落实，确保方案得到有效的执行。

6. 确认网络广告预算

网络推广方案的实施，必然会有广告预算，要通过规划控制让广告费用发挥最大的网络推广效果，定期分析优化账户结构，减少资金浪费，让推广的效果达到最大化。

7. 评估监测效果

安装监控工具，对数据来源、点击量等进行监测跟踪，帮助企业及时调整具体的推广策略，并对每一阶段进行效果评估。

8. 调整、优化网络推广方案

市场并非一成不变，当计划跟不上变化时，就不能依照原来网络推广方案完全地执行下去。如果提前制作风险预备方案，当市场变化时，才不至于手忙脚乱。针对市场的变化、行业的变化、企业的变化实时调整、优化自己的方案，让自己的网络推广效果达到最大化，好的网络推广方案加上有效的执行团队方能达到预期效果。

(三)网络推广的步骤

首先，要做好网站的策划与建设。既然是以网站为核心的推广，当然首先要对自己的网站有个基本规划，网站的内容必须新奇，要有自己的独特风格，明确网站的用途。在做好基本规划之后再开始网站的建设，同时要求网站要有比较快的更新速度。

其次，要明确网站推广的方法。网站推广愈演愈烈的今天，不懂得方法而盲目进行推广，效果往往不尽如人意。目前，网站推广的方式主要有搜索引擎优化（search engine optimization，SEO）、博客推广、论坛推广等，选择适合自己的网站推广方法，往往能使公司的网站推广做到事半功倍。

再次，要选择一些网站推广的途径。在论坛发信息、去博客留链接、到分类信息发布供求等都是可行的途径，关键是要寻找一个适合自己的方式。例如，到行业网站里发布信息，也能有很好的效果。好比某行业的站点，只是在里面把供求信息发布出去，通过网站自己优化的技术，把用户的流量顺利地引到了企业的商铺里，网络营销的第一步效果已基本实现了。

最后，要做好推广效果的跟踪并及时调整方法，不可虎头蛇尾，而应善始善终。

(四)网络推广的方法

随着电子商务的不断发展和普及，越来越多的企业和个人选择互联网作为自己谋生和创业的突破口，而做网站和开网店，成了很多人的首选，但互联网中的网站众多，怎样才能增加自己网站的流量，让更多的人知道自己的网站，让更多的潜在客户找到自己的网站，成为众多网站建设者关注的要点。常见的网络推广方法如下：

1. 利用搜索引擎进行推广

搜索引擎是互联网的一大奇迹，它使浏览者可以方便地在互联网这个信息大海洋中找到自己所需的信息，也给信息发布者提供了一种受众广、针对性强且效率高的发布途径，越来越多的企业和个人都通过搜索引擎来发现新客户，利用搜索引擎广告或者通过搜索引擎优化，使自己的网站在搜索引擎中排名靠前，以增加客户发现并访问网站的可能性。搜索引擎广告是需要向搜索引擎支付广告费的，一般有固定付费和竞价排名两种。固定付费是以年或月为单位，对固定的广告位或固定移动范围的广告位支付费用；竞价排名则是根据对所选关键词出价的高低，对其网站进行排名，出价越高排名越靠前，并按点击次数收费。面对激烈的市场竞争，对现有网站进行搜索引擎优化是非常有必要的。

2. 利用博客进行推广

博客(blog),即网络日志,已经超越了简单的日志内涵,越来越多的博主通过写博客来实现销售产品的功能。博主通过发表各种形式的博文(可以是纯文字、视频、语音或是这三种相结合)与浏览者沟通,浏览者也可以跟帖发表自己的意见,所以互动是博客的核心,而且博客有很强的身份识别性,不同的博客针对不同的目标群体,针对性强,便于实现精准营销。

【同步案例 2-3】

博客营销的经典案例——五粮液葡萄酒

2007 年 1 月 29 日,中国五粮液集团全资子公司——五粮液葡萄酒有限责任公司宣布,与跨平台博客传播网络 BOLAA 网携手合作。通过该平台,在红酒爱好者中组织一次“结缘博友,共赏美酒——五粮液国邑干红浪漫体验”活动,旨在利用互联网新媒体对其红酒新产品进行大规模市场推广,这是传统名牌酒类企业利用互联网渠道进行的一次重要营销突破。

活动开展后,短短几天内报名参加体验活动的人数就突破了 6000 人,最终五粮液葡萄酒公司在报名的博主中挑选了来自全国各地的 500 名知名的红酒爱好者参加了些次活动,分别寄送了其新产品国邑干红供博友品尝。博友们体验新产品后,纷纷在其博客上发表了对五粮液国邑干红的品味感受和评价,在博客圈内迅速引发了一股关于五粮液国邑干红的评价热潮,得到了业界的普遍关注。

推出红酒新品,是五粮液挺进酒业“蓝海”的一个重要举措。在中国的白酒市场,五粮液所面临的是一片“红海”——国酒茅台的地位难以撼动,水井坊、泸州老窖、山西汾酒再加上地方品牌酒等增长强劲,白酒市场处于激烈搏杀的“红海”中。五粮液在继续做强做大白酒的同时,挺进“蓝海”是必然之举。从白酒到红酒,五粮液的“跨越”距离仅有一步之遥。五粮液如何挟白酒品牌之优势,成功地向红酒品牌延伸呢?五粮液选择了博客营销,开创了酒业营销的新渠道,取得了显著效果。

(资料来源:阿里云资讯网 . http://www.aliyun.com/zixun/aggregation/38838.html)

应用亮点:与传统的口碑传播相比,基于互联网的口碑传播,在传播速度和传播范围上已发生了质的飞跃,其广告效果是几何级数的增长。案例中五粮液葡萄酒公司运用博客人群的消费特性与红酒产品的受众定位,通过让博友真实品尝国邑干红葡萄酒,不仅能在第一时间获得用户体验的第一手资料,而且通过博友体验进行口碑传播,更能使红酒品牌得到广泛的传播。

3. 利用论坛进行推广

网络的普及推动了论坛的迅猛发展,几乎每个门户网站都设有论坛,中国互联网论坛的总数超过 130 万个,位居全球第一。论坛强调的是互动,有共同爱好、共同需求的网友们可以在各类不同的论坛里就自己感兴趣的主题进行交流，坦诚相见、互通有无，相对于商业媒体而言，论坛可以说是网民心中的一处“净土”。

利用论坛推广时，首先要根据自己产品的特点，选择合适的、人气比较旺的且与自己产品主题相符的论坛；其次，能否成功地传达自己想要传达的信息，关键在于论坛帖子的设计，可以利用头像和签名档适当进行宣传，也可以把博客中的文章转载到论坛里发布，并插入自己网站的超链接；最后，帖子发出后，要及时地顶帖，使帖子始终处于论坛的首页，让更多的人能看到这些信息。维护帖子时，可适当地从反面的角度去回复，以引起一定的争论，吸引更多的人加入争论的队伍，使帖子处于热帖状态。

4. 利用“病毒”进行推广

这里的“病毒”不是指传播恶意的病毒，而是指发布有用、新奇、有趣、好玩且与产品相关的信息，使目标客户主动进行传播，借助口碑的力量，通过人际网络，让信息像病毒那样扩散，从而实现产品信息快速传播的目的。首先，要创建有吸引力、易于传播且能与产品有效地结合起来的“病毒”；其次，要找到易“感染”的目标人群，找到传播“病毒”的高效媒体（如大的社区、论坛、视频网站等），通过他们把“病毒”传递给更多的人。这种推广方法实施难度大，但若能成功，效果将十分明显。

病毒式营销是一种常用的网络营销方法，常用于网站推广、品牌推广等，利用的是用户口碑传播的原理。在互联网上，这种“口碑传播”更为方便，可以像病毒一样迅速蔓延，因此，病毒式营销成为一种高效的信息传播方式，而且，由于这种传播是用户之间自发进行的，因此，几乎是不需要费用的网络营销手段。

【同步案例 2-4】

热点事件的营销嫁接

在充满争议的美国中期选举中，奥巴马总统指责共和党的不作为时说，美国经济像是开进沟的车，当民主党辛勤流汗、努力想把车拖出来时，“共和党人却在冷眼旁观，喝思乐冰”。选举结束后，心情稍微好转的奥巴马开玩笑说，将在白宫为即将到来的共和党发言人约翰·博纳(John Boehner)举行“思乐冰峰会”。7-11 便利店抓住这个机会，动用他们所有的市场营销力量，巧妙地把奥巴马变成了他们最有名的产品代言人。这个便利店企业与广告代理商 FreshWorks 合作，一起创造了“思乐冰统一之旅(Slurpee Unity Tour)”。他们设计了一个广告牌，上面画着一头代表民主党的大象和一头代表共和党的驴子，大象和驴子共同分享一杯思乐冰(象征两党和解)。他们将广告牌放在一辆卡车上，并让这辆卡车走遍全美，进行宣传，并为人们提供试饮。

（资料来源：新浪网 . http://finance. sina. com. cn/leadership/mroll/20120426/110811930679. shtml)

应用亮点：时刻留意热门事件，人们正在谈论的事情能带来灵感，并且会收到奇效。案例中 7-11 便利店的这次市场营销活动可谓及时、有效、具有娱乐性并且令人印象深刻。他们把总统变成了他们的代言人，不轻易放弃绝好的市场营销机会。

5. 利用网络广告进行推广

网络广告是指在互联网上发布的所有以广告宣传为目的的信息，如图像式网络广告、网络联盟广告、关键词广告、邮件广告等。随着互联网的迅猛发展，网络广告已经成为网络推广的一种主要形式。与传统广告相比，网络广告有很大的优势，如传播范围广、不受时空限制、交互性强、效果可量化、能有效监控、投放灵活、有针对性、有文字语音视频等多种载体、费用相对比较低等。在选择网络广告时，应根据自己的产品情况、经济能力选择合适的网站、合适的广告位和时段进行投放。

另外，网络软广告，即软文推广，也是一种很好的网络推广形式。一篇很好的软文可能拥有数以万计的浏览量，而在文章中附带一些商业信息，比如某公司的名字或者产品，便对该公司或者产品进行了一次宣传和推广。而这些文章大多出现在大的行业网站、门户网站中，对企业知名度的提升大有裨益。

网络炒作，其实也是一种很有效果的方法，如果你的产品或服务足够好，经得起大众检验，那选择网络炒作也是行之有效的。

6. 利用网络新闻和网络事件进行推广

据中国互联网信息中心(CNNIC)调查显示，网络新闻用户达网民的八成，用户规模大，网络新闻已成为越来越多网民获取新闻的一种重要形式。网络新闻，就是基于互联网，以互联网为传播介质的新闻。如果能很好地利用网络新闻，不但能使品牌的美誉度大大提升，还能有力地促进市场销售。

7. 利用软件进行推广

常见的推广软件有邮件群发软件、论坛群发软件、搜索引擎登录软件等，通过大量发帖，让更多的浏览者知道自己网站或产品的相关信息，但注意不要滥发未经许可的垃圾邮件，一定要提供给接收人有用的信息，以免被用户直接设置为垃圾邮件。

网络推广的方法很多，不同的方法各有自己的优缺点，经常需要综合使用多种方法，不能单纯地只用一种方法。而网络是个虚拟的世界，找到最适合自己、最有效的方法组合需要进行长期的测试，找到以后再加大这个组合的投资，把效果放大，这样才能收到事半功倍的效果。

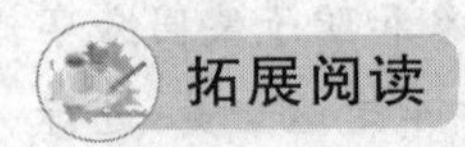

拓展阅读

网络推广方案大纲(参考)

一、战略整体规划：市场分析、竞争分析、受众分析、品牌与产品分析、独特销售主张提炼、创意策略制订、整体运营步骤规划、投入和预期设定。

二、营销型网站：网站结构、视觉风格、网站栏目、页面布局、网站功能、关键字策划、网站

SEO、设计与开发。

三、传播内容规划：品牌形象文案策划、产品销售概念策划、产品销售文案策划、招商文案策划、产品文案策划、新闻资讯、内容策划、各种广告文字策划。

四、整合传播推广：SEO排名优化、博客营销、微博营销、论坛营销、知识营销、口碑营销、新闻软文营销、视频营销、事件营销、公关活动等传播方式。

五、数据监控运营：网站排名监控、传播数据分析、网站访问数量统计分析、访问人群分析、咨询统计分析、网页浏览深度统计分析、热门关键字访问统计分析。

学习情景2 推销模式

推销模式是指根据推销活动的特点及对客户购买活动各阶段的心理演变应采取的策略，归纳出一套程序化的标准。

推销模式的产生使推销有了可以依据的理论、步骤与法则，促进了推销效率的提高。推销模式来自于推销实践，具有很强的可操作性，是现代推销理论的重要组成部分。推销模式的种类有很多，这里主要介绍应用最广泛的四种模式，即爱达(AIDA)模式、迪伯达(DIPADA)模式、费比(FABE)模式和吉姆(GEM)模式。

一、爱达(AIDA)模式

爱达模式是世界著名的推销专家海因兹·姆·戈德曼首次总结出来的推销公式，它被认为是国际成功的推销公式。“爱达”是AIDA的译音，AIDA是四个英文单词的首字母：A为attention，即“引起注意”；I为interest，即“诱发兴趣”；D为desire，即“刺激欲望”；最后一个字母A为action，即“促成购买”。它的具体含义是指一个成功的推销人员必须把客户的注意力吸引或转变到产品上，使客户对推销人员所推销的产品产生兴趣，这样客户欲望也就随之产生，而后再促使客户采取购买行为，最后达成交易。

爱达模式比较适用于店堂的推销，如柜台推销、展销会推销，也适用于一些易于携带的生活用品与办公用品的上门推销，还适用于新推销人员及首次接触客户的推销。

爱达模式具体操作步骤如下：

(1)引起顾客注意(attention)。引起注意是指推销人员通过推销活动刺激客户的感官，使客户对推销人员和推销品有一个良好的感觉，把客户的心理活动、精力、注意力等吸引到推销人员和推销品上来。通常人们的购买行为都是从注意开始的，因此，推销的第一步就是先引起客户的注意。客户的注意分为有意注意和无意注意。推销人员一定要通过积极努力，强化刺激，唤起客户的有意注意，使客户愿意把注意力从其他事情转移到推销上来。

(2)唤起顾客兴趣(interest)。唤起客户兴趣是指唤起客户对推销活动及推销品的兴趣，或者说是诱导客户对推销的积极态度。兴趣与注意有着密切的关系。兴趣是在注意的基础上发展起来的，反过来又强化注意。兴趣也与需要有密切的关系。客户对推销的兴趣都是以他们各自的需要为前提的。因此，要很好地诱导客户的兴趣，就必须深入分析客户的各种需要，让顾客认识到购买所能带来的好处。推销人员要利用各种方法向客户证实推销品的优越性，以此引导他们的购买兴趣。一般来说，诱导客户兴趣的最基本的方法是示范表演法和情感沟通法。

(3)激发顾客购买欲望(desire)。激起客户购买欲望是指推销人员通过推销活动的进行，在激起客户对推销品的兴趣后使客户产生对推销品拥有的强烈愿望，从而导致客户产生购买的欲望。在推销过程中，刺激客户的购买欲望可分三个步骤进行。推销人员首先提出推销建议，在得到客户反应之后，找到症结所在，然后有针对性地进行理由论证，多方刺激客户的购买欲望，直至达成交易。

(4)促成顾客购买行为(action)。促成客户购买行为是指推销人员要不失时机地强化客户的购买意识，培养客户的购买意向，促使客户最终产生购买行为。促成客户购买行为是爱达模式的最后一个步骤，它是全部推销过程和推销努力的目标，也是对前三个目标的总结和收获。这一过程要求推销人员在推销活动中必须抓住机会，坚定客户的购买信心。客户从产生购买欲望，到采取购买行动，还需要推销人员运用一定的成交技巧来施加影响，以促成客户尽快做出购买决策。

【同步案例 2-5】

油漆产品的爱达模式实战应用

布鲁斯是专门销售上光用油漆公司的推销人员，他将要和泰尔公司的采购代表霍顿女士会面。在过去，两家公司曾经会面过，但是没有达成买卖协议。这次是布鲁斯第一次与霍顿女士见面。在预订的时间外足足等了 20 分钟，终于，一位秘书将布鲁斯带进霍顿的办公室。

布鲁斯：你好，霍顿女士。我是葛林油漆公司的布鲁斯，我想和你谈谈我们的产品。（霍顿女士并没有理睬布鲁斯的微笑，而只是指着桌前面的一张椅子）

霍顿：请坐。我想告诉你我手头现在有两个月的存货。而且，泰尔公司已经同那些供货商打了近三年的交道。

布鲁斯：（坐下）谢谢！你知道，葛林油漆公司是全国最大的油漆公司之一。我们的服务和价格都是无可挑剔的。

霍顿：你为什么觉得你们的服务优于其他公司呢？

布鲁斯：因为我们对全国的每个销售点都保证在 24 小时内发货，如果我们当地的储备不足，我们会空运供货。我们是业界唯一通过空运的公司。另外，我们的油漆很牢固。你们通常的订货量是多少，霍顿女士？

霍顿：这要看情况而定。

布鲁斯：大多数公司都订 1～2 个月的货。你们一年之中共用多少油漆？

霍顿：只有看了你们的产品之后，我才想谈订货的问题。

布鲁斯：我明白，我只是想弄清你们的订货量，以便决定对你们的价格进行折扣。

霍顿：我想，你们的价格和折扣不会比现在的好。我想给你看一份价目单。

布鲁斯：我相信各个厂家之间油漆价格的竞争会很激烈，这是我们最新的价目单，你可以比较。如果把价格与产品质量和服务保证联系起来，你会发现我们的产品很具有吸引力。

霍顿：也许吧！

布鲁斯：许多和你们公司类似的公司都不止一家供货单位，这可以保证供货的稳定性，我们愿意成为你们的供货商之一。

霍顿：我只想有一家供货商，这样我可以得到更多的折扣。

布鲁斯：你考虑过两家轮流供货吗？这样你可以获得相同的折扣，并且货源更加充足。

霍顿：让我考虑考虑，把你随身带来的文件留下来让我看看吧。

（资料来源：新浪博客．http://blog.sina.com.cn/s/blog_5f5c74400100dxxt.html）

应用亮点：本案例中布鲁斯循循善诱，通过引起客户注意，唤起客户兴趣，激起客户欲望，一气呵成，这正是基于爱达模式逻辑思维的熟练应用。

二、迪伯达(DIPADA)模式

迪伯达模式是海因兹·姆·戈德曼根据自身推销经验总结出来的新模式，被认为是一种创造性的推销方法。“迪伯达”是 DIPADA 的译音。这六个英文字母分别为六个英文单词 definition（发现）、identification（结合）、proof（证实）、acceptance（接受）、desire（欲望）、action（行动）的第一个字母。它们表达了迪伯达模式的六个推销步骤。迪伯达推销模式认为，在推销过程中，推销人员必须先准确地发现客户的需要和愿望，然后把它们与自己推销的商品联系起来。推销人员应向客户证明，他所推销的商品符合客户的需要和愿望，客户确实需要该商品，并促使客户接受。

迪伯达模式的操作步骤如下：

（1）准确地发现（definition）并指出客户有哪些需要和愿望。在这一阶段，推销人员应围绕客户的需要，探讨客户需要解决的问题，而不要急于介绍推销品。这种做法体现了以客户为中心的准则，最能引起客户的兴趣，有利于营造融洽的推销气氛，有利于消除推销障碍。

（2）把客户需要与要推销的产品结合（identification）起来。在发现并指出了客户的需要后，再向客户介绍推销品，并把推销品与客户需要联系起来，这样就能很自然地引起客户的兴趣。

（3）证实（proof）推销产品符合客户的需要和愿望。证实不是简单的重复，而是推销人员使客户认识到推销品是符合他的需要的过程。

（4）促使客户接受（acceptance）所推销的产品。在推销过程中，客户往往不能把自己的需求与推销品联系起来，推销人员必须拿出充分的证据向客户证明，推销品符合客户的需求，他所需要的正是这些产品。当然这些证据必须是真实可信的，而且要达到这个目的，推销人员必须做好证据理由的收集和应用等准备工作，熟练掌握展示证据和证实推销的各种技巧。

(5) 刺激客户的购买欲望(desire)。当客户接受了推销品之后,推销人员应及时激发客户的购买欲望,利用各种诱因和刺激使客户对推销品产生强烈的满足个人需要的愿望和感情,为客户的购买行动打下基础。

(6) 促使客户采取购买行动(action)。这是迪伯达模式的最后一个步骤。在这一步里要求推销人员在前面工作的基础上,不失时机地劝说客户做出最后的购买决定。这个阶段同“爱达”模式的第四个阶段是相同的。

迪伯达模式较适用于:生产资料市场产品、老客户及熟悉客户、无形产品及开展无形交易(如保险、技术服务、咨询服务、信息情报、劳务市场等)、客户属于有组织购买即单位购买者等产品或客户的推销。由于迪伯达模式紧紧抓住了客户需要这个关键性的环节,使推销工作更能有的放矢,因而具有较强的针对性。

【同步案例 2-6】

洗发水的迪伯达模式实战应用

(一位女客户在化妆品洗发区仔细挑选)

推销人员:小姐,需要一款洗发水吗?

客户:是的。

推销人员:看您的发质干燥枯黄,分叉也多,这是头发缺乏营养所致,您需要的是一款营养护发型的产品。

客户:是的,我头发一直都很干,最近去把头发染了一下,变得跟一堆枯草似的,所以想选一款修复营养型的洗发水。

推销人员:那么我推荐您使用新一代潘婷乳液修复系列。潘婷一直致力于秀发营养修复,并且知名度和效果是有口皆碑的。

客户:效果怎么样?

推销人员:潘婷乳液修复洗发水蕴含 2 倍维他命原,可以提供给秀发更多的营养,精准修复秀发损伤,从发根至发梢滋养干枯受损秀发,可预防分叉。

客户:那对我开叉的头发没有用吗?

推销人员:干枯的头发可以利用洗发水来滋养,分叉的头发只能修剪,在平日的护发过程中不要频繁梳理头发,不要倒梳头发,这会伤害头发毛鳞片,引起开叉。洗发后也要使用护发素来护理头发,补充头发所需的营养。

客户:嗯,看起来还不错。

推销人员:现在潘婷这款是新品推荐,可以送您一个小的护发素搭配洗发水使用,您可以看看它的效果,不会让您失望。

客户:好,那我就要这个!

(资料来源:梁尊贤. 推销理论与技巧. 北京:机械工业出版社,2005. 有删减)

应用亮点:推销人员巧妙地将客户需要与产品功能进行有机结合,并进一步证实推销品符合客户的需要和愿望。本案例中双方的成交过程正是迪伯达模式的实施过程。

▶ 三、费比(FABE)模式

费比模式是由美国俄克拉荷马大学企业管理博士、中国台湾中兴大学商学院院长郭昆漠先生总结并推荐的推销模式。“费比”是FABE的译音，FABE则是英文单词feature(特征)、advantage(优点)、benefit(利益)、evidence(证据)的第一个字母。

费比模式主要包括以下四个步骤：

(1) 把产品的特征(feature)详细介绍给客户。推销人员在见到客户后，要以准确的语言向客户介绍产品特征。内容包括产品的性能、构造、作用、使用的简易及方便程度、耐久性、经济性、外观优点及价格等。如果是新产品则应更详细地介绍；如果产品在用料或加工工艺方面有所改进的话，也应介绍清楚；如果上述内容多而难记，推销人员应事先打印成广告式的宣传材料或卡片，以便在向客户介绍时将其交给客户。因此，如何制作好广告材料或卡片便成为费比模式的重要特色。

(2) 充分分析产品优点(advantage)。费比模式的第二步是把产品的优点充分地介绍给客户。它要求推销人员应针对在第一步中所介绍的特征，寻找出其特殊的作用或者是某项特征在该产品中扮演的特殊角色、具有的特殊功能等。如果是新产品，务必说明该产品开发的背景、目的、必要性及设计时的主导思想、相对于老产品的差别优势等。当面对的是具有较好专业知识的客户，则应以专业术语进行介绍，并力求用词精确简练。

(3) 尽数产品给客户带来的利益(benefit)。第三步是费比模式最重要的步骤，推销人员应在了解客户需求的基础上，把产品能给客户带来的利益，尽量多地列举给客户。不仅讲产品外表的、实体上的利益，更要讲产品给客户带来的内在的、实质上的利益；从经济利益讲到社会利益，从工作利益讲到社交利益。在对客户需求了解不多的情况下，应边讲解边观察客户的专注程度与表情变化；在客户表现关注的主要需求方面更要多讲。

(4) 以证据(evidence)说服客户购买。推销人员在推销中要避免用“最便宜”“最划算”“最耐用”等语句，因为这些词语会令客户反感。因此，推销人员应以真实的数字、案例、实物等证据，解决客户的各种异议与顾虑，促成客户购买。

费比模式的突出特点是：事先把产品特征、优点及带给客户的利益等列出来印在卡片上，这样就能使客户更好地了解有关内容，节省客户提出疑问的时间，减少客户异议的内容。正是由于费比模式具有这一特色，它受到了不少推销人员的推崇，帮助不少企业取得了销售佳绩。

【同步案例 2-7】

家具的费比模式实战应用

第一步：家具的特征(feature)

首先将家具的特征，尤其是具有差异化优势的特征详细地介绍给顾客，要深刻挖掘自身产品的潜质，努力去找到竞争对手忽略的特性，给顾客一个“情理之中，意料之外”感觉，例如，“我们的沙发坐垫采用了密度为35kg/m³的海绵，优于国家规定的25kg/m³的标准”。

第二步：家具的优点(advantage)

充分分析家具的优点，也就是说刚刚描述的特征究竟发挥了什么优点，尤其是对顾客有用的。如，“所以我们的沙发弹性很好，弹力恢复度也很棒，来坐坐试试吧”。

第三步：家具对客户的利益(benefit)

我们必须根据家具的优点能给客户什么样的利益，一切以顾客利益为中心，通过强调顾客得到的利益，激发顾客的购买欲望，用众多的形象词语来帮助消费者虚拟体验这个产品。例如，“您坐上去是不是感觉比较舒服，身体很放松，而且这样材质的沙发还经久耐用，不易变形塌陷”。

第四步：满足消费者的证据(evidence)

资格证书、认证标识、证明书、解剖样品、商品展示、参数说明，或者现场演示、测试、体验等，所有作为证据的材料都应该具有足够的客观性、权威性、可靠性和可预见性。例如，“您看这儿有国家相关规定证明，这边还有我们沙发的解剖样板”。

应用亮点：本例中步步为营的FABE语言设计，极为巧妙地处理了客户关心的问题，四个关键环节环环相扣，从而顺利地实现了产品的销售。

四、吉姆(GEM)模式

吉姆模式旨在帮助培养推销人员的自信心，提高说服能力。其关键是“相信”，即推销人员一定要相信自己所推销的产品(goods)，相信自己所代表的公司(enterprise)，相信自己(man)。

吉姆模式的三个步骤如下：

(1)相信推销品。推销人员应对推销品有全面、深刻的了解，同时要把推销品与竞争产品相比较，看到推销品的长处，对其充满信心。而推销人员对产品的信心会感染客户。

(2)相信自己的企业。要使推销人员相信自己的企业和产品。企业和产品的信誉是基础，而信誉是依靠推销人员与企业的全体职工共同创造的。企业和产品的良好信誉，能激发推销人员的自信和客户的购买动机。

(3)相信自己。推销人员要有自信。推销人员应正确认识推销职业的重要性和自己的工作意义，以及未来的发展前景，使自己充满信心，这是推销成功的基础。总之，推销人员在推销过程中应深入研究客户对推销的心理认识过程，同时十分注重自己的态度与表现，才能成功地进行推销。

《哈伯德商业信条》：我相信自己所销售的商品

你一生销售的唯一产品就是你自己。在产品高度同质化的今天，同类产品在功能方面没有太大的区别，只要公司产品符合国际标准、行业标准或者企业标准，就是合格产品，也是公司最好的产品，要相信一定可以找到消费者。你的自信会感染、征服消费者，用户对你推销的产品就会充满信任。

学习情景3 实训与演练

一、角色演练

1. 演练内容

为以下产品设计一次推销演练：

(1) 手机；

(2) 喝水杯；

(3) 饮料；

(4) 服装；

(5) 其他(自选)。

2. 演练步骤、要求

(1) 每位同学选择一种推销品。

(2) 依据FABE流程，运用所掌握销售话术，进行两两互练。

(3) 达到熟练程度之后，上台演练。

3. 评分规则

(1) 由班委组成评委，对每个同学进行评分，最后取评委平均分。

(2) 评分标准：

① 语言(30分)、肢体动作(30分)、面部表情(30分)；

② 时间掌控(10分)：每对同学时间控制在3分钟左右。

4. 注意事项

(1) 每位同学要精心准备，反复演练。

(2) 上台演练按小组顺序(两人一组)。

二、课内模拟实训

1. 实训内容

电话销售开场白训练。

2. 实训目的

掌握电话销售开场白的表达技巧。

3. 实训要求

(1)选定一位小组代表在课前做充分准备。
(2)其他同学以模拟客户的身份进行点评。

4. 实训步骤

(1)经分组,小组派一位代表做示范。
(2)教师充当主持人角色,积极肯定每一位示范学生的表现,注重学生自信心的培养。
(3)教师及时点评及总结。

5. 实训课时

1 学时。

三、课外实战训练

1. 训练任务

组织货源,进行一次小型模拟展销会。

2. 训练目的

运用推销模式接受实践的检验。

3. 训练要求

(1) 全部同学一起完成。

(2) 训练结束后，由个人形成书面报告。

4. 考核点

对推销模式的理解与掌握。

【实训教学建议】

1. 授课教师围绕本项目的教学目标，创设一个与工作、生活实际相似的情境。

2. 通过情境设计，在课堂教学中给学生更多参与互动的机会，实现教学双向互动。

3. 在实训教学过程中，实施教、学、做一体的教学思路，尤其是强调学生动脑(思考)、动口(表达)和动手(写与做)的能力训练，改"教师为单一主体"的教学方式为"学生、教师双主体"的教学方式，培养学生课堂上积极参与的好习惯。

项目3 Chapter 3 推销准备

知识目标

1. 了解并掌握推销人员的各种心理素质准备。
2. 理解并掌握商务过程中的各种礼仪。
3. 理解并掌握沟通能力的内容。

能力目标

1. 在推销过程中仪态和着装恰当，符合相应的与客户交往的礼仪规范。
2. 能在推销过程中有效地运用倾听的方法和技巧。
3. 能在推销过程中恰当地进行语言表达。

导入案例

李嘉诚的成功推销

刚开始做推销工作的李嘉诚因没有经验而屡屡碰壁。为了做得比别人更出色，他只能“以勤补拙”。他说：“别人做8小时，我就做16个小时。”那段时间，他每天都要背一只装有商品的大包，长途跋涉，挨家挨户推销产品，同时，他非常注意观察世情，揣摩客户的心思。

一次，李嘉诚推销镀锌铁桶。他跑到中下层居民区专找老太太卖桶，因为李嘉诚知道，老太太一般都喜欢串门聊天，如果她觉得铁桶好，会自然而然地四处宣传，这样，只要李嘉诚卖出一只，就等于卖出一批。结果不出所料，他的推销大获成功。事后，李嘉诚得出如下结论：“做好一名推销人员，一要勤勉，二要动脑。”

（情景说明：意见领袖是对产品有需求并会主动去宣传的人。他们不仅购买你的产品，而且还会为你的产品进行义务宣传）

还有一次，李嘉诚推销新型产品——塑胶洒水器，走了几家，均无人问津。一天上班前，他来到一家批发行，等职员上班后进行推销，这时，清洁工正在打扫卫生，李嘉诚灵机一动，自告奋勇拿洒水器帮清洁工洒水。耳听为虚，眼见为实。前来上班的职员亲眼目睹了洒水器的方便与实用，再加上李嘉诚良好的销售技巧和话术，他们自然很爽快地接受了产品。

(情景说明：运用产品演示直接展示产品的特点，激发客户的购买兴趣，是十分有效的)

李嘉诚是个有心的人，他十分注重推销的计划和分析，把推销作为事业去经营。他专门准备了一个小本子，把香港划分了很多的区域，每个区域的居民生活情况和市场情况都记在这个小本子上，由此，便掌握了整个地区的销售动态。正是凭着自己的勤劳、机敏及对地区市场的掌握和对用户心理的准确把握，李嘉诚做推销的第一年业绩骄人，他的销售额是公司第二名的7倍。

(资料来源：金虎．从推销员到华人首富——解读李嘉诚管理智慧．北京：金城出版社，2010)

【思考】李嘉诚成功的因素有哪些？

学习情景1 推销人员的自我准备

在做销售的过程中，对于一个新开发的市场，一个业务能力不强的销售代表，只要准备得充分，他的业绩一定高于一个业务能力比他强但没有准备的销售代表。虽然在销售的过程中，受很多相关因素的影响，但最主要的是你要明白你要做什么？没有一流的推销人员，只有一流的准备者。

推销人员不要让自己像个小兵一样，操起枪就上战场，而要像一个将军一样去把握全局，才能在这场艰苦战争中有胜算，才能逐步成为最伟大的推销人员。

一、心理素质的准备

据统计，在10 000个业务员中，只有三个是成功的。这三个成功者绝不是一蹴而就的，而是经过多年磨炼的。推销人员成功率低，绝不亚于一个企业家。可以说，推销人员这个职业绝对是个修炼。成为最伟大的推销人员，不仅是推销技巧上的，也不仅是销售话术的，首先是心灵上的和精神上的。

(一)良好的道德品质

推销是和人打交道的，而且是时时刻刻与人打交道，没有良好的道德品质，仅仅想表现出与人为善，是不会长久的，终究会暴露的。推销技巧只是方法，推销其实是在利益基础上与人打交道，没有良好道德品质的推销人员，最终会在利益上面败下阵来，见利而忘义。有了良好的道德品质，就会处理好与客户的关系，从内心、道德深层面帮助客户。而这种诚意客户是会感受到的，根据乔·吉拉德的“二五零”定律(美国著名推销人员乔·吉拉德在长期的工作中发现，每一位顾客的身后，大体上都有250名亲朋好友，这些人又会有同样多的各种关系。他把这一现象命名为“二五零”定律)，你会得到源源不断的客源。有了良好的道德品质，才会处理好与自己所在企业的关系，这时推销不再只是一个人的单打独拼，会有很多同事来帮忙。有了良好的道德品质，你会与社会上的很多人交朋友，甚至包括你的竞争对手，有了这庞大的社会关系，何愁成为不了最伟大的推销人员。因此，推销不仅练的是销售技巧，更是练心。

(二)广博的知识结构

著名推销人员原一平说过："推销人员必须拥有相当多的时间来学习，当然，学习的时间多了，用于实际推销的时间必然缩短，但工作效率反而高了。"只有善于学习的人才能成为最伟大的推销人员，只有不断学习才能提高推销技巧。

1. 专业知识

专业知识是指推销产品所涉及的专业知识，包括以下几方面：

(1) 企业知识。在推销技巧中最先接触到的是企业知识，推销人员要对自己企业过去、现在和未来的发展状况有所了解，对企业文化、企业组织架构、企业生产情况、产品情况、经营战略等都要有所了解。

(2) 产品知识。

(3) 市场与客户知识。在推销过程中，推销人员必须对市场环境有充分的了解，对于现实客户状况及消费者心理学有深刻把握，有效地发掘增加购买量和潜在客户的情况，同时掌握市场有关政策和法令规定，推销技巧的运用才会有的放矢。

(4) 其他有关的专业知识。推销人员还应掌握与推销技巧相关的业务知识，如财会的银行结算、成本分析等知识，法律的合同签订、税法等知识，市场营销、企业管理等有关知识。

2. 社会相关知识

推销人员面对各种类型的客户，应是通才，因此，要掌握多方面的知识，在和客户接触的时候才能从容面对。可以在业余时间多了解一些历史、地理、美学、心理学、经济学、文学艺术等方面的知识，这些知识既可以构成与客户交往的谈资，更是清雅脱俗的证明。然后，再根据目标客户的不同类型，了解一些他们所在领域的知识，使得自己在与客户交谈时能有共同的话题。掌握了广博的知识，推销技巧运用起来就会游刃有余。

(三)高超的业务能力

推销技巧和业务能力是靠长期的训练和磨炼获得的，做比说更重要。

1. 推销技巧

从寻找客户、选择客户、约见客户、接近、面谈、成交、处理异议到售后服务的整个推销过程，推销技巧无处不在。围绕这个过程，还要学习销售话术、电话销售技巧、商务谈判技巧和各种推销案例，并结合具体职业学习如房地产销售技巧、汽车销售技巧等专业的销售技巧。销售技巧不仅要学习别人的，更重要的是总结出自己的，每个成功的推销人员都有自己独特的推销技巧。

2. 综合能力品质

（1）意志力。对于一个推销人员来说，意志力是最重要的品质，它比推销技巧更重要。推销人员的职业就是艰辛的代名词，没有坚强的意志力是无法成功的。业务员的办公地点在市场里，而不是舒适的办公室。业务靠跑，跑市场，这就要求业务代表要具有吃苦、坚持不懈的韧性。

原一平有一次在台湾讲课，有学员问他推销秘诀。他什么也没有说，把脱了鞋袜的光脚伸出来，放在桌子上，让大家看他脚底厚厚的一层茧。他给自己的目标和计划就是每天拜访20个客户，如果没有达到，他就一定不吃饭也要坚持晚上出去。就是凭借这种坚韧不拔的精神，他当之无愧地成为顶尖的销售大王，也给他带来了巨大的财富。

有人说，用双手工作的是体力劳动者，用双手和大脑工作的是科学家，用双手、大脑和心灵工作的是艺术家，用双手、大脑、心灵和双腿工作的是推销人员。可见，推销人员的工作不仅充满挑战，更需要坚强的意志力。

（2）记忆力。记住客户，记住产品，记住生意。推销技巧中无时无刻不使用着记忆。周总理是最伟大的推销人员，他把中国推向了世界，让世界记住了中国。

（3）进取心。对推销成功有强烈的进取心，对推销机会要有强烈的实现的冲动，这是推销成功的重要因素。如果遇到困难，先打退堂鼓，就无法成为一个好的推销人员。我们的工作、我们的生活，甚至我们的生命都是靠信念才能坚持下去。

【同步案例 3-1】

将业务打入三菱的原一平

1936年，原一平的推销业绩已经名列公司第一，但他仍然狂热工作，并不因此满足，他构想了一个大胆而又破格的推销计划，找保险公司的董事长串田万藏，要一份介绍日本大企业高层次人员的“推荐函”，大幅度、高层次地推销保险业务。因为串田先生不仅是明治保险公司的董事长，还是三菱银行的总裁、三菱总公司的理事长，是整个三菱财团名副其实的最高首脑。通过他，原一平经手的保险业务不仅可以打入三菱的所有组织，而且还能打入与三菱相关的最具代表性的所有大企业。

但原一平不知道保险公司早有被严格遵守的约定：凡从三菱来明治工作的高级人员，绝对不介绍保险客户，这理所当然地包括董事长串田。

原一平为突破性的构想而坐立不安，他咬紧牙关，发誓要实现自己的推销计划。他信心十足地推开了公司主管推销业务的常务董事阿部先生的门，请求他代向串田董事长要一份“推荐函”。阿部听完了原一平的计划，默默地瞪着原一平，不说话，过了很久，阿部才缓缓地说出了公司的约定，回绝了原一平的请求。原一平却不肯打退堂鼓，问道：“常务董事，能不能自己去找董事长,当面提出请求?"阿部的眼睛瞪得更大了,更长时间的沉默之后,说了5个字:"姑且一试吧。"说罢,用挤出的难以言状的笑容打发了原一平出门。

"以下犯上"却获得意外收获

等了几天,终于接到了约见通知,原一平兴奋不已地来到三菱财团总部,层层关卡,漫长的等待,把原一平的兴奋劲耗去大半。他疲乏地倒在沙发里,迷迷糊糊地睡着了。不知过了多长时间,原一平的肩头被戳了几下,他愕然醒来,狼狈不堪地面对着董事长。串田大喝一声:"找我什么事?"还未清醒过来的原一平当即被吓得差点说不出话来,想了一会儿才结结巴巴地讲了自己的推销计划,刚说:"我想请您介绍……"就被串田截断:"什么?你以为我会介绍保险这玩意儿?"

原一平来前曾想到过请求被拒绝,还准备了一套辩驳的话,但万万没有料到串田会轻蔑地把保险业务说成"这玩意"。他被激怒了,大声吼道:"你这混账的家伙。"接着又向前跨了一步,串田连忙后退一步。"你刚才说保险这玩意儿,对不对?公司不是一向教育我们说:'保险是正当事'吗?你还是公司的董事长吗?我这就回我的公司去,向全体同事传播你说的话。"原一平说完转身就走。

一个无名的小职员竟敢顶撞、痛斥高高在上的董事长,使串田非常气愤,但对小职员话中"等着瞧"的潜台词又不能不认真思索。

原一平走出三菱大厦,心里很不平静,他为自己的计划被拒绝又是气恼又是失望,当他无可奈何地回到保险公司,向阿部说了事情的经过,刚要提出辞职时,电话铃响了,是串田打来的,他告诉阿部刚才原一平对自己恶语相加,他非常生气,但原一平走后他再三深思。串田接着说:"保险公司以前的约定确实有偏差,原一平的计划是对的,我们也是保险公司的高级职员,理应为公司贡献一分力量帮助扩展业务。我们还是参加保险吧。"

为自己定下宏伟目标

放下电话,串田立即召开临时董事会。会上决定,凡三菱的有关企业必须把全部退休金投入明治公司,作为保险金。原一平的顶撞痛斥,不仅赢得了董事长的敬服,还获得了董事长日后充满善意的全面支援,他逐步实现了自己的宏伟计划:3年内创下了全日本第一的推销纪录,到43岁后连续保持15年全国推销冠军,连续17年推销额达百万美元。

1962年,他被日本政府特别授予"四等旭日小绶勋章"。获得这种荣誉在日本是少有的,连当时的日本总理大臣福田赳夫也羡慕不止,当众慨叹道:"身为总理大臣的我,只得过五等旭日小绶勋章。"1964年,世界权威机构美国国际协会为表彰原一平在推销业做出的成就,向他颁发了全球推销人员最高荣誉——学院奖。原一平是明治保险的终身理事,业内的最高顾问。真正地功成名就了!

(资料来源:袁梅苹.魔鬼成交之原一平的66条黄金法则.南京:江苏美术出版社,2013)

应用亮点:在人的身体中有一种信念的力量,它不但创造生命,还在不断地更新生命,让人生积极进取。这需要我们深入自己的意识内层,去开发那些供给身体力量的源泉,坚持自己的信念,相信意志的力量,才能活出精彩人生。

(4)说服力。说服力是推销技巧中最重要的要素,说什么和怎么说,是说服技巧的根本,也是推销人员的基本功。其实业务代表无时不在谈判,谈判的过程就是一个说服的过程，就是寻找双方最佳利益结合点的过程。在谈判之前，要搞清楚对方的情况，所谓知己知彼，了解对方的情况越多，对自己越有利，掌握主动的机会就越多。

孙子曰："知己知彼，百战不殆。"谈判力的表现不是滔滔不绝地说话，而是抓住要点，首先满足客户的需求，再满足自己的需求。在双方都有异议时，推销人员掌握客户的信息越多，就越有主动权。谈判力的目的是达到双赢，达到互惠互利。

一个业务代表要养成勤于思考、勤于总结的习惯，每天面对的客户不同，就要用不同的方式去谈判，和客户达成最满意的交易，这才是谈判的目的。

(5) 观察力。不少人认为推销人员的功夫主要靠嘴皮子。其实，在现实销售工作中，成功的往往不是那些讲话滔滔不绝、才华横溢、聪明绝顶的推销人员，而是那些善于倾听、善于观察的推销人员。良好的观察力能帮助推销人员发现客户对什么感兴趣、对什么很在意，发现推销机会在哪里，让你判断如何正确运用推销技巧取得成功。"处处留心皆学问"，要养成勤于思考的习惯，要善于总结销售经验。每天都要对自己的工作检讨一遍，看看那些地方做的好，为什么？做的不好，为什么？多问自己几个为什么？才能发现工作中的不足，促使自己不断改进工作方法，只有提升能力，才可抓住机会。

台湾企业家王永庆刚开始经营自己的米店时，就记录客户每次买米的时间，记住客户家里有几口人，这样，他算出人家米能吃几天，快到吃完时，就给客户送过去。正是王永庆的这种细心，才使自己的事业发展壮大。推销人员对于客户的每一点变化都要去了解，努力把握每一个细节，做个有心人，不断提高自己，去开创更精彩的人生。机遇对每个人来说都是平等的，只有有心人才能成为行业的佼佼者。

(6) 交际能力。每一个人都有长处，不一定要求每一个销售代表都八面玲珑、能说会道，但一定要多和别人交流，培养自己的交际能力，尽可能地多交朋友，只有这样才能给自己带来更多的机会。朋友也是资源，但拥有资源不一定会成功，善用资源才会成功。

(7) 亲和力。一个有亲和力的人，跟你谈话，哪怕是初次见面，或仅仅只是几分钟时间，你就被他吸引住了，有种一见如故的感觉。有经验的推销人员，他们都具有一个本事，那就是能在短短几分钟内，与任何类型的人都能谈得来，能够使对方产生一种有继续交谈下去的愿望。推销人员这项素质的修炼就叫作"培养自己的亲和力"。

人们总是喜欢跟他具有相似性的人相处，这也就是"物以类聚"的原理。无论我们的穿着、谈吐、嗜好等哪一个方面与对方相同或类似，我们就已经和对方有亲和力的基础了。因此，推销人员在销售过程中，应充分发挥敏锐的观察力，尽快找出客户与自己在哪一个方面具有相似性或相同点。比如，你有与客户相同的服饰，客户的口音与你的某个朋友相似，你都可以很容易找到客户感兴趣的话题。

(8) 责任心。销售代表的言行举止都代表着自己所服务的企业，如果没有责任感，不但会影响销量，也会影响公司的形象。作为一个推销人员，责任心就得对自己负责和对客户负责。对自己负责就得树立这样的观念：我是我自己的老板，我为我自己打工，我对我的行为承担全部的责任。对客户负责就是要做好售后服务，要不断关心客户、帮助客户解决困难，让客户感受到真心，客户才能成为固定客户、忠诚客户。

有一家三口住进了新房，妻子见丈夫和儿子不太讲究卫生，就在家里写了一条标语：讲究卫生，人人有责。儿子放学回家后，见了标语，拿笔把标语改成了“讲究卫生，大人有责”。第二天，丈夫看见，也拿出笔，把标语改成了“讲究卫生，夫人有责”。

这虽然是一个笑话，但说明一个问题。责任是不能推卸的。卡耐基说：一个人迈向成熟的第一步应该是敢于承担责任。

(9) 创造力。创造力是任何事业成功和发展的动力，也是推销技巧不断创新的源泉。推销面对的是一个个鲜活而有个性的客户，不是流水作业，没有一成不变的销售话术或推销技巧，必须时刻发挥创造力，才能让推销技巧因人而异发挥效力。

成功的推销人员需要具备的能力还很多，如注意力、想象力、判断力、预见力等，这些能力都和推销技巧一样，需要在时间的砾石上不断磨砺。

二、礼仪准备

销售，首先是销售自己。一个成熟的推销人员不能只是研究如何销售商品，在研究销售商品之前应该首先研究如何销售自己。要知道客户首先接触到的其实并不是所推销的产品，而是推销人员自己。如果客户不接受推销，自然而然地，能够接受其所推销产品的概率就不高。但是相反，如果客户已经接受了推销，他接受其所推销产品的概率就相对提高了许多。所以，一个推销人员如果成功地将自己的销售出去了，产品销售将水到渠成。

(一)仪容仪表礼仪

推销人员应注意仪容仪表的协调。合适的穿着打扮不在于奇、新、贵，而在于是否与年龄、体形、气质相协调。

尽量与项目档次、定位相符，了解客户，贴近客户，尤其是面向特定客户群的项目。如面向白领，应体现高雅气质；面向新贵一族，则可略显新潮，但不可太过。

避免过于突出，不穿奇装异服。因为服装首先是一种社会符号，选择整洁、雅致、和谐、恰如其分的服装可以表现人的自尊和责任心，而失度的、奇异的服装会使人失去自尊和社会责任感，并给消费者造成不良的视觉感受和心理反应。

最好使用品质优良的名片夹，能落落大方地取出名片；准备商谈时会用到的各项文具，要能随手可取；避免随意用一张纸记录信息。

1. 仪容修饰的要点

(1) 头发最能表现出一个人的精神状态，推销人员的头发需要精心的梳理。不论男女都要经常洗头，最好做到没有头皮屑，不抹过多的发胶。

(2) 面容要神采奕奕，保持清洁，耳朵内须清洗干净，眼屎绝不可以留在眼角上，鼻毛不可以露出鼻孔。女性化妆应该化淡妆、施薄粉、描轻眉、涂浅红；男性胡子要刮干净或修整齐。平时最好涂些护肤膏，不要让脸上皮肤太干涩或油光光的。

(3) 口腔要清洁。最好每天刷两次牙，保持牙齿洁白和口腔清新，口中不可留有异味，最好不要吃大蒜、臭豆腐之类有异味的食品，早上出门时可多嚼口香糖。

(4) 保持双手整洁，手腕也要清洗干净，以保持袖口的整洁；勤剪指甲，不要留得太长，露出指端稍许即可，造型不要太怪，亦不要着色(除透明色之外)；手指要保持干净，不要有多余的死皮；平时要常用热水清洗，并擦一些护手霜，保持手的湿润与柔软。

(5) 勤洗澡，勤换衣服，以免身上发出汗味或其他异味。

(6) 整理头发、衣服、擦拭皮鞋时，请到洗手间或者其他客户看不到的场所进行。

2. 男性着装修饰细节

(1) 西装。正式场合男性应着西装，颜色以稳重的深颜色为佳，款式为流行款式；所穿西装应合体，方能显示潇洒风度，领子应贴近衬衫领口而且低于衬衫领口1～2cm；西装应熨烫笔挺，第一颗纽扣要扣住；西装上衣的长度宜于垂下手臂时与虎口相平，并且上衣口袋不要插着笔，两侧口袋最好不要放东西，特别是容易鼓起来的东西，如香烟和打火机等。

(2) 衬衫。衬衫要及时更换，注意袖口及领口是否有污垢。衬衣袖口可长出西装外套0.5～1cm，不能过长，否则会显得格外局促，束手束脚。

(3) 领带。在正式场合，穿西装应打领带；西装上衣领子最好不别徽章，饰物以少为佳；非正式场合，可不打领带，但此时衬衫最上面的一颗扣子应该不系，而且里面不应穿高领棉毛衫，以免衬衫领口敞开露出一截棉毛衫来，有碍观瞻。

(4) 裤子。裤子应与上衣相配合，上下服装搭配合理，西装应穿套装；裤子要烫直，折痕清晰；裤型不紧不松，很合身；裤子不可露出脚，要盖住鞋子，裤条明显；腰带的皮质要好，腰带扣不要过于花哨，千万不要忘了拉前拉链。

(5) 鞋袜。鞋袜须搭配平衡，两者都不要太华丽；应选择那些素雅、深色的袜子，避免穿白袜子，因为它很可能分散客户的注意力；皮鞋应该保持清洁、光亮、无破损并符合工作要求，鞋底与鞋面两侧同样保持清洁，不要留有碰擦损痕；鞋面的颜色应该与西服相互匹配；鞋子上不小心粘上的泥土要及时清理，否则当你进入会客场所时会让客户降低对你的好感。

3. 女性着装修饰细节

(1) 职业装。套装是目前最适合职业女性的服装，过分花哨、夸张的款式绝对要避免；极端保守的式样，则应掌握如何配饰、点缀使其免于死板之感；女式西服不可做得太长，也不可做得太短，以充分体现腰部、臀部的曲线美，又不至于过于暴露。

(2) 首饰。首饰对于女性来说可以起到装饰美化的作用，但在佩戴时要掌握分寸，不宜戴得太多，不能珠光宝气、香气逼人，也不能戴太大的耳环、造型“很酷”的戒指；要端庄大方，以淡雅为主，佩戴项链或者其他饰物(如护身符)不能露出制服。

(3) 丝袜。丝袜是女性衣着必不可少的一部分，但有许多女性却不注意穿丝袜的细节，而只考虑衣服、首饰、鞋帽、手袋的搭配，结果，因为这些与丝袜搭配不当，而影响了整体效果。因此，推销人员在衣着上也应注意穿丝袜的细节：丝袜要高于裙子下摆(最好穿连裤袜)，无论是坐是站，都不能露出大腿来，否则会给人轻浮的感觉，让人不信任；不要穿有走丝或破洞的丝袜，可以在随身包里备一双丝袜；等等。

（二）体态礼仪

优雅的体态是一个人教养、自信的完美表达。美好的体态，会使你看起来精神得多，也会使你身上的衣服显得更漂亮。如果你善于用形体语言与别人交流，你定会受益匪浅。

1. 站姿

大家都看到过军人的站姿，没有谁不为他们挺拔优雅的站姿所动。当然，推销人员没有受过专门的训练，无法也没有必要完全做到他们站立时的姿态，因为那种站岗式的笔直挺拔会让客户觉得很拘谨，我们需要的是站立时能表现出一种青松的气宇，让人觉得你自然、有精神。

(1) 躯干：挺胸、收腹、立腰、提臀；颈项挺直、头部端正、微收下颌；切忌歪脖、斜腰、挺腹、含胸、抖脚、中心不稳。

(2) 面部：头正，两眼平视，嘴微闭，面带笑容，目视前方。

(3) 四肢：两臂放松，自然下垂，双手可放于身体两侧、腹前或背后，虎口向前，手指自然弯曲，不要两手插兜；两腿绷直，脚间距与肩同宽，脚尖向外微分；膝盖自然挺直，小腿向后发力；两脚跟相靠，女性两脚分成V形，脚尖开度为45°～60°，男性两脚与肩同宽，身体重心主要支撑在脚掌、脚弓上，不要偏移；女士穿旗袍时，可站成丁字步，腹略收，双手交叉于肚脐位置上，有亭亭玉立的形象；如果站立时间过长，感到疲惫时，可将一条腿向前或向后半步，让身体重心轮流放在两条腿上。

2. 坐姿

坐姿是与人交谈前给对方的第一印象。提倡服务接待人员温文尔雅的坐姿，不仅是为了表现坐姿的体态美，更重要的是通过这种美的姿态传达出对对方的尊敬。

正确的坐姿是“坐如钟”，即坐相要像钟那样端正，给人以端正、大方、自然、稳定的感觉。其基本要求是：上体自然坐直，两肩放松，两腿自然弯曲，双腿平落地上，双膝并拢；男士双腿可稍稍分开，但女士的双膝、脚跟必须靠紧，两手半握拳放在膝上或是交叉放在膝间，小臂平放在座椅两侧的扶手上，注意由肩到臂紧贴胸部，胸微挺，腰要直，目平视，嘴微闭，面带笑容，大方、自然。

国际上公认的也是最为普遍的坐姿是端坐和侧坐。端坐的时间过长，会使人感到疲劳，这时可以变换为侧坐。侧坐分左侧坐和右侧坐两种，在保持坐姿的基本要领基础上，向左(右)摆45°，两脚、两膝靠拢。无论是哪一种坐法，都应以娴熟自如的姿势来表达对别人的尊重，给人以美的印象。

标准的坐姿应注意以下几个方面：

(1) 在人际交往中，坐姿的选择要与不同的场合相适应；如坐宽大的椅子(沙发)时，要注意不要坐得太靠里面，应坐椅子的2/3，不要靠背，休息时则可轻微靠背；若因谈话等需要侧转身时，上体与腿应同时转动，幅度不宜过大。

(2) 入座时，要轻而稳，轻盈舒缓，从容自如；若着裙装，要用手将裙子稍拢一下，不要坐下后再站起来整理裙子；注意落座的声音要轻，不要猛地蹲坐，如同与别人抢座位，特别是忽地坐下，腾地站起，如同赌气，容易造成紧张气氛。

(3) 落座时要保持头部端正、上身平直，双目自然平视，双腿自然弯曲，不要耷拉肩膀、含胸驼背、前俯后仰，给人以萎靡不振的印象。

(4) 腿的摆法也不容忽视，两腿应笔直向前，两膝分得太开、抖动腿脚、两腿并拢或“八”字而两膝外展，或两脚放到座椅下等，都是非“礼”的动作。女性入座时，注意两膝不能分开，两脚要并拢，可以交叉小腿；如果跷腿坐，注意不要跷得过高，不要把衬裙露出来，还应注意将上面的小腿向后收，脚尖向下；起立时，双腿先后收半步或右脚先向后收半步，然后站起，注意动作不要迅猛，也不要双手扶腿站起。有些男子在落座时，通常会交叠双腿，即跷“二郎腿”，但在销售活动中，应尽量避免使用这一姿势，因为这会给人以炫耀优势的不平衡的感觉。

(5) 离位时，要将座椅轻轻抬起挪至原位，再轻轻落下，忌拖或推椅。

3. 走姿

走姿美具有其独特的特点，即“行如风”，走起路来像风一样轻盈稳健。潇洒优美的走姿最能显示出人体的动态美，让你显得体态轻盈、朝气蓬勃。

(1) 起步时，以站姿为基础，上身略微前倾，身体重心在前脚掌上；大腿动作幅度要小，主要以向前弹出小腿带出步伐；忌挺髋扭臀等不雅的动作，也不要在行走时出现明显的正反“八字脚”。

(2) 行走时，要上体正直，头部端正，双目平视前方，挺胸收腹立腰，重心稍向前倾，面带微笑；双肩平稳，双臂以肩关节为轴前后自然摆动，摆动幅度以 30～40cm 为宜。

(3) 女性行走时两只脚行走线迹应是正对前方成一条直线即常说的一字步，或尽量走成靠近的一条直线，形成腰部与臀部的摆动而显优美，千万不要走成两条直线；相反，男性则要走成两条直线而不能走成一条直线。

(4) 男性脚步要利落、稳健、雄健；女性脚步要自如、匀称、轻柔，有明显的节律感和步韵感。

(5) 步幅要适当，着装不同步幅也要有所不同。一般行走的速度标准如下：

① 步幅：男子 40cm 左右，女子 30cm 左右，不宜太大。

② 速度：男子每分钟 108～110 步，女子每分钟 118～120 步。

③ 步高：男子脚跟离地 2～3cm，女子脚跟离地 3～4cm。

(6) 男士行走时不要抽烟，女士行走时不要吃零食。

(7) 走廊、楼梯等公共通道，员工应靠右边而行，不宜大摇大摆地走中间；几人同行时，不要并排走，以免影响客户或他人通行；确需并排走时，不要超过 3 人，并随时注意主动为他人让路，切忌横冲直撞。

(8) 行走中，在任何地方遇到客户，都要主动让路，不可抢行；在单人通行的门口，不可两人挤出挤进；遇到客户或同事，应主动退后，并微笑着做出手势“您先请”。

(9) 在走廊行走时，一般不要随便超过前行的客人，如需超过时，首先应说“对不起”，待客人闪开时说声“谢谢”，再轻轻穿过。

(10) 给客户作向导时，要走在客户前三步远的一侧，以便随时向客户解说和照顾客户；和客户、同事对面擦过时，应主动侧身，并点头问候。

4. 蹲姿

生活工作中，经常需要到低处捡拾东西或做清洁等工作，此时采取弯腰撅屁股的方式是十分不文明、不雅观和有失礼貌的行为。用优美的蹲姿是最好的方法。

(1) 下蹲时，左脚在前面右脚在后(或右脚在前面左脚稍后)两腿靠近向下蹲。

(2) 左(右)脚全脚着地，小腿基本垂直于地面；右(左)脚跟提起，使脚撑地；右(左)膝内侧靠于左(右)小腿内侧，形成左(右)膝高而右(左)膝低的姿势。

(3) 臀部下沉，基本上以右(左)腿支撑身体；男士下蹲时，两腿之间可有适当的距离；但女士无论采取哪种蹲姿，都要注意将两腿靠紧，臂部向下，特别在着裙装时则更要留意，以免尴尬。

(三)交谈礼仪

推销人员是公司的形象代言人，推销人员的一言一行都关系到公司的声誉。所以使用文明礼貌用语，对推销人员来说显得十分重要。在接待客户时忌用生硬、冷冰冰的话语。其实，有些语句稍微换一种说法，情感的表达就大相径庭，请看下面的例子：

生硬类用语：“你姓什么？”

友好热情用语：“先生/小姐，您好！请问您贵姓？”

生硬类用语：“你还想知道什么？”

友好热情用语：“请问您还有哪些地方不明白？请尽管吩咐。”

情感效应在销售过程中可以起到不可估量的作用。如果推销人员说话僵硬，客户即使原本有购买欲望，最终也会放弃，因为你已经挫伤了对方的购买信心。相反，如果推销人员有着良好的素质，即使对方不买产品也会对你产生良好的印象，并且还会向他人推介。

(四)形体语言礼仪

1. 目光

俗话说：“眼睛是心灵的窗户。”很多时候，眼神比嘴巴更会说话，人们可以从你的眼神中判断出你的心理状态，也可以从你的眼神活动中测知你精明还是愚笨。

在公事活动中，人们的视线通常停在对话者脸上的三角部分，这个三角以双眼为底线，上顶角到前额；洽谈业务时，如果你看着对方的这个部位，会显得很严肃认真，别人会感到你有诚意，同时会让你把握谈话的主动权和控制权；在社交活动(如参加茶话会、舞会及各种类型的友谊聚会)中，也要用眼睛看着对方的三角部位，这个三角是以两眼为上线，嘴为下顶角，也就是双眼和嘴之间，看着对方这个部位时，会营造出一种社交气氛。推销人员在和客户交谈时，眼神不能太锐利、太冰冷、太混浊，最好用温暖的、柔和的目光直视对方。注视着对方时会让对方感觉到自己受到了重视。如果眼神闪闪烁烁、游离不定，则会让对方觉得你太轻浮、不诚恳。

2. 微笑

俗话说："伸手不打笑脸人。"这句话点出了"人前一笑皆知己"的奥妙。向人微笑，如同伸出友谊之手，令人感到有难以拒绝的魅力。微笑可以作为推销人员的有力武器，来化解别人的恐惧感和陌生感；微笑可以营造出温馨、亲切的气氛，能有效地缩短双方的距离，给对方留下美好的心理感受，同时还能反映较高的素质修养及待人的至诚。微笑是一种魅力，它可以使强硬者变得温柔，使困难变得容易。微笑是人际交往中的润滑剂，是广交朋友、化解矛盾的有效手段。

微笑要发自内心，不要假装，最自然的笑才是最美的笑。自然的笑容有如童真般灿烂纯真，是很有感染力的；甜美的笑容会让你周围的人感到愉快。一味地傻笑、苦笑，无可奈何地笑，不但不能博得对方的好感；相反，可能还会造成不好的效果。

3. 握手

握手是一种常用的礼仪。与成功者握手，表示祝贺；与失败者握手，表示理解；与同盟者握手，表示期待；与对立者握手，表示和解；与悲伤者握手，表示慰问；与欢送者握手，表示告别；等等。

标准的握手姿势应该是平等式，即大方地伸出右手，用手掌和手指用一点力握住对方的手掌。请注意：这个方法男女是一样的。在中国很多人以为与女人握手只能握她的手指，这是错误的。在社交场合行握手礼时应注意以下几点：

(1) 上下级之间，上级伸出手后，下级才能伸手相握。

(2) 长辈与晚辈之间，长辈伸出手后，晚辈才能伸手相握。

(3) 男女之间，女士伸出手后，男士才能伸手相握。

(4) 在多人同时握手时，不要交叉握手，应待别人握完再伸手。

(5) 握手时应双目注视对方，当手不洁或有污渍时应事先向对方声明并致歉意。

(6) 行握手礼时上身应稍微前倾，两足立正，伸出右手，距离受礼者约一步，四指并拢，拇指张开，向受礼者握手；礼毕后松开，距离受礼者太远或太近，都不雅观，将对方的手拉进自己的身体区域也不妥当；握手时必须是上下摆动，而不能左右摇摆。

(7) 一般站着握手，除非两个人都坐着；如果你坐着，有人走来和你握手，你必须站起来。

(8) 握手的时间通常是3～5秒钟。匆匆握一下就松手给人感觉在敷衍；长久地握着不放让人感觉尴尬。

(9) 别人伸手同你握手，而你不伸手，是一种不友好的行为。

(10) 握手时应伸出右手，绝不能伸出左手。

(11) 握手时不可以把另一只手放在口袋里。

拓展阅读

你的腿脚说着什么话

经过数百万年的进化，我们的腿脚能够对外界威胁做出即时反应，保障了我们的生存。研究发现，这是腿脚受大脑边缘系统直接指挥的结果。因此，腿脚能准确透露一个人的感受和思维信息。美国联邦调查局(FBI)前反间谍特工乔·纳瓦罗指出，看腿脚比看脸更容易识破谎言，因为后者更善于掩饰。

大脑边缘系统的反应能及时而准确地反映在腿脚上。纳瓦罗发现腿脚能够透露紧张、无聊、羞涩、自信、愤怒等多达21种心理状态。例如：

(1) 你和好朋友交谈的时候，突然注意到对方一只脚指向大街——不用问，他们赶时间要走。

(2) 坐电梯时，你舒适地两腿交叉而立，当一群陌生人挤了进来，你的两条腿立刻站直，以便随时挪动位置。

(3) 两个人在大厅谈话，你不知道他们是否愿意让你加入，看他们的脚有没有移动就知道了，有的话就是欢迎的信号；如果脚没动，只是髋部有所转动，那么你最好知趣地走开。

(4) 当一段感情淡化，男女的脚部接触就会越来越少。在外人面前也许还手拉着手，其实他们的脚已经在相互回避。

(5) 夜深时分，你在银行的自动柜员机上操作，发觉有人走近，你的小腿立刻绷紧，双脚转向有路可走的方向，准备好逃跑以防万一。

(6) 一个孩子坐着吃饭，但他的脚在摇摆，想从椅子上跳下来，再溜出门口玩。妈妈也许能留住他的人，但他会扭来扭去，双脚朝着最近的出口。

大多数人最关注对方的脸，但很不幸，脸是很善于骗人的，光是微笑就足以让人看不到内心。腿脚因为事关生存，就不容易伪装和撒谎，因此专家认为，观察腿脚透露的信息可以识破欺骗。

(五)接听电话礼仪

电话被现代人公认为便利的通信工具，在日常工作中，打电话时用的语言很关键，它直接影响着一个公司的声誉；在日常生活中，人们通过电话也能粗略判断对方的人品、性格。因而，掌握正确的、礼貌待人的打电话方法是非常必要的。随着科学技术的发展和人们生活水平的提高，电话的普及率越来越高，人离不开电话，每天要接、打大量的电话。看起来打电话很容易，对着话筒同对方交谈，觉得和当面交谈一样简单，其实不然，打电话很有讲究。

1. 接听电话前

接听电话前应注意以下几点：

(1) 准备记录工具。如果大家没有准备好记录工具，那么当对方需要留言时，就不得不要求对方稍等一下，让宾客在等待，这是很不礼貌的。所以，在接听电话前，要准备好记录工具，例如笔和纸、手机、电脑等。

(2) 停止一切不必要的动作。不要让对方感觉到你在处理一些与电话无关的事情，对方会感到你在分心，这也是不礼貌的表现。

(3) 使用正确的姿势。如果你姿势不正确，不小心电话从手中滑下来，或掉在地上，发出刺耳的声音，也会令对方感到不满意。

(4) 带着微笑迅速接起电话，让对方也能在电话中感受到你的热情。

2. 接听电话时

接听电话应做到以下几点：

(1) 三声之内接起电话，这是星级酒店接听电话的硬性要求。

(2) 注意接听电话的语调语速，让对方感觉到你是非常乐意帮助他的，在你的声音当中能听出你是在微笑。

(3) 注意接听电话的措辞，绝对不能用任何不礼貌的语言方式来使对方感到不受欢迎。

(4) 注意双方接听电话的环境。

(5) 注意当电话线路发生故障时，必须向对方确认原因。

(6) 当听到对方的谈话很长时，也必须有所反应，如使用“是的”“好的”等来表示你在听。

(7) 主动问候，报部门介绍自己。如果想知道对方是谁，不要唐突地问“你是谁”，可以说“请问您是哪位”或者可以礼貌地问“对不起，可以知道应如何称呼您吗”。

(8) 须搁置电话时或让宾客等待时，应给予说明并致歉；每过 20 秒留意一下对方，了解对方是否愿意等下去。

(9) 转接电话要迅速。每一位员工都必须学会自行解决电话问题，如果自己解决不了再转接正确的分机，要让对方知道电话是转给谁的。

(10) 对方需要帮助，大家要尽力而为，对于每一个电话都能做到以下事情：①问候；②道歉；③留言；④转告；⑤马上帮忙；⑥转接电话；⑦直接回答(解决问题)；⑧回电话。

(11) 感谢对方来电，并礼貌地结束电话：在电话结束时，应用积极的态度，同时要使用对方的名字来感谢对方。

(12) 经常称呼对方的名字，这样表示对对方尊重。

(13) 当手机出现未接电话时要及时回复短信或者电话，询问是否有要事等。

(14) 若非有要紧事，晚上十点后尽可能不要给任何人打电话，以免影响别人休息。

(六)相关活动礼仪

1. 上下楼梯

(1) 下楼梯前先停一停，扫视片刻楼梯后，运用感觉来掌握行走的快慢，沿梯而下。

(2) 引导客户上下楼梯时，扶手那边应让给客户行走。

(3) 交际场合，上楼时，尊者、女士在前；下楼时则相反。

2. 上下轿车

(1) 上车时要侧着身体，先坐于车座上，而后将双脚、腿同时挪入车门，再将身体调整好；绝对不要头先进去再弯腰跷臀钻身体，像爬行一样，很不雅。

(2) 下车时，也应侧着身体，移着靠近车门，然后一只脚踏在地面上，眼睛看前方，再以手的支撑力移动另一只脚，头部自然伸出，起身立稳后，再缓步离开。

(3) 要主动为客人开启、关闭车门，并让宾客先上先下。

3. 低处取物

(1) 拿取低处物品或拾起落在地上的东西时，最好走近物品，上体正直、单腿下蹲，利用蹲和屈膝的动作，慢慢低下拿取，以显文雅，不要只弯上身和跷臀。

(2) 给客人送水、饮品时，如果是低矮的茶几，也应使用蹲姿。

4. 递物与接物

(1) 应当双手递物和双手接物(五指并拢)，表示出恭敬与尊重的态度。

(2) 递物接品时注意两臂夹紧，自然地将两手伸出。

(3) 递上剪刀、刀子或尖利的物品，应用手拿着尖头部位递给对方，让对方方便接取。递笔时，笔尖不可以指向对方。递书、资料、文件、名片等，字体应正对接受者，要让对方看清楚。

5. 开关门

(1) 应让客人或者同行人中阶层较高的人先通过，且无须做任何开门的动作。

(2) 当同时有五个以上的人来拜访时，做主人的应该先行通过，以便为客人开门带路。

(3) 如果已知这扇门很难开启，则应走到客人的前面并向客人解释："这扇门很重，还是由我来开吧。"

(4) 当男女同行的时候，不妨绅士一下，为女士开门并让她们先行。

(5) 一般情况下谁最先走到走廊尽头谁就该开门，并且把门扶住直到后面的人接手。

6. 使用手机

手机是现代人们生活中不可缺少的通信工具，在使用过程中展示现代文明，是生活中不可忽视的问题。如果事务繁忙，不得不将手机带到社交场合，那么至少要做到以下几点：

(1) 将铃声降低，以免惊动他人。

(2) 铃响时，找安静、人少的地方接听，并控制自己说话的音量。

(3) 如果在车里、餐桌上、会议室、电梯等地方通话，尽量使你的谈话简短，以免干扰别人。

(4) 手机响起的时候，若有人在旁边，则必须道歉说："对不起，请原谅。"然后走到一个不会影响他人的地方，把话讲完再入座。

(5) 如果有些场合不方便通话，就告诉来电者稍后给他回电话，不要勉强接听而影响别人。

三、沟通能力准备

(一)沟通的分类

沟通是人与人之间、人与群体之间思想与感情的传递和反馈的过程，目的是使双方思想达成一致，实现感情的顺畅沟通。

1. 按沟通信息有无反馈分为单向沟通和双向沟通

(1) 单向沟通：是指在信息沟通时，一方只发送信息，另一方接受信息，接收信息者不再向发送者反馈信息。如做报告、演讲、下达指标等。

(2) 双向沟通：是指在信息沟通时发送信息者不仅要发出信息且还要听取信息接收者对信息的反馈，发送与反馈可进行多次，直到双方有了共同的理解为止。

【同步案例 3-2】

善于沟通是成功第一步

一个替人割草的男孩出价5美元，请他的朋友为他打电话给一位老太太。电话拨通后，男孩的朋友问道："您需不需要割草?"老太太回答说："不需要了，我已经有了割草工。"男孩的朋友又说："我会帮您拔掉花丛中的杂草。"老太太回答："我的割草工已经做了。"男孩的朋友再说："我会帮您把草与走道的四周割齐。"老太太回答："我请的那个割草工也已经做了，他做得很好。谢谢你，我不需要新的割草工。"男孩的朋友便挂了电话，接着不解地问割草的男孩说："你不是就在老太太那儿割草吗？为什么还要打这个电话?"割草男孩说："我只是想知道老太太对我工作的评价。"

(资料来源：北京日报社数字报刊平台．http://sdjsb.bjd.com.cn/html/2012-06/08/content_97674.htm)

应用亮点：沟通不是一种简单的交流，在市场经济社会，只有善于沟通的人才能真正做出优秀业绩。沟通产生价值，必须通过沟通积累资本和资源。应该选择自己感兴趣的行业，发挥自己所长，坚定自己的必胜信念，同时要学会沟通，将自己的理想付诸实施。

2. 按语言的运用形式分为语言沟通和非语言沟通

(1) 语言沟通：是指以语言符号形式为媒介的沟通行为。包括口头沟通、书面沟通和电子化沟通。

① 口头沟通是指借助语言进行的信息传递与交流。口头沟通的形式很多,如会谈、电话、会议、广播、对话等。

② 书面沟通是指借助文字进行的信息传递与交流。书面沟通的形式也很多,如通知、文件、通信、布告、报刊、备忘录、书面总结、汇报等。

③ 电子沟通是以计算机技术与电子通信技术组合而产生的信息交流技术为基础的沟通。它是随着电子信息技术的兴起而新发展起来的一种沟通形式,包括传真、闭路电视、计算机网络、电子邮件等。

(2) 非语言沟通:主要是指以形体语言或非语言符号为媒介的沟通行为,如以表情、身体动作、衣着、外形、气质等作为工具进行沟通。非言语沟通的特点是往往会泄露人们难以掩饰的内心世界。另外,非言语沟通往往只是在面对面的范围内使用。

非语言沟通和语言沟通相互加强,但它们之间存在着明显的区别。

语言沟通在词语发出时开始,它利用声音这一个渠道传递信息,它能对词语进行控制,是结构化的,并且是被正式教授的。

非语言沟通是连续的,通过声音、视觉、嗅觉、触觉等多种渠道传递信息,绝大多数是习惯性的和无意识的,在很大程度上是无结构的,并且是通过模仿学到的。

3. 按是否需要第三者转送信息分为直接沟通和间接沟通

(1) 直接沟通:是指发送信息与接收信息无需第三者传递。如面对面谈话、电话直接对话等。

(2) 间接沟通:是指发送信息与接收信息之间有第三者传送,有时需要两个以上的第三者。

两者各具优点,应根据不同的沟通内容选择沟通方式。为了实现有效沟通,应以沟通的具体条件出发,把沟通的有效实现作为衡量标准而选择不同的沟通形式。在沟通类型或方式的选择上,应扬长避短,把各种沟通方式巧妙地结合起来,共同发挥它们的积极作用。

4. 按沟通的组织形式分为正式沟通和非正式沟通

(1) 正式沟通:指在组织中按明文规定的渠道进行的信息传递,如传达指示、汇报工作、召开会议等,是组织中由管理当局批准并认可的信息沟通途径,包括上行沟通、下行沟通、平行沟通等。

(2) 非正式沟通:指以个人身份进行正式沟通以外的信息交流活动,如私下交换意见、传播小道消息、议论某人某事等。现代管理很重视非正式沟通的研究,因为人们真实的思想和动机往往是在非正式沟通中表露出来的。

(二)沟通的要素

沟通的要素包括发送—接收者、信息、渠道(媒介)、反馈、噪声、环境。

1. 发送—接收者

在大部分沟通情景中，人们是发送—接收者，即在同一时间既发送信息又接收信息。例如：孩子犯了错误，母亲严厉地批评了孩子，父亲拍了拍孩子的肩，然后端来两杯水给母子俩，发送和接收都在同时进行，但发送与接收的信息是不同的。

2. 信息

信息是由一个发送—接收者要分享的思想和情感所组成的。上面的例子中，母亲的信息涉及她对孩子所作所为非常生气的一种感受，而父亲的信息则传达了一种冷静与安慰。

所有的沟通信息都是由两种符号组成的：语言符号和非语言符号。语言中的每一个词都是表示某一个特定事物或思想的语言符号。当我们用“椅子”这个词时，我们认同是在谈论我们坐着的某种东西，这样，“椅子”是一个具体符号，一个代表着一件物品的符号。非语言符号是我们不用词语而进行沟通的方式，如面部表情、手势、姿势、语调和外表等。像语言符号一样，我们都给非语言符号赋予特定的含义，如打呵欠意味着厌烦或疲倦，皱眉表示疑惑，不看着某人的眼睛可能意味着隐瞒了什么东西。

3. 渠道

大众传媒中的收音机、电视机、CD机、报纸和杂志等渠道传递的是声音和视觉。其他渠道传递非语言信息。例如，大学毕业在申请一份工作时，其非语言信号就可以传递出一种明确的信息：有力的握手(触觉)、职业装(视觉)以及尊重的语气(声音)。

4. 反馈

面对面的发送—接收者有最大的反馈机会，特别是在没有其他事物分散注意力时。在这种环境中，我们有机会知道他人是否理解并领会信息传达的意思。例如，辅导小孩的教师，能很容易地通过孩子的面部表情发现他是否疑惑，也能通过他坐立不安和注意力分散察觉到他什么时候开始厌烦。然而，在一个报告厅中的演讲者，是不能从听众那里获得这种反馈的。他能看到的听讲者可能显得注意力集中，但是在后排的人可能在静静地打瞌睡。大众媒体很少出现反馈信息。例如，如果你想回应新闻播音员，可采用的一种方式是写信，然而，不能保证他或她会收到。总而言之，沟通中包含的人越少，反馈的机会越大。

5. 噪声

噪声是阻止理解和准确解释信息的障碍。噪声发生在发送者和接收者之间。它分成三种形式：外部噪声、内部噪声和语义噪声。

外部噪声来自于环境，它阻碍听到信息或理解信息。你与你同宿舍的人推心置腹地交谈，可能被一群在大厅里叫喊的人、一架在头顶上飞过的直升机或电锯声所打断。外部噪声不总是来自于声音。你可能在炽热的太阳下站着与某人交谈，这使你感觉不舒服以至于不能集中精力。当你在野餐时发现坐在一个蚂蚁堆上，而蚂蚁在毯子上到处乱爬，交谈也可能变得结巴起来。

内部噪声发生在发送—接收者的头脑中，这时他们的思想和情感集中在沟通以外的事情上。一个学生因为正在考虑午饭的事而没有听课；家长因考虑工作中的一个问题而没能把注意力集中在孩子身上。内部噪声也可能源于信念或偏见。例如，某员工不相信妇女应该成为管理者，所以，当他的女老板要求他做某些事时，经常不执行她的命令。

语义噪声是由人们对词语情感上的反应而引起的。许多人不接受使用亵渎语言的演讲者，因为这种语言是对他们的冒犯。其他一些人对使用少数民族和性别语言的人的反应是否定的。语义上的噪声像外部噪声和内部噪声一样，能干扰全部或部分信息。

6. 环境

正式的环境适合于正式的沟通。例如，礼堂对演讲和表演而言是一个好地方，但对交谈却并不理想。如果人们要在更亲密的状况下交谈，他们最好到一个较小和更舒服的屋子里，在那里能相互面对面地坐着。在很多情况下，环境不同，沟通的效果也是不同的。例如，在大排档用餐和在高档酒楼用餐效果是不一样的。为什么呢？许多年轻人喜欢在大排档用餐，因为他们喜欢热闹，在那种嘈杂的环境中谈天说地更随意，不用顾及很多。高档酒楼就不一样了，对用餐者来讲，在酒楼里吃的是正餐，要顾及餐桌礼仪，虽然那里舒适漂亮，但远不及大排档随意。所以，人们经常根据沟通的目的选择沟通地点，其效果是不一样的。

此外，环境也经常影响权力关系。“去你那儿还是去我那儿”这样的问题暗示着一种平等的关系。然而，当某个老师让学生去他的办公室时，这表示老师比学生有更大的权力。当一对夫妇协商离婚时，他们在律师的办公室见面，这里提供了一个略微中性的环境。

环境中家具的布置也能影响所进行的沟通。例如，在一个大学里，图书馆是校园中人员密集的地方之一，如果管理不好，就会非常吵闹。通过改变桌椅的布置可以解决这个问题。图书馆里只设置供学习的桌子，而没有供交谈的沙发和椅子，这样就创造了一个能集中精力的安静环境。

（三）沟通的基本内容

要有效地进行交流，不仅要遵循有效沟通的若干原则，还要明了沟通的基本内容，并进行细致的分析和准备。概括起来，沟通的基本内容可以归结为六个方面的问题，即何因(why)、何人(who)、何事(what)、何地(where)、何时(when)、如何(how)，即5W1H。

1. 何因沟通

确定沟通目标是一件非常重要也比较困难的事情。成语“与虎谋皮”就是一个不恰当沟通目标的典型例子。这个成语是从“与狐谋皮”演化来的。“与狐谋皮”有这样一个传说故事：周朝时有一个人想做一件价值千金的贵重皮衣，跑去同狐狸商量要借狐皮，话还没说完，狐狸就相继逃开躲起来了。后人就用这个故事比喻跟有利害冲突的对象谋事，很难办到。这个成语多用来比喻跟恶人商量要他放弃自己的利益，是一定办不到的事情。

例如，一个幼儿园的老师对一个两三岁的孩子讲要学好文化、造福社会，恐怕是不会有什么结果的，这就超出了这个年龄的孩子的理解范围。但是如果这个幼儿园的老师以一种这个孩子喜欢的食物或玩具作为奖赏，去要求这个孩子去背唐诗或英文单词则是可能的。同样，与客户沟通是向客户头脑中灌输某些东西来改变客户的态度，或者使客户产生行动。所以，营销沟通的目标需要根据客户的反应来逐步修订。

2. 与何人沟通

汉朝的牟融在《牟子理论》中讲道："公明仪为牛弹清角之操，伏食如故，非牛不闻，不合其耳矣。"意思是古代有个很有名的音乐家公明仪，能弹得一手好琴，但轻易不给人弹。他在城里住着嫌太过嘈杂，便搬到农村幽静处，饮酒弹琴，好不痛快。一天，他见牧童骑牛放牧，吹着竹笛，悠闲自在，便突发奇想，人们都说我弹琴到深处，听者都想翩翩起舞，我何不弹奏一首欢快的曲子，让牛给我跳舞呢？于是公明仪就认真地弹奏起来，弹得满头大汗，但牛只是低头吃草，无动于衷。公明仪很是沮丧，手按在琴上，无意间发出"哞哞"之声，那牛立即竖起耳朵，抬头望来。公明仪自觉可笑："牛把我的琴所发出的声音当成是小牛叫了。"这就是"对牛弹琴"这个成语的由来，用来讽刺说话的人不看对象，白费口舌。

在推销与谈判工作中，更需要寻找与客户一致的共同话题，以增加沟通的机会，了解客户的真实想法和实际需求。

3. 沟通何事

在时间比较长的沟通中，特别是作演讲和报告时，听众很难长时间全神贯注地倾听，会出现走神或中途退场的现象。而如果主题很清晰，听众就比较容易把新接收的信息与前面的信息联系起来，否则就会不知所云。

4. 何地沟通

地点是指沟通活动发生的空间范围，包括地理区域、特定场所和室内布置等。大的地理区域往往暗示着某种文化背景和区域特征，例如，法国容易使人联想到浪漫、考究、富裕、艺术，非洲则容易使人联想到落后、干旱、豪放、自然，尽管实际情况不一定如此，但是还是有一定的代表性。在购买商品的过程中，人们也往往会根据产品的产地来判断产品的质量或价值。

特定场所往往暗示着一定的身份和地位。例如，同样一场商务洽谈，如果安排在一家五星级饭店，则暗示着主办方对此事非常重视；如果是在公司的普通会客室进行，则可能被理解为接待方不重视。很多擅长沟通的人往往选择某些特定的场合作为见面或谈话的地点，以显示自己的特殊背景或关系。一些商业掮客往往选择政府机构内部附设的营业场所或附近的地点作为与委托人见面的地点，以暗示自己与政府机构的关系密切。

室内场所的布局和陈设对沟通双方的心理也有影响。试想，如果一个企业的老板坐在硕大的老板桌后面的老板椅上，桌前放了一张很小的椅子给员工坐，或者干脆没有椅子而让员工站着，那么，员工在与老板沟通的过程中一定会感觉到紧张和压力。反之，如果在办公室内呈垂直角度摆放两张完全相同的沙发或椅子分别供老板和员工使用，则员工在与老板的交流中就会感受到较小的地位差距和压力，沟通起来会更加充分。

5. 何时沟通

不同的时间段会影响人们对信息的理解。例如，同事之间在工作时间所讲的内容往往被理解为正式的沟通，需要为此承担责任，而在休息时间或下班以后所讲的话常常被理解为非正式的私人沟通，不需要为此承担责任。

6. 如何沟通

销售是一项沟通的艺术，把话说到客户心里，也就有了成交的希望。销售中使用一定的沟通技巧可以让推销人员更多、更好地了解客户的消费心理，也就可以更好地去设计销售策略，顺利完成销售目的，但是销售中的沟通除了正常的人与人情感的沟通外，也加入了销售的目的，因此，沟通技巧越来越受到推销人员的重视。

如何沟通，包括“望”“闻”“问”“切”四个方面。

(1)“望”——观察的技巧。观察的技巧贯穿于整个销售过程中，尤其是在与客户建立良好关系时，很有价值。在与客户沟通的过程中，客户的一个眼神、一个表情、一个不经意的动作等都是他心理状况的反映。一个优秀的推销人员一定要善于把握，并适时地给予回应。同样，客户周围的环境，例如办公室的布局和陈列风格，也在一定程度上反映了该客户的行为模式，为如何与之建立长期关系提供了必要的信息。这些信息和推销人员自己的理解可以帮助推销人员建立与客户的关系，并决定下一步该怎么做。

(2)“闻”——听的技巧。这其中包括专心地倾听和适时地确认。在与客户电话联系或是面对面交流时，一定要专心而认真地听客户的讲话，一定要带有目的地去听，从中发掘客户有意或无意流露出的对销售有利的信息。在听的过程中适时地提问，一方面，表达了对客户的尊重和重视；另一方面，有助于正确理解客户所要表达的意思。掌握信息的正确性和准确性有助于达到很好的沟通效果。

(3)“问”——提问的技巧。在获取一些基本信息后，提问可以帮助推销人员了解客户的需要、客户的顾虑及影响他做出决定的因素。在沟通气氛不是很自然的情况下，可以问一些一般性的问题、客户感兴趣的问题，暂时脱离正题以缓解气氛，使双方轻松起来。时机成熟时可以问一些引导性的问题，渐渐步入正题，激发客户对产品的兴趣，引起客户的迫切需求。比如，如果不及时购置该产品，很可能会造成不必要的损失，而购置了该产品，一切问题都可以解决，并认为该项投资是非常值得的。这就是引导性提问最终要达到的效果。这时推销人员就需要从客户那里得到一个结论性的答复，可以通过一些结论性的问题锁定该销售过程的成果。

在与客户沟通的整个过程中，要与客户的思维进度的频率保持基本一致，不可操之过急，在时机不成熟时急于要求签单，很容易造成客户反感，前功尽弃；也不该错失良机，在该提出签单要求时，又担心遭到拒绝而贻误机会。

(4)“切”——解释的技巧。解释在销售的推荐和结束阶段尤为重要。在推荐阶段，为了说服客户购买，推销人员对自己的公司、产品、服务等作出解释和陈述，往往可以达到订购目的。在谈判过程中，即销售接近尾声时，会涉及许多实质性问题，双方为了各自的利益会产生些分歧，这就给双方达成最终协议乃至签单造成障碍，这些障碍需要及时合理地磋商和解释来化解。所要解释的内容不可太杂，只需包括为了达到解释目的的内容。解释要简明，逻辑性强。当需要解释细节时，应避免不痛不痒的细节，该展开的一定要展开，该简洁的一定要简洁，尤其在向客户推荐时，不能吞吞吐吐。成功解释的关键是使用简单语言，避免太专业的技术术语，尤其是对客户来说不清楚的。只有客户明白这些术语时，使用这些术语才是适合的，同时也要适当地使用，避免产生不必要的差错。

【同步案例 3-3】

客户的需求是解决问题的方式方法

松尾就职于东京一家机械设备贸易公司，开始进入公司时他负责督导工作与操作重型机械设备，谁知一干就是10年。虽然松尾不是推销人员，但由于具有10年积累的宝贵的产品知识，他经常给客户解答一些推销人员不能回答的问题，渐渐地，他开始与客户发展出极佳的关系，因为客户总能在他这里得到明确的、满意的答案。不久后，许多客户开始绕过公司的推销人员直接向松尾下订单。松尾说：“我只是把我知道的知识详细、周到地讲给客户听，并且给他们一个最完善的解决方式。客户自然而然地就被我吸引过来了。”后来，松尾索性调换了部门，直接去销售部做推销人员，两年后，松尾的个人业绩已经超越了该公司其他的推销人员而成了销售冠军。

(资料来源：新浪博客．http://blog.sina.com.cn/s/blog_7258dc840100r3pt.html)

应用亮点：服务，就是要真正为客户解决问题。推销人员只有真正将工作着力点放在坚持以客户为中心、真正为客户解决问题、更有效地满足客户解决问题的需求上，离成交也就不远了。

学习情景2 产品准备

一名推销人员如果没有充分的产品知识，迟早会面临以下窘境：

无法信心十足地面对客户。因为不熟悉产品，所以也就不知道该如何向客户推销。当客户问及有关产品的一些情况时，常常是支支吾吾、语无伦次，不知道如何向客户介绍。正因如此，你对开发新客户、拜访活动统统不感兴趣，你甚至会怕见客户，而所有的这一切都是因为你对产品不了解。

无法得到客户的信赖。很显然，推销人员没有掌握产品知识，无法信心十足地面对客户，也就无法得到客户的信赖。例如：消费者到购物中心，看到自己喜欢的商品，再三询问店员的意见，店员的回答却模棱两可、吞吞吐吐。遇到这样的情形，消费者就会非常失望地转头离去。

无法赢得客户尊重。推销人员是销售适合客户的产品、迎合客户需求为原则，但是前提必须是要能充分了解产品，这样才能将产品介绍得更妥帖与完整。了解产品是推销人员的基本职业能力。如果推销人员对产品一知半解，那么在客户看来不够敬业，不是一名合格的推销人员，更无法赢得客户尊重。

充分掌握产品知识是做好销售工作的基础，也是一名推销人员最起码的职业本能。因为产品是由自己介绍给客户的，所以熟悉产品是理所当然的。如果连自己要卖的产品都不熟悉，不但是对客户失礼，而且也会失去销售产品的资格。相反，把自己的产品优势说出个一二三来，突出优势并适当隐藏劣势，这是一个优秀推销人员的精明之处。

一、了解产品

(一)了解自己的产品

对于产品的特征、功能、用途、使用方法、尺寸、价格等，只要是客户想知道的信息，推销人员都必须全盘了解，让客户确实明白其能从中获利，如此客户才会下定决心购买。推销人员面对的大多是受过良好教育和具有更多需要的客户。他们往往会提出更苛刻的问题并要求对他们所购买问题提供更加准确的解决方案。如果推销人员对所推销的产品并不十分熟悉，缺乏深入、广泛的了解，就会影响到对推销本企业产品的信心。客户最希望通过推销人员提供的有关产品的全套知识与信息，完全了解产品的特征与效用。倘若推销人员一问三不知，很难在客户中建立信任感。因此，推销人员首先要充实自己，多阅读资料，并参考相关信息，做一位产品专家，才能赢得客户的信任。

产品知识会使推销人员更专业，产品知识会使推销人员在与专家谈话的时候更有信心。尤其在推销人员与采购人员、工程师、会计师及其他专业人员谈生意的时候，更能证明其充分了解产品知识的必要性。推销人员对产品懂得越多，就越会明白产品对使用者来说有什么好处，也就越能用有效的方式为客户作说明。此外，产品知识可以增加推销人员的竞争力。只有把产品的种种好处陈述给客户听，才能激发起客户的购买欲望。推销人员了解产品越多，就越无所惧怕。

拓展阅读

推销人员应掌握的产品知识

一名合格的推销人员对企业生产的，尤其是自己负责推销的产品或服务应该非常熟悉，缺乏产品知识的推销人员是很难说服顾客购买其产品的。产品方面的知识包括：

产品的硬件特性：指产品的性能、品质、材料、制造方法、重要零件、附属品、规格、改良之处及专利技术等；

产品的软件特性：指产品设计的风格、色彩、流行性、前卫性等；

使用知识：指产品的使用方法，如用途、操作方法、安全设计、使用时的注意事项及提供的服务体制；

交易条件：指价格方式、价格条件、交易条件、物流状况、保证年限、维修条件、购买程序等；

相关知识：指与竞争产品比较，市场行情的变动状况，市场的交易习惯，客户的关心之处，法律、法令等的规定事项。

产品本身的知识

(1) 原理	(11) 流行性	(21) 包装
(2) 历史	(12) 舒适性	(22) 标准化
(3) 制造工程	(13) 信赖性	(23) 改型
(4) 制造技术	(14) 品质	(24) 外观
(5) 构造	(15) 色彩	(25) 形象
(6) 性能	(16) 设计	(26) 零件、配件
(7) 效用	(17) 尺寸、容量	(27) 缺陷不便处
(8) 耐久性	(18) 重量	(28) 常遇到的投诉
(9) 使用方法	(19) 种类	(29) 经常遇到的反对声音
(10) 经济性	(20) 特制	(30) 常碰到的询问

商品的相关知识

(1) 价格的趋向	(2) 流行	(3) 与竞争品间的优劣对比
(4) 使用者的满意度	(5) 相关商品	

价格条件的知识

(1) 价格	(8) 库存状况	(15) 主要的故障
(2) 折扣	(9) 生产状况	(16) 维修法
(3) 旧货抵购	(10) 保证期限	(17) 配送关系
(4) 付款条件	(11) 售后服务	(18) 包装
(5) 综合性能	(12) 服务必需品及设施	(19) 相关法规
(6) 购买者的特惠	(13) 退货	(20) 成交手续及商规
(7) 交货日期	(14) 不良品的比例	(21) 有效期限

(二)了解竞争对手的产品

“知己知彼，百战百胜”这句话同样也可以应用在销售工作上。推销人员在与客户沟通时，客户常常会拿竞争对手的产品与推销人员的产品对比，这就要求推销人员在向客户介绍产品之前，除了对自己的产品要有深刻的认识之外，还要充分了解竞争对手的产品和销售情况。

只有对竞争对手的销售情况及弱点有很好的了解，才能在争夺客户时，做到得心应手，抓住销售机会，反之，不但得不到客户，还会让他们对产品产生怀疑，影响公司的形象。

二、对所推销的产品充满信心

推销人员给客户推销的是本公司的产品或服务，应该明白产品或服务就是与客户联系在一起的纽带。要让客户购买所推销的产品，首先应该对自己的产品充满信心，否则就不能发现产品的优点，在推销时就不能理直气壮；而当客户对这些产品提出意见时，就不能找出充分的理由说服客户，也就很难打动客户的心。这样一来，整个推销活动难免成为一句空话。要激发高度的销售热情，首先要把自己变成自己产品忠诚的拥护者。如果用过产品而满意的话，自然会有高度的销售热情，打动客户的心。

【同步案例 3-4】

技术型推销人员

在日本，一个家庭的祖孙三代都在一家医疗器械公司上班，同时都担任推销人员职务，并且他们三个人的销售业绩占据了该公司的第一、二、三名。为什么会出现这样有趣的现象？原来，这个家庭的祖父之前曾患有一种慢性病，医生也无能为力，一次偶然的机会使用了这家公司生产的医疗器械，把病治好了，解决了大问题。从此，他逢人便说这家公司的产品如何好，免费为这家公司做了很多宣传。公司得知这个消息，将这位老人聘为推销人员，老人对产品的功效深信不疑，并且以自己的实际体验为说服材料，当然是业绩斐然。之后，他的儿子、孙子都进了这家公司，一起从事推销工作，也一样对产品的功效深信不疑，一样成绩斐然。

（资料来源：世界大学城平台．http://www.worlduc.com/e/blog.aspx? bid=4551340）

应用亮点：客户类型多种多样，针对技术含量高的产品，防卫型客户对强力型与技术型推销人员的购买意愿有显著差异，且对技术型推销人员的购买意愿高于强力型推销人员，表明技术型的推销风格更容易为人们所接受。

三、喜爱所推销的产品

喜爱是一种积极的心理状态和态度倾向，能够激发人的热情，产生积极的行动，有利于增强人们对所喜爱事物的信心。推销人员要喜爱本企业的产品，就应逐步培养对本企业产品的兴趣，因为兴趣不是与生俱来的，是后天培养起来的，但作为一种职业要求和实现推销目标的需要，推销人员应当自觉地、有意识地逐步培养自己对本企业产品的兴趣，力求对所推销的产品做到喜爱和相信。

四、相信所推销的产品在价格方面具有竞争力

由于客户总认为推销人员会故意要高价，因而总会说价格太高，希望推销人员降价出售。这时，推销人员必须坚信自己的产品价格的合理性。虽然自己的要价中包含着准备讨

价还价中让给客户的部分，但也决不能轻易让价，否则会给人留下随意定价的印象。尤其当客户用其他同类产品的较低的价格做比较来要求降价时，推销人员必须坚定信念，坚持一分钱一分货，只有这样，才有说服客户购买的信心和勇气。当然，相信自己推销的产品，前提是对该产品有充分的了解，既要了解产品的质量，又要了解产品的成本。对于那些质量值得怀疑，或者那些自己也认为对方不需要的产品，不要向客户推销。

推销人员听到客户说“太贵了，便宜一点吧”就马上降价，这绝不是一个好方法。即使降价，客户也不一定会购买；相反，即使不降价，如果客户需要这种产品，他还是会购买的。

客户购买商品的动机在于商品所能带来的利益，并将这种利益与付出的价钱进行对比。“划算不划算”就是价格和价值的比较。因此，价格是一个相对的概念。多强调产品价值，就会让客户产生价格相对便宜的感觉。

除非推销品的价格非常具有优势，否则，推销人员不应该将重点放在价格上。将推销工作的重点放在价格优惠上，是推销新手常犯的错误之一。

【同步案例 3-5】

价格惹的祸

有一对夫妻，花了3个月时间才找到了一只他们非常喜爱的古玩钟，他们商定只要售价不超过6000元就买下来。但是，当他们看清上面的标价时，丈夫却犹豫了。

“哎哟，”丈夫低声说，“上面的标价是8000元，你还记得吗？我们说好了不超过6000元才买的，我们还是回去吧。”“我记得，”妻子说，“不过我们可以试一试，看店主能不能卖便宜点。毕竟我们已经寻找了这么久才找到了。”

夫妻俩私下商量了一下，由妻子出面，试着与店方讨价还价，尽管她认定6000元买到这只钟的希望非常小。妻子鼓起勇气，对钟表售货员说：“我看到你们有只小钟要卖。我看了上面的标价，我还看到价标上有一层尘土，这给小钟增添了几许古董的色彩。”停顿了一下，她接着说：“我告诉你我想干什么吧，我想给你的钟出个价，只出一个价。我肯定这会使你震惊的，你准备好了吗？”她停下来看了一下售货员的反应，又接着说：“哎，我只能给你3000元。”钟表售货员听了这个价后，连眼睛也没眨一下就爽快地说：“好！给你，卖啦！”你猜妻子的反应怎样？夫妻俩欣喜若狂了吗？不，事实的结果是你难以想象的。

“我真是太傻了，这钟本来恐怕就值不了几个钱……或者肯定是里面缺少了零件，要不为什么那么轻呢？再要么就是质量低劣……”妻子越想越懊恼。尽管后来夫妻俩还是把钟摆到了家中的客厅里，而且看上去效果很好，美极了，似乎走得也不错，但是她和丈夫总觉得不放心，而且他们一直被这种感觉所笼罩。

（资料来源：金亚官网 . http://www.kingyaa.cn/BBS/thread-23-114.aspx）

应用亮点：推销人员在销售过程中应准确研判客户消费心理，当客户进入选价心理时（即当客户在选择商品的过程中对价格特别关注时），推销人员应给予充分关注，对产品的定价除应依据市场行情、产品利润、供货渠道、销售方式等外，还应注重客户的价格消费心理。

五、产品至上，认真塑造产品形象

推销工作蕴含的另一个重要目的，就是塑造良好的公众形象。公众形象要求以优质的产品、优良的服务及推销人员的言行举止为基础，虚假编造出来的形象也许会存在于一时，但不可能长久。

产品接近法的最大优点就是让产品先接近客户，让产品作无声的介绍，让产品默默地推销自己。例如，服装和珠宝饰物推销人员可以一言不发地把产品送到客户的手中，客户自然会看看货物，一旦客户发生兴趣，开口讲话，接近的目的便达到了。

拓展阅读

推销人员了解产品的有效途径

了解了掌握产品知识的重要性和具体内容，推销人员就要通过多种途径来积累自己的产品知识，以在拜访客户和与客户沟通时，应对客户提出的各种各样的问题。

(一)与公司同事共同学习。如果你是新到一个公司的推销人员，公司一般都会集合全体新推销人员来共同学习产品知识。另外，在有新产品推出时，也会召集全公司的推销人员进行产品学习，共同练习销售方式，并且与公司其他推销人员进行讨论。在公司组织学习的培训会上，推销人员对产品有任何不明白、不确定的地方，都可以提出问题直到完全理解为止。此时，不论碰到任何问题，都要勇敢提出，不要觉得问问题很可耻。更不要装出一副完全明白的样子，内心却有满腹的疑问，这样不但会给自己未来的销售工作带来极大的麻烦，而且说不定还会给客户和公司造成损失。

(二)有意识地自我提高。推销人员也可以反复阅读产品说明，不断查阅参考数据。如果有不了解的地方，要随时请教领导或产品开发主管。一个人自我学习研究产品知识，是最适当的方法，也是一个成年人应有的基本学习态度，尤其对那些不愿接受上司说教的推销人员来说，这不失为一个好方法。

(三)向客户学习。从某种意义上来说，推销人员最好的老师就是客户，因为使用产品的人是客户，而且他们也会和其他公司的产品作比较，所以有时会提出连推销人员都想象不到的绝妙点子，而这些点子不但会实现推销人员与客户的成交，对公司未来的产品或者下一个客户的商品成交是有帮助的。所以，推销人员必须挤出时间来经常拜访顾客，而且切记在客户面前要以谦虚的态度向他们学习产品知识。这种与客户互动所带来的效果，会让你的信心大增，也会提高你的工作兴致。

(四)接受测验。不少公司都会不定期举行“产品知识测验”或“商品知识检验会”。前者是笔试，后者是让所有的推销人员以疲劳轰炸的方式互相询问测试者各种问题。这些方式可以让测试者知道自己对商品的了解程度，并且了解自己的不足，以便销售经理对个别推销人员加强产品知识的灌输。

（五）培养领导力与组织能力。领导力与组织能力是增强销售能力不可或缺的一环，对于商品知识的学习也非常有效。

当然，在激烈的市场竞争下，很多产品的相关信息几乎每一天、每一分钟都在变化，推销人员不可能对其中的信息完全和准确地掌握。此时，推销人员应该实事求是地向客户表明事实的真相，而不应该胡编乱造欺骗客户，那样的话，只能使消费者远去。

六、把产品与客户的利益联系起来

很多时候客户不是不需要所销售的产品，而是推销人员在介绍产品的时候，只介绍了产品本身的优点，却没有结合客户自身的利益点，告诉客户产品能怎样满足客户的需求。1995年上市，仅180天，感冒药“白加黑”的销售额就突破了1.6亿元，一下子就瓜分了感冒药市场15%的份额。众多的感冒药不都是一样的成分吗？除了“业内人士”，老百姓有几人知道它们都拥有一个通用名字“复方氨酚烷胺”？那么试问一下，作为药店店员，你知道感冒患者内心的感受吗？他们买药时为什么要选“白加黑”？其实很简单，“我们只想感冒了能舒服点儿，白天不瞌睡、晚上睡得香就挺好了。”

对使用者有价值的就是有用的，能带来切身利益和好处的产品或服务客户才会接受。就像在沙漠里，对于一个跋涉的人来说，地上堆满了黄金又有什么意义？它的价值远不如一瓢清水重要。

任何营销工作都是为了帮助客户满足自身的需求。只有明白了这一点，才会理解宝洁公司全球科研中心为什么每年要做那么多次试验，每年要派送出那么多的赠品和试用装；麦当劳公司每年为“神秘顾客”计划支付数百万美元，只因为“神秘顾客”随时会去每个店像普通顾客一样消费，并对店内外的服务做出评价和督导。如果你立志要做一家更好的终端药店，你就应该明白自身的不足，就一定不要满足于当生产厂家的代理商。而一定要从客户的需求价值出发，当客户的采购商和代理人；要多学习知名品牌和成功零售商捕捉客户未来需求的能力，尤其要保持对客户未来需求变化的关注。只有这样，药店才有可能获得持续成功。

拓展阅读

神秘顾客的工作任务

“神秘顾客”(Mystery Customer)是由经过严格培训的调查员，在规定或指定的时间里扮演成顾客，对事先设计的一系列问题逐一进行评估或评定的一种商业调查方式。

“神秘顾客”这个职业其实在欧美等国家早已经风行数十年，还成立了世界性的行业协会，协会对“神秘顾客”这一工作的定义是：他们受雇于一家与商家签约的神秘购物公司，平时以一个普通消费者的身份，应一些企业的要求到他们的商店踩点“购物”，通过实地观察体验，了解产品在市场上的受欢迎度及清洁、服务和管理等诸多方面的问题，然后将这些“情报”整理成报告，交给这家企业的老板。

做“神秘顾客”看似轻松惬意，其实也不那么简单，事先要经过培训，主要是在网上进行。在中国神秘顾客检测网上面有些初级的培训内容，例如，“神秘顾客”入店检测时最需要注意的五大部分是清洁度、客户服务、质量控制、可能导致危害的因素、产品摆放和库存。其中“客户服务”这一项规定“这类的检测一般用于入店后对店员给予的服务质量的检测，其中包括从“神秘顾客”入店到离开的每一个环节的服务质量；例如是否对顾客的光顾使用了问候语，是否仔细地询问了顾客的要求并耐心地提出适合顾客要求的建议，是否在顾客离开时留下客户的联系方式，是否帮助顾客开门并说再见，等等。”

“做‘神秘顾客’虽然白吃白喝但是并不轻松。”扮演“神秘顾客”最重要的是观察力，有些客户会让你假装投诉，看服务人员的态度；有的客户会要求“神秘顾客”购物消费时表现出不满，观察服务人员的处理方式。另外，由于委托的任务细节很多，执行任务前要牢记问卷问题，这就需要具有超强记忆力。执行完任务后，“神秘顾客”要填写问卷调查报告，像快餐店这类任务算简单的，20～30道题，而有些任务，提问可能多达十来页。

学习情景3 熟悉企业情况

一、企业所处宏观环境分析

PEST是一种企业所处宏观环境分析模型，即political（政治）、economic（经济）、social（社会）、technological（科技）。这些是企业的外部环境，一般不受企业掌握，这些因素也被戏称为pest（有害物）。

（一）政治环境

政治会对企业监管、消费能力及其他与企业有关的活动产生重大的影响。一个国家或地区的政治制度、体制、方针政策、法律法规等，常常制约、影响企业的经营行为，尤其影响企业较长期的投资行为。

政治环境对企业影响的特点主要表现为以下几点：

（1）不可预测性。企业很难预测国家政治环境的变化。

（2）直接性。国家政治环境直接影响企业的经营状况。

（3）不可逆转性。政治法律环境一旦影响到企业，就会发生十分迅速和明显的变化，而企业是无法推卸和转移这种变化的。

（二）经济环境

经济环境是指国民经济发展的概况，国际和国内经济形势及经济发展趋势，企业所面临的产业环境和竞争环境等。市场推销人员需要从短期与长期两个方面来看待一个国家的经济与贸易，特别是在进行国际营销的时候。

(三)社会环境

社会环境是指一定时期整个社会发展的一般状况,主要包括以下几个方面的因素:

1. 人口因素

人口因素包括企业所在地居民的地理分布及密度、年龄、教育水平、国籍等。人口因素对企业战略的制定具有重大影响。例如,人口总数直接影响着社会生产总规模;人口的地理分布影响着企业的厂址选择;人口的性别比例和年龄结构在一定程度上决定了社会的需求结构,进而影响社会供给结构和企业生产结构;人口的教育文化水平直接影响着企业的人力资源状况;家庭户数及其结构的变化与耐用消费品的需求和变化趋势密切相关,因而也就影响到耐用消费品的生产规模等。

2. 社会流动性

社会流动性主要涉及社会的分层情况、各阶层之间的差异以及人们是否可在各阶层之间转换、人口内部各群体的规模、财富及其构成的变化以及不同区域(城市、郊区及农村地区)的人口分布等。不同阶层对企业的期望也有差异。例如,企业员工评价战略的标准是看工资收益、福利待遇等,而消费者则主要关心产品价格、产品质量、服务态度等。

3. 消费心理

消费心理对企业战略也会产生影响。例如,一部分客户的消费心理是在购物过程中追求有新鲜感的产品多于满足其实际需求,因此,企业应有不同的产品类型以满足不同顾客的需求。

4. 生活方式变化

生活方式变化主要包括当前及新兴的生活方式与时尚。文化问题反映了一个事实,即国际交流使社会变得更加多元化、外部影响更加开放时,人们对物质的要求会越来越高。随着物质需求的提高,人们对社交、自尊、求知、审美的需要更加强烈,这也是企业面临的挑战之一。

5. 文化传统

文化传统是一个国家或地区在较长历史时期内形成的一种社会习惯,它是影响经济活动的一个重要因素。例如,中国的春节、西方的圣诞节就为某些行业带来了商机。

6. 价值观

价值观是指社会公众评价各种行为的观念标准。不同的国家和地区人们的价值观各有差异。例如,西方国家的个人主义较强。而日本的企业则注重内部关系融洽。

拓展阅读

社会与文化环境的参考因素

社会与文化环境因素可以参考以下几点：

(1) 信奉人数最多的宗教是什么？

(2) 这个国家的人对于外国产品和服务的态度如何？

(3) 语言障碍是否会影响产品的市场推广？

(4) 消费者有多少空闲时间？

(5) 这个国家的男人和女人的角色分别是什么？

(6) 这个国家的人长寿吗？老年阶层富裕吗？

(7) 这个国家的人对于环保问题是如何看待的？

(四)技术环境

技术环境是指目前社会技术总水平及变化趋势，技术变迁、技术突破对企业有很大影响：

(1) 技术的进步使企业能对市场及客户进行更有效的分析。例如，使用数据库或自动化系统来获取数据，能够更加准确地进行分析。

(2) 新技术的出现使社会和新兴行业对本行业产品和服务的需求增加，从而使企业可以扩大经营范围或开辟新的市场。

(3) 技术进步可创造竞争优势。例如，技术进步可令企业利用新的生产方法，在不增加成本的情况下，提供更优质和更高性能的产品和服务。

(4) 技术进步可导致现有产品被淘汰，或大大缩短产品的生命周期。

(5) 新技术的发展使企业更关注环境保护，企业的社会责任及可持续成长问题，也使生产越来越多地依赖于科技的进步。

(6) 科技降低了产品和服务的成本，并提高了质量，为消费者和企业提供了更多的创新产品与服务，例如网上银行、新一代手机等。

(7) 技术进步可改变分销渠道，例如网上开书店、卖机票、拍卖等。

(8) 技术进步为企业提供了一种全新的与消费者进行沟通的渠道，例如 Banner 广告条、CRM 软件等。

二、企业所处微观环境分析

(一)供应商的议价能力

供方力量的强弱主要取决于他们所提供给买主的是什么投入要素，当供方所提供的投入要素其价值构成了买主产品总成本的较大比例、对买主产品生产过程非常重要或者严重影响买主产品的质量时，供方对于买主的潜在讨价还价力量就大大增强。一般来说，满足如下条件的供方会具有比较强大的讨价还价力量：

(1) 供方行业为一些具有比较稳固市场地位而不受市场激烈竞争困扰的企业所控制，其产品的买主很多，以至于每一单个买主都不可能成为供方的重要客户。

(2) 供方各企业的产品各具有一定特色，以至于买主难以转换或转换成本太高，或者很难找到可与供方企业产品相竞争的替代品。

(3) 供方能够方便地实行前向联合或一体化，而买主难以进行后向联合或一体化。

(二)购买者的议价能力

购买者主要通过其压价与要求提供较高的产品或服务质量的能力，来影响行业中现有企业的盈利能力。一般来说，满足如下条件的购买者可能具有较强的讨价还价力量：

(1) 购买者的总数较少，而每个购买者的购买量较大，占了卖方销售量的很大比例。

(2) 卖方行业由大量相对来说规模较小的企业所组成。

(3) 购买者所购买的基本上是一种标准化产品，同时向多个卖主购买产品在经济上也完全可行。

(4) 购买者有能力实现后向一体化，而卖主不可能前向一体化。

(三)新进入者的威胁

新进入者在给行业带来新生产能力、新资源的同时，将希望在已被现有企业瓜分完毕的市场中赢得一席之地，这就有可能会与现有企业发生原材料与市场份额的竞争，最终导致行业中现有企业盈利水平降低，严重的话还有可能危及这些企业的生存。竞争性进入威胁的严重程度取决于两方面的因素，这就是进入新领域的障碍大小与预期现有企业对于进入者的反应情况。

(四)替代品的威胁

两个处于不同行业中的企业，可能会由于所生产的产品是互为替代品，从而在它们之间产生相互竞争行为，这种源自于替代品的竞争会以各种形式影响行业中现有企业的竞争战略。第一，现有企业产品售价以及获利潜力的提高，将由于存在着能被用户方便接受的替代品而受到限制；第二，由于替代品生产者的侵入，使得现有企业必须提高产品质量，或者通过降低成本来降低售价，或者使其产品具有特色，否则其销量与利润增长的目标就有可能受挫；第三，源自替代品生产者的竞争强度，受产品买主转换成本高低的影响。总之，替代品价格越低、质量越好、用户转换成本越低，其所能产生的竞争压力就越强；而这种来自替代品生产者的竞争压力的强度，可以具体通过考察替代品销售增长率、替代品厂家生产能力与盈利扩张情况来加以描述。

(五)行业竞争

大部分行业中的企业，相互之间的利益都是紧密联系在一起的，作为企业整体战略一部分的各企业竞争战略，其目标都在于使得自己的企业获得相对于竞争对手的优势，所以，在实施中就必然会产生冲突与对抗现象，这些冲突与对抗就构成了现有企业之间的竞争。现有企业之间的竞争常常表现在价格、广告、产品介绍、售后服务等方面，其竞争强度与许多因素有关。

三、对本企业情况的了解

(一)企业历史

推销人员应该掌握企业的创建和发展历程，经营的指导思想，经营的方针目标，企业发展壮大的背景知识，发展过程中的名人轶事。掌握这些企业的知识可以使推销人员在与顾客交谈时显得知识渊博，有利于树立推销人员自身的形象，增强推销人员工作的自豪感和归属感。

【同步案例 3-6】

微信广告讲故事　OPPO 温情路线成就营销刀锋

随着 2015 年 1 月 25 日宝马等品牌广告相继亮相微信朋友圈，“微信永远不会成为一个广告平台”这句口号已成为历史。然而以重视用户体验著称的微信团队始终强调，微信广告将有别于传统生硬的广告形式，以用户友好的姿态出现在朋友圈中。为此，有幸首批入选微信广告的各大品牌无不使出浑身解数，“试图做些改变”。1 月 28 日晚，这场朋友圈的营销大战又迎来一家实力品牌——OPPO。与其他品牌拼格调、秀产品、抓眼球不同，OPPO 在中国最重要的传统节日春节来临之时，选择了走心的情感路线，以被忽略的亲情动人，赢得了朋友圈内一片点赞。

微信广告上线，大牌厂商各显神通，我们只看到朋友圈的口水飞扬，却看不到为了争得首批微信广告一席之地的巨头激战，日渐跻身国际数码厂商的 OPPO 在激战中不仅成功出线，成为首批吃微信广告这只螃蟹的广告主，更在广告内容上另辟蹊径，赢得了微信团队的认可。此次亮相的微信广告中，OPPO 舍弃了高大上的产品展示和酷炫的视觉效果，只用一组清新的线描和简洁的文字引导谜底揭晓——我们用手机记录生活中的各种小美好——拍自己、拍美食、拍伙伴、拍风景，却唯独将日渐老去的父母“屏蔽”在朋友圈之外。手机相册里缺失的那张照片，恰恰是我们心中至亲至爱的父母。这个谜底，无疑戳中了众多都市年轻人的心。“爸妈拍我长大，我只能拍他们变老”，OPPO 用娓娓道来的讲述方式提醒着人们：春节回家时，别忘了给我们挚爱的父母多一些关注和陪伴，用手机与亲人拍张合影，记录和分享这珍贵的“至美”时刻。

OPPO 此次在朋友圈中短兵相接的营销格斗中脱颖而出并非偶然，在这场看不见硝烟的战役中，OPPO 用最质朴的方式解读“美”，号召用户“记录看得见的幸福”，恰恰是巧妙利用了微信的 4 亿用户与 OPPO 的目标用户群的高度契合，他们有着共同的情感共鸣，借势春节亲情营销，将“至美”提升到挚爱亲人的情感层面，一击即中，不动声色地将这场短兵相接的鏖战转化成 OPPO 看得见的幸福。

(资料来源：中关村在线 . http://mobile. zol. com. cn/505/5052977. html)

应用亮点:OPPO 发挥洞悉用户需求的优势,深入挖掘用户情感诉求,找到了年轻人的“软肋”。通过猜谜式的启发引导,呼吁年轻人用手机与父母合影,将停留在表面的煽情口号转化成实际行动,从而完成了一次“深度定制”的情感营销。OPPO 手机不再只是冰冷的记录和拍照工具,它成为用户与父母情感沟通的重要桥梁。

(二)企业规模的大小

推销人员要熟悉企业规模的大小。在与客户的洽谈中,客户一般会认为规模大的公司比较可信,推销过程也比较有优势。企业规模大小可以通过反映:市场占有率、原材料的运用、年产量、公司员工数量、办公室规模、工资水平等指标反映。

(三)企业财务状况

清楚企业基本的财务状况是了解企业资产、负债状况的基础。

(四)企业的组织结构

推销人员应了解企业高层管理人员的职务、姓名、行业地位、名声、经营理念等,对和销售有关的部门和人员应非常熟悉。

(五)企业的规章制度和政策

推销人员要熟悉企业的赊销规定、企业的价格政策、企业的服务措施等各项规章制度和政策。

(六)企业文化

企业强者需要推销人员抢占优质资源;企业弱者需要推销人员创造新模式、开发新资源。企业文化是在一定社会历史条件下,在物质生产过程中形成的具有本企业特色的文化观念、文化形式和行为模式,以及与之相适应的制度和组织机构,体现了企业及其成员的价值准则、经营哲学、行为规范、共同信念及凝聚力。企业文化产生的一般模式大致如下:公司初建时有一位或数位高级管理人员制定一种创意或经营思想,然后通过实施各项经营实务工作,让企业员工在经营思想或创意的指导下工作,形成企业的经营行为,经营成功以后,当这些经营成就持续相当长的一段时间,就出现了企业文化。

拓展阅读

华为的“狼性文化”

一、什么是狼性。狼过着群居生活,一般七匹为一群,每一匹都要为群体的繁荣与发展承担一份责任。狼与狼之间的默契配合成为狼成功的决定性因素。不管做任何事情,它们总能依靠团体的力量去完成。狼的耐心总是令人惊奇,它们可以为一个目标耗费相当长的时间而丝毫不觉厌烦。敏锐的观察力、专一的目标、默契的配合、好奇心、注意细节以及锲而不舍的耐心使狼总能获得成功。狼的态度很单纯,那就是对成功坚定不移地向往。在狼的生命中,没有什么可以替代锲而不舍的精神,这使得狼得以千辛万苦地生存下来。狼群的凝聚力、团队精神和训练成为决定它们生死存亡的决定性因素。因此狼群很少真正受到其他动物的威胁。

二、华为的狼性企业文化。《华为宪章》中有这样一段话:资源是会枯竭的,唯有文化生生不息。在华为的企业文化中,最具特色的要数他们的"狼性文化"的核心理念。任正非认为,做企业就是要培养出一批狼。因为狼有生存下来的三大优势:一是有敏锐的嗅觉;二是不屈不挠、奋不顾身的进攻精神;三是群体奋斗。

结合上述对狼性的理解和定义,以下对华为的狼性文化进行分析。

(一)忧患意识。"胜则举杯相庆,败则拼死相救"是华为狼性的体现。在华为,对这种狼性的训练是无时无刻不存在的,一向低调的华为时时刻刻让内部员工的神经绷紧。从《华为的冬天》到《华为的红旗还能打多久?》无不流露出华为的忧患意识,而对未来的担忧就要求团队团结,不能丢失狼性。华为人认为只有这样,华为才能找到冬天的棉袄。

(二)协调能力。华为的管理模式是矩阵式管理模式,矩阵式管理要求企业内部的各个职能部门相互配合,通过互助网络,任何问题都能做出迅速的反应。不然就会暴露出矩阵式管理最大的弱点:多头管理,职责不清。而华为推销人员就如同狼群一般,在相互配合方面效率之高让客户惊叹,让对手心寒,因为华为从签合同到实际供货只要四天的时间。

(三)团队意识。任正非在《至新员工书》中写道:"华为的企业文化是建立在国家优良传统文化基础上的企业文化,这个企业文化黏合全体员工团结合作,走群体奋斗的道路。有了这个平台,你的聪明才智方能很好地发挥,并有所成就。没有责任心、不善于合作、不能群体奋斗的人,等于丧失了在华为进步的机会。"华为非常厌恶的是个人英雄主义,主张的是团队作战。

(四)奉献精神。华为的奉献精神,来源于狼群为同伴的奉献,可以分为若干个层次。第一层次是为华为人奉献自己的价值,使自己的团队更加卓越。为员工提供良好的发展平台,在本土企业中无出其右。第二层次是为自己的客户奉献价值,一方面,通过自己的产品为客户创造价值;另一方面,华为的营销手段已经超越了大多数企业的"吃喝玩乐拿"模式,而采用了"营销+咨询"的模式,为客户提供电信运营解决方案。第三层次是要为整个社会、整个社区奉献华为的价值。实现这个价值华为主要通过两个方面来进行,一方面是生产出优质的产品;另一方面是设立各种回报社会的基金,如寒门学子奖学金等。

(五)学习成长。在通信行业,技术更新速度之快、竞争之激烈是其他行业不能比拟的。要是华为学习能力不强,就一定会被淘汰。而对于学习,华为也有自己的观点:世上有许多"欲速则不达"的案例,希望华为人就像狼一样锲而不舍,造就了一批业精于勤、行成于思,有真正动手能力和管理能力的华为型人才。作为一名合格的华为营销人,必须具备诸方面的知识,比如产品知识、专业知识、营销理论知识、销售技能技巧知识、沟通知识等。这就要求华为人员必须具备良好的学习能力,而且还要养成学习的习惯。

(六)面对创新,执着追求。华为公司如同狼对成功的推崇与追求一样,也推崇追求着创新。23年来，华为对创新孜孜追求。华为对创新也形成了自己的观点：其一，不创新是华为最大的风险。其二，华为创新的动力来自于客户的需求和竞争对手的优秀，同时也来自于华为内部员工的奋斗。其三，创新的内容主要在技术上和管理上。其四，在创新的方式上，主张有重点，集中力量，各个击破；主张团队作战，不赞成个人英雄主义。

（七）给予团体内每一个成员公平与收益。获益是华为文化的核心、基础。

四、企业优劣势(SWOT)分析

PEST分析与外部总体环境因素互相结合就可归纳出SWOT分析中的机会与威胁。SWOT分析法又称态势分析法，在20世纪80年代初由旧金山大学的管理学教授提出，是一种能够较客观而准确地分析和研究一个单位现实情况的方法。

SWOT分析是把组织内外环境所形成的机会（opportunities）、风险（threats）、优势（strengths）、劣势（weaknesses）四个方面的情况结合起来进行分析，以寻找制定适合组织实际情况的经营战略和策略的方法。

S(strength，优势）是组织机构的内部因素，具体包括有利的竞争态势、充足的财政来源、良好的企业形象、技术力量、规模经济、产品质量、市场份额、成本优势、广告攻势等。

W（weakness，弱势）是指在竞争中相对弱势的方面。也是组织机构的内部因素，具体包括设备老化、管理混乱、缺少关键技术、研究开发落后、资金短缺、经营不善、产品积压、竞争力差等。

O(opportunity，机会）是组织机构的外部因素，具体包括新产品、新市场、新需求、市场壁垒解除、竞争对手失误等。

T（threat，威胁）也是组织机构的外部因素，具体包括新的竞争对手、替代产品增多、市场紧缩、行业政策变化、经济衰退、客户偏好改变、突发事件等。

SWOT分析法的实施步骤如下：

(1) 分析因素。运用各种调查研究方法，分析出企业所处的各种环境因素，即外部环境因素和内部能力因素。外部环境因素包括机会因素和威胁因素，它们是外部环境中直接影响企业发展的有利和不利因素，属于客观因素。内部环境因素包括优势因素和弱点因素，它们是企业在其发展中自身存在的积极和消极因素，属主动因素。在调查分析这些因素时，不仅要考虑企业的历史与现状，而且更要考虑企业未来的发展。

(2) 构造矩阵。将调查得出的各种因素根据轻重缓急或影响程度等排序，构造SWOT矩阵。在这个过程中，要将那些对企业发展有直接的、重要的、大量的、迫切的、久远的影响因素优先排列出来，而将那些间接的、次要的、少许的、不急的、短暂的影响因素排在后面。

(3) 制定计划。在完成环境因素分析和SWOT矩阵的构造之后，便可以制定相应的行动计划了。制定计划的基本思路是：发挥优势因素，克服弱点因素，利用机会因素，化解威胁因素；考虑过去，立足当前，着眼未来。运用系统分析的方法，将排列与考虑的各种因素相互联系并加以组合，得出一系列企业未来发展的可选择对策。

学习情景4 实训与演练

一、角色演练

1. 演练内容

观看教学 VCD《卖产品不如卖自己》，思考并演练作为销售人员在短时间内让客户接受自己。

2. 演练步骤、要求

(1) 随机请几位同学表达自己的观后感。

(2) 依据视频所学，借助一定的道具，进行现场即兴的角色演练。

3. 评分规则

(1) 由授课教师依据学生综合表现予评价。

(2) 评分标准：

① 语言(30分)、肢体动作(30分)、面部表情(30分)；

② 时间掌控(10分)：每位同学时间控制在3分钟左右。

4. 注意事项

(1) 课堂中给学生适当的准备时间。

(2) 道具的选用可以学生身边的产品为主。

5. 教学条件

电视一台、VCD 或 DVD 播放机一台、陈安之的《卖产品不如卖自己》VCD 碟片一张。

6. 考核标准

有自己的感悟，能明确推销人员素质的培养目标。

7. 教学学时

1学时。

二、课内模拟实训

1. 实训目的

熟练运用各种推销模式顺利推销产品。

2. 实训要求

各组在以下产品中任选一种，用所学推销模式进行推销演示（本节准备，下节演示）：手机、英语词典、意外伤害险、化妆品、笔记本电脑、时尚杂志、汽车。

3. 实训资料

（1）产品资料。

（2）相关证据。

4. 实训步骤

（1）各组任选一种产品。

（2）各组收集有关这种产品和竞争对手的信息和资料。

（3）进行现场推销模式的展示。

（4）点评。

5. 考核内容及标准

考核内容及标准见表3-1。

表3-1 考核内容及标准

序 号	项 目	分 值
1	模式运用是否合理	1
2	表情是否友好	0.5
3	姿势是否恰当	0.5
4	能否引起（发现）顾客的兴趣	2
5	能否将顾客兴趣和产品很好地结合	1.5
6	利益发掘是否合理	2
7	证明是否有效	2
8	语音、语调是否恰当	0.5

6. 实训课时

1 学时。

三、课外实战训练

1. 训练任务

设计一份完整的推销计划书,参与一次实际的产品销售。

2. 训练目的

检验推销准备工作的完整性与可执行性。

3. 训练要求

(1)每一位学生独立完成。

(2)训练结束后,继续完善推销计划书,并作为重要的平时作业上交授课教师。

4. 考核点

学生准备工作的充分性、参与活动的积极性及完成工作的质量

【实训教学建议】

1. 授课教师围绕本项目的教学目标,创设一个与工作、生活实际相似的情境。

2. 通过情景设计,在课堂教学中给学生更多参与互动的机会,实现教学双向互动。

3. 在实训教学过程中,实施教、学、做一体的教学思路,尤其是强调学生动脑(思考)、动口(表达)和动手(写与做)的能力训练,改“教师为单一主体”的教学方式为“学生、教师双主体”的教学方式,培养学生课堂上积极参与的好习惯。

4

项目4

Chapter 4

寻找与约见客户

知识目标

1. 了解并掌握客户的含义及类型。
2. 掌握寻找客户的途径、约见客户的准备。
3. 把握约见客户的技巧。

能力目标

能够正确分析客户的类型,运用约见的技巧,通过训练提高实践能力。

导入案例

寻找潜在客户

小刘是某大学管理学院的三年级学生。刚刚接受了一份某度假村俱乐部的暑期工作。小刘第一次参加销售会议,谭经理在阐述他对推销人员的希望。

谭经理:我知道你们在被聘用时就已经知道需要做什么。但是,我还想再次就有关事情做进一步说明。现在你们的第一项工作是销售会员卡。每一张会员卡价值2 000元人民币。如果你们有什么问题,直接提问。

小刘:每笔买卖我们可以提取多少佣金?

谭经理:每销售一张会员卡,你可以拿到其会员卡价值的10%,也就是200元。会员卡赋予会员很多权利,包括每年可以到度假村免费入住2天,届时可以享受度假村的桑拿浴与健身,可以获得两份免费早餐。若会员平时到度假村度假的话,住宿、餐饮、娱乐、健身等都可以享受50%的优惠折扣。而且,你还可以从会员的所有费用中提取5%的报酬。

小刘:不错,我可以获得双份的报酬了。

谭经理:没错。你销售得越多,提取的佣金就越高。

刘伟：我到哪里去寻找会员呢？

谭经理：你完全可以自己决定如何做。但是，寻找潜在客户是你成功的关键。根据以往的经验，每十个你找到的潜在客户中，你将会与其中的三个客户面谈，最后与一个客户成交。还有问题吗……可以从你的亲朋好友开始。

（资料来源：世界大学城平台．http://www.worlduc.com/blog2012.aspx? bid=24872431）

【思考】阅读完案例，你觉得小刘应集中于哪一个目标市场？该怎样寻找潜在客户？

学习情景1 客户类型分析

客户是企业经营活动中最重要的人，是带着需要和需求寻找企业产品的人。满足客户的需要和需求是推销人员的工作。如果企业没有了客户，就意味着没有利润，就意味着倒闭。因此客户对企业的重要意义已经被越来越多的企业和企业家所意识到，企业的生存和发展均有赖于企业的客户。

一、客户的含义

客户是指购买产品或服务以及可能购买产品或服务的组织和个人。

客户既可能是一个机构、一家公司，也可能是个人。但无论是机构、公司，还是个人，只能称之为潜在客户。对于推销工作来说，潜在客户中准确而迅速地找出客户，不仅能够节约推销的时间，而且能使推销工作顺利地进行下去。

理解客户含义的几个要点如下：

(1) 客户不一定是产品或服务的最终接受者。对于供应链下游的企业来说，它们是上游企业的客户，可能是一级批发商、二级批发商、零售商或物流商，而最终的接受者是消费产品或服务的个人或机构。

(2) 客户不一定是用户。供应链下游的批发商、零售商是制造商的客户，只有当其直接消费这些产品或服务时，才是上游生产商的用户。

(3) 客户不一定在公司之外。内部客户日益引起企业的重视，人们往往致力于企业之外的客户服务，而把内部的上、下流程中的工作人员和供应链中的上、下游企业看作同事或合作伙伴，从而淡化了服务意识。

二、客户的类型

企业经营活动中，客户非常重要，因此，企业必须掌握客户的类型，根据企业发展的需要，发掘客户资源。目前客户的分类方式有很多，根据不同的分类标准，可以把客户分为以下几种类型。

(一)按客户购买产品的确定程度分类

按照客户购买产品的确定程度可将客户分为全确定型、半确定型、不确定型。

1. 全确定型客户

全确定型客户有明确的购买目标,包括产品的名称、商标、型号、规格、样式、颜色以及产品的价格都有明确的要求。如果推销人员销售方法得当,一般来说客户会毫不迟疑地购买产品。

2. 半确定型客户

半确定型客户一般只有大致的购买意向,没有具体要求或要求不明确。这类客户一般不能清晰明确地提出对所需产品的各项要求,需要经过较长时间的比较和评定才能确定购买。

3. 不确定型客户

不确定型客户没有明确的或者坚定的购买目标,但是有一定的潜在需求。这种情况下就需要推销人员提高销售技巧,不断挖掘客户的潜在需求以及提高客户的购买兴趣,以实现交易。

(二)按客户的购买力分类

依据客户购买力的大小将客户分为大客户和小客户两种类型。

1. 大客户

大客户也称为核心客户,其实就好比精品店、饭店的 VIP 客人一样,是企业收益的主要来源。根据“帕雷托法则”,企业 80%的利润来源于 20%的高端客户。针对这群金字塔顶端的客户,企业不仅要花心思经营,而且还要找对方法和策略。

2. 小客户

根据“帕雷托法则”,虽然另外 80%的客户只给企业创造 20%的利润,也要照顾这些客户。因为这 20%的客户可以为企业维持 80%的客源。并且这 80%的客源以后还可能成长为 20%的核心客户。

(三)按客户的性格特征分类

按照客户的性格特征可将客户分为老鹰型、孔雀型、鸽子型、猫头鹰型四种。

1. 老鹰型客户

老鹰型的人属于做事爽快、决策果断，以事实和任务为中心，他们给人的印象往往是不善于与人打交道。他们常常会被认为是强权派人物，喜欢支配人和下命令。他们的时间观念很强，讲求高效率，喜欢直入主题，不愿意花时间闲聊，讨厌自己的时间被浪费。他们往往是变革者，若能让他们相信你可以帮助他们，他们行动的速度会很快。研究表明：老鹰型的人做决策只需要两次接触。

2. 孔雀型客户

孔雀型的人基本上也属于做事爽快、决策果断的一种。但与老鹰型的人不同的是，他们与人沟通的能力特别强，通常以人为中心，而不是以任务为中心。如果一群人坐在一起，孔雀型的人很容易成为交谈的核心，他们很健谈，通常具有丰富的面部表情。他们喜欢在一种友好的环境下与人交流，社会关系对他们来讲很重要。他给人的印象一般是平易近人、朴实、容易交往。孔雀型的人做决策时往往不关注细节，凭感觉做决策，做决策也很快，研究表明，三次接触就可以使他们下决心。

3. 鸽子型客户

鸽子型的人友好、镇静。他们做起事情来显得不急不躁，属于肯支持人的那种。他们做决策一般会较慢，需要五次左右的接触。

4. 猫头鹰型客户

猫头鹰型的人很难看得懂，他们不太容易向对方表示友好，平时也不太爱讲话，做事动作也缓慢。对很多人来讲，猫头鹰型的人显得有些孤僻。他们做决策很慢，需要七次左右的接触。

与不同性格类型客户沟通时应注意的问题如表 4-1 所示。

表 4-1 与客户沟通时应注意的问题

客户类型	你要做什么	你不能做什么
老鹰型 （直入主题）	有准备、有组织 预先为异议做准备 以结果为导向 提问问题	浪费客户的时间 毫无目的 过度关注细节 太感情化
孔雀型 （快速、有激情）	快速 让人觉得有趣 询问客户的看法 支持他们的梦想	太关注工作 谈论人 冷漠

续表

客户类型	你要做什么	你不能做什么
鸽子型 （稍慢一些）	逐步了解客户 开始聊会儿天 表示对客户感兴趣 听，并作出反应 随便些	严肃地谈生意 直接谈到业务 向对方下命令
猫头鹰型 （稍慢一些）	详细准备 强调准确和事实 提供证据 显得有条不紊 用个人吸引力	太随意 杂乱无章 用主观来判断

（四）按客户的购买态度分类

按照客户的购买态度分类，可将客户分为习惯型、慎重型、价格型、冲动型、感情型、疑虑型、不定型。

1. 习惯型客户

习惯型客户对某种产品的态度是坚定自己的信念。信念可以建立在知识的基础上，也可以建立在理解或信任的基础上。此类型的客户往往根据过去的购买经验和使用习惯采取购买行为，或长期惠顾某商店，或长期使用某个品牌的产品。

2. 慎重型客户

慎重型客户的购买行为以理智为主，感情为辅。他们喜欢收集产品的有关信息，了解市场行情，在经过周密的分析和思考后，做到对产品特性心中有数。在购买过程中，他们的主观性较强，不愿别人介入，受广告宣传及推销人员的介绍影响甚少，往往要经过对商品细致的检查、比较，反复衡量各种利弊因素后，才作购买决定。

3. 价格型客户

价格型客户又被称为经济型客户，此类客户选购产品多从经济角度考虑，对商品的价格非常敏感。有的人从价格的昂贵确认产品的质优而选购高价商品有的人从价格的低廉评定产品的便宜而选购商品。

4. 冲动型客户

冲动型客户的心理反应敏捷，易受产品外部质量和广告宣传的影响，以直观感觉为主，新产品、时尚产品对其吸引力较大，一般能快速作出购买决定。

5. 感情型客户

感情型客户兴奋性较强，情感体验深刻，想象力丰富，审美感觉也比较灵敏。因而在购买行为上容易受感情的影响，也容易受销售宣传的诱引，往往以产品的品质是否符合其感情的需要来作出购买决策。

6. 疑虑型客户

疑虑型客户具有内向性，善于观察细小事物，行动谨慎、迟缓，体验深而疑心大。他们选购产品从不冒失、仓促地作出决定，在听取推销人员介绍和检查产品时，也往往小心谨慎和疑虑重重；他们挑选产品动作缓慢，费时较多，还可能因犹豫不决而中断购买；购买商品需经“三思而后行”，购买后仍放心不下。

7. 不定型客户

不定型客户多属于新客户。这种客户由于缺乏经验，购买心理不稳定，往往是随意购买或奉命购买商品。他们在选购商品时大多没有主见，一般都渴望得到推销人员的帮助，乐于听取推销人员的介绍，并很少亲自再去检验和查证产品的质量。

(五)按客户性别分类

按照客户性别，可将客户分为男性客户和女性客户。

1. 男性客户

男性客户的消费心理主要表现在以下三个方面：

(1) 果断。在购买商品的范围上多属于“硬性商品”或大宗商品。

(2) 自尊心强。特别是稍有社会地位的男性客户自尊心更强。

(3) 怕麻烦，力求方便，追求货真价实。

2. 女性客户

女性客户的消费心理主要表现在以下七个方面：

(1) 追求时尚；

(2) 重实用；

(3) 议论多，不愿做旁观者，买与不买都要议论一番；

(4) 购物精打细算；

(5) 购买目标模糊；

(6) 购买后遗憾较大，易受外界影响，甚至产生退货、换货的行为；

(7) 渴望得到他人的认可和赞扬，对外界很敏感。

作为一个主要消费群体，女性消费正在发生前所未有的变化。据统计，由妇女做主或受妇女影响的购买行为大致占购买总量的80%以上，针对女性的心理特征，可采用具有针对性的策略。

学习情景2 寻找客户途径分析

在实际推销活动中，寻找客户是推销工作的第一步。客户一般不会主动上门，要靠推销人员自己去寻找。推销人员运用恰当的方法，从不确定的客户群中确定近期有可能购买产品或服务的个人或组织，这一过程即为寻找客户。寻找客户为推销活动提供了明确的目标和方向。推销是否成功在很大程度上取决于能否顺利地寻找到客户。

一、准客户的基本条件

所谓准客户，是指可能购买产品的客户。准客户至少具备以下三个条件：

1. M：购买能力(money)

购买能力是最为重要的一点。推销人员找到准客户就要想：他有支付能力吗？他支付得起这些东西吗？尽管他很想做代理商，但是他是否有能力支付相关款项？

2. A：决策权(authority)

有权力决定购买的人是谁？很多推销人员最后未能实现成交目的的原因就是找错了人，找了一个没有购买决定权的人。浪费了很多时间。有时有兴趣者和决策者不是一个人，你该向谁推荐？

3. N：需求(need)

除了看客户的购买能力和决定权之外，还要看他要代理分销的地区有没有真实的需求。

尽管具备购买能力(M)和决策权(A)，但他没有需求(N)，这个客户就不是真正要寻找的(MAN)。

只有具备以上三个条件的人才就是推销人员要找的准客户。

上述三方面是确定客户的关键因素。除此以外，新推销人员还应考虑潜在购买者的个性因素等，如他是否理性，是否易于沟通。否则即使对方有购买需求、购买能力与购买权力，却无法顺利交流，推销也不易成功。当然，对于精于推销术的推销人员来说挑剔难缠的客户也许会成为大买家。

二、确定客户的步骤

(一)根据所推销商品的特征,通过市场细分,确定客户的范围

在激烈的竞争中,科学运用市场细分去确定客户范围是推销人员在竞争中占据优势的有效方法。通过市场细分,推销人员分清众多客户之间的需求差别,将市场细分为若干个分市场,再从其中确定一个或几个作为目标市场,处在目标市场中的客户范围就基本上确定了。

1. 确定客户的群体范围

在商品经济高速发展的时代,客户的消费需求日趋多样化。每一种商品都有其特定的性能、用途、价格等,由此使其消费对象的群体范围有所不同。例如,电子保健按摩器的推销人员主要将中老年人群确定为目标客户群,推销电子词典则主要将学生确定为目标客户群。准确划定客户的群体范围,使得在此范围内客户分布相对集中,有利于快速、有针对性地寻找客户,为成功推销打下基础。

2. 确定推销的区域范围

要综合考虑各地区经济、技术条件及文化传统、宗教信仰、民风民俗等因素,根据所推销产品或服务的特性,对应确定该区域适合的客户群。

(二)根据调查资料的分析确定客户名单,为进行客户资格审查做好准备

在确定了客户范围之后,推销人员要进一步分析已掌握的客户信息。对个人客户的推销,要研究客户的生活习惯、家庭情况、兴趣爱好、消费习惯、经济状况等一切有关的信息。甚至在没有见到客户的前提下,通过对其电话、地址、职业等资料的分析,也能为客户的确定提供一些重要线索。对团体单位的推销,同样要研究其经营状况、生产消费需求、常用购买方式、支付能力等,在此基础上再进一步摸清客户对特定产品是否有需要的可能性、是否具备购买的经济实力、是否能决定购买等问题。

【同步案例 4-1】

更多地了解客户

乔·吉拉德说:“不论你推销的是何种东西,最有效的办法就是让客户相信——真心相信——你喜欢他,关心他。”如果客户对你抱有好感,你成交的希望就增加了。要使客户相信你喜欢他、关心他,那你就必须了解客户,搜集客户的各种有关资料。

乔·吉拉德中肯地指出:“如果你想要把东西卖给某人,你就应该尽自己的力量去搜集

他与你生意有关的情报……不论你推销的是什么东西。如果你每天肯花点时间来了解自己的客户,做好准备,铺平道路,那么你就不愁没有自己的客户。"

刚开始工作时,乔·吉拉德把搜集到的客户资料写在纸上,塞进抽屉里。后来,有几次因为缺乏整理而忘记追踪某一位客户,使他开始意识到自己动手建立客户档案的重要性。他去文具店买了日记本和一个小小的卡片档案夹,把原来写在纸片上的资料全部做成记录,建立起了他的客户档案。乔·吉拉德认为,推销人员应该像一台机器,具有录音机和电脑的功能,将在和客户交往过程中客户所说的有用情况都记录下来,从中把握一些有用的材料。

乔·吉拉德说:"在建立自己的卡片档案时,你要记下有关现实客户和潜在客户的所有资料,他们的孩子、嗜好、学历、职务、成就、旅行过的地方、年龄、文化背景及其他任何与他们有关的事情,这些都是有用的推销情报。所有这些资料都可以帮助你接近客户,使你能够有效地跟客户讨论问题,谈论他们自己感兴趣的话题。有了这些材料,你就会知道他们喜欢什么,不喜欢什么,你可以让他们高谈阔论、兴高采烈、手舞足蹈……只要你有办法使客户心情舒畅,他们就不会让你大失所望。"

(资料来源:凤凰网博客. http://blog. ifeng. com/article/2106307. html)

应用亮点:建立顾客档案,对客户档案进行恰当的分类管理,不仅是建立客情关系的重要一步,也使得销售工作事半功倍。

三、寻找客户的方法

(一)普遍寻找法

这种方法也称逐户寻找法或者地毯式寻找法。其要点是,在业务员特定的市场区域范围内,针对特定的群体,用上门、邮件或者电话、电子邮件等方式对该范围内的组织、家庭或者个人无遗漏地进行寻找与确认。比如,将某市某个居民新村的所有家庭作为普遍寻找对象,将某一地区所有的宾馆、饭店作为地毯式寻找对象等。

1. 普遍寻找法的优点

(1) 地毯式的铺开不会遗漏任何有价值的客户。

(2) 寻找过程中接触面广、信息量大,各种意见和需求、客户反映都可能收集到,是分析市场的一种方法。

(3) 能让更多的人了解自己的企业。

2. 普遍寻找法的缺点

(1) 成本高,费时费力。

(2) 容易导致客户的抵触情绪。

因此，如果活动可能会对客户的工作、生活造成不良的影响，一定要谨慎而行。

普遍寻找法可以采用业务员亲自上门、邮件发送、电话、与其他促销活动结合进行的方式展开。

(二)广告寻找法

1. 广告寻找法的基本步骤

(1) 向目标客户群发送广告。

(2) 吸引客户上门参加业务活动或者接受反馈。例如，通过媒体发送某个减肥器具的广告，介绍其功能、购买方式、地点、代理和经销办法等，然后在目标区域展开活动。

2. 广告寻找法的优点及缺点

广告寻找法的优点：传播信息速度快、覆盖面广、重复性好；相对普遍寻找法更加省时省力。

广告寻找法的缺点：需要支付广告费用；针对性和及时反馈性不强。

(三)介绍寻找法

1. 介绍寻找法的定义

通过老客户的介绍来寻找有可能购买该产品的其他客户的方法叫作介绍寻找法，又称为客户引荐法或无限连锁法。这是寻找新客户的有效方法，被称为黄金客户开发法。这种方法是业务员通过他人的直接介绍或者提供的信息进行客户寻找，可以通过业务员的熟人、朋友等社会关系，也可以通过企业的合作伙伴、客户等进行介绍，主要方式有电话介绍、口头介绍、信函介绍、名片介绍、口碑效应等。

利用这个方法的关键是业务员必须注意培养和积累各种关系，为现有客户提供满意的服务和可能的帮助，并且要虚心地请求他人的帮助。口碑好、业务印象好、乐于助人、与客户关系好、被人信任的业务员一般都能取得有效的突破。

介绍寻找客户法由于有他人的介绍或者成功案例和依据，成功的可能性非常大，同时也可以降低销售费用，减小成交障碍，因此业务员要重视和珍惜。

拓展阅读

十种介绍寻找法

1. 请你目前的客户向你介绍新客户

请求他们向你介绍新客户之前，应先打电话给客户，了解他们对提供的产品(服务)是如何评价的。千万不要在给客户打电话时试图卖掉什么，只需真诚询问他们对你的印象如何。对于满意的客户，可以请他们写信给你，并要求对方为你写引荐信。获得客户回信的最简单的做法是：

(1) 电话中与客户商讨后，由你代替客户写。

(2) 得到允许后，由你代为捉笔，他们誊抄，以节省对方的时间。

(3) 在封面上注明，他们可以在你的草稿上做调整。

2. 请不满意的客户介绍

成功的推销人员懂得向不满意的客户提要求。这些不满意的客户常会发现你的产品(服务)要远远优于他们正在使用的产品(服务)，并且从长期来讲你们的价格更优惠。即便如此，他们也不致电要求订购产品或预约服务。与这些人电话联系并告诉他们，你非常惦念以前双方的良好关系，表达你重修旧好的真诚。这样，不满意的客户就有可能重新考虑其最初的决定。回头客正是因为确信了你的产品(服务)质量和价格方才回头的，因而他们也是重要的举荐人。

人们都希望别人能倾听他们的意见，客户也是如此，他们希望自己的观点得到重视。如果你对他们关心的问题表现出应有的礼貌和专业水平，下次他们必然会再来找你。

3. 请新客户推荐

不要忘了新客户是你最重要的推荐人。一旦他们决定购买你的产品(服务)，会不断地向别人介绍和宣传你及你的产品(服务)以强调自己的决定是正确的。

欲从新客户那里获得被推举人，最好是在销售完成的时候。当你与客户讨论产品(服务)的价格时，首先，大致描述你的产品(服务)的价格和支付条件，再告诉他们，如果在几个月之后他们对所购买产品(服务)非常满意，就请他们推荐几位愿意购买产品的新客户。

4. 请那些拒购买产品的客户介绍

拒绝过你的客户，心理上或多或少会有些愧疚，尤其是在你服务十分热情的时候。因此，你可以请他们告诉你有哪些人可能需要你的产品(服务)，他们或许知道谁需要你所推销的产品(服务)。

5. 请竞争对手介绍

当某些与你们公司业务相近的大公司生意多得做不完时，即便你们是竞争对手，也应想办法从他们那儿接些生意过来做。竞争对手往往就是生意的重要来源。与不具备你们的专业技术或无暇顾及某个项目的大公司签订这方面的合约，是可以的。

6. 请亲友介绍

别人认识的人有很多你并不认识。每个人都会有一些关系网。通过家人和朋友的帮忙，你可能获得许多新客户。

7. 请同事介绍

与自己共事的职员，也可能给你帮助。

8. 请销售商、供应商和专业咨询人士介绍

你所在机构提供服务的人中，有些人可能与你希望向其推销产品(服务)的某家公司中的决策者有关系。跟你的会计师、律师、中介公司代理人联系，请求他们向你举荐。

9. **请其他销售商介绍**

有时候,你可以从其他专业推销人员那里获得推举或从他们那儿获取你正在寻找的新客户的有关信息。同时,了解他们寻找什么样的新客户,并持续不断地给他们介绍客户,为他们创造条件的同时你也可以从中受益。在建立了自己的大型社交关系网之后,你就可以从其他专业销售或服务人员那里获得生意。

10. **请陌生人介绍**

在交际场合你总会遇到一些未曾结识的陌生人,与其谈话的最后,都应转到讨论你们如何谋生这一主题上来。这些陌生人或许需要你的产品(服务)或知道其他需要的人。你要毫不犹豫地请他们向你介绍。

2. 介绍寻找法使用注意事项

使用介绍寻找法应注意以下几点:

(1) 取得现有客户信任。只有通过诚恳的销售态度与诚挚的服务精神,你才能赢得现有客户的信服、敬重与工作上的配合,获得现有客户的帮助。

(2) 转介绍时应对客户类型说明准确而具体。在请他人介绍新客户时,为了避免听到"我此时想不起任何人"之类的回答,必须将自己正寻找的人的类型尽可能准确而具体地告诉对方。这将有助于对方从其潜意识里找到符合要求的个人、企业或一些相关的大概情况。

(3) 要评估新客户。对现有客户的未来客户,推销人员应进行详细的评估和必要的销售准备,应尽可能多地从现有客户处了解新客户的情况。

(4) 感谢现有客户。虽然不是所有的行业或产品都有对发现生意机会者付费或给予佣金的惯例,但在某些行业里,这一做法确实能极大地增加从引荐者处获得新客户的数量。付费额不必太大,但如果有可能找到新客户,必须及时向引荐者支付应付费用。亲手书写的感谢信或便条也非常有意义。而且,不论被举荐的潜在对象是否真正能转化为新客户,对那些持续提供新客户的朋友,送一些表达感谢的小礼品,也有利于你们建立良好关系。

3. 介绍寻找法的优点

(1) 使用介绍寻找法可以避免推销人员寻找客户的盲目性。因为现有客户推荐的新客户大多是他们较为熟悉的单位或个人,甚至有着共同的利益,所以提供的信息准确、内容详细。同时由于各位客户之间的内在联系,使介绍寻找法具有一定的客观依据,可以取得新客户的信任。一般人对不速之客存有戒心。若经过熟人介绍,情况则不同。

(2) 介绍寻找法既是寻找新客户的好办法,也是接近新客户的好办法。如果推销人员赢得了现有客户的真正信任,那就有可能赢得现有客户所推荐的新客户的信任。

(3) 成功率比较高。现有客户所推荐的新客户与现有客户之间存在着某种联系,根据这种内在的联系来寻找客户,会取得较高的成功率。

4. 介绍寻找法的缺点

(1) 事先难以制订完整的推销访问计划。通过现有客户寻找新客户，因推销人员不知道现有客户可能介绍哪些新客户，事先就难以做出准备和安排，时常在中途改变访问路线，打乱整个访问计划。

(2) 推销人员常常处于被动地位。既然现有客户没有进行介绍寻找的义务，现有客户是否介绍新客户给推销人员，完全取决于现有客户。若推销人员向现有客户推销失利，或者现有客户出于某种考虑不愿意介绍新客户，推销人员便无可奈何。

【同步案例 4-2】

成交后获取转介绍示范

1. 业务员：陈先生，您好！由于您有高度的保险前瞻意识，而且一直对我的保险工作很支持，使我能在做保险行业工作时更充满信心，心存万分感激！成功人士身边也有很多成功的人士，我想请您介绍两三位像您一样的朋友给我认识，我也向他们请教成功之道，可能的话，日后他们也可以成为我的客户，让他们也进入保险这个温馨的大家庭！那么他们是……**(以渴望的眼神注视着他)**

2. 业务员：王小姐，恭喜您拥有这么好的保障，对保单内容还有什么不清楚的地方吗？我想向您介绍一下我的工作方式。做我们这一行的就是做人际关系，我的客户都是来源于已有的客户或朋友的介绍，因为每个人的关系都有限，所以我就通过这种人际关系的推介来开展工作。您能介绍您的几位好朋友给我认识吗？**(递笔和纸)**

3. 业务员：李先生，恭喜您拥有一份适合您的保险保障，但是您还有一个风险未解决。假如您的亲戚朋友因生病急需钱用，您一次能借多少钱给他们？一年能借几次呢？请在这写下会找您借钱的亲戚朋友的名字和电话，让我传递有关的保障资讯给他们，这样将来他们有了保险保障，您就不会遇到这种风险了。**(递笔和纸)**

4. 业务员：王先生，您是否对我的服务还比较认可呢？不晓得您对我们的工作有什么看法？**(引入主题)**假如让我们的工作对换一下，您干不干？**(半开玩笑地)**如果让您来做保险，您马上会想到找哪三个人去谈？

5. 业务员：王先生，今天占用了您不少时间，但我很高兴能成为您的朋友。在说再见之前还有一件事要靠您帮助。一开始我让您来了解保险的时候，您是怎么想的？现在您的看法又是怎样的？对我的服务还有什么要求呢？**(把重要的记下来)**王先生，一般当你信任一个人，或对一种商品满意的时候，您会怎么做？**(引导)**是不是介绍给自己的熟人？您能不能帮我引荐三个呢？

应用亮点：人际关系是推销中比较重要的关系，但最大的挑战是在现有的人际关系中拥有优质客户，而获得高质量客户的一个有效途径就是寻求客户的推荐介绍，推销人员应该逐渐地养成此良好习惯。

(四)资料查阅寻找法

我们一直认为，业务员要有很强的信息处理能力，通过资料查阅寻找客户既能保证一定的可靠性，也可减少工作量、提高工作效率，同时也可以最大限度地减少业务工作的盲目性和客户的抵触情绪，更重要的是，可以展开先期的客户研究，了解客户的特点、状况，提出适当的客户活动针对性策略等。

需要注意的是资料的时效性和可靠性，此外，注意对资料(行业的或者客户的)日积月累往往更能有效地展开工作。

推销人员经常利用的资料有：有关政府部门提供的资料，有关行业和协会的资料，国家和地区的统计资料，企业黄页，工商企业目录和产品目录，电视、报纸、杂志、互联网等大众媒体，客户发布的消息、产品介绍，企业内刊等。

一些有经验的推销人员，在和客户接触之前，往往会通过大量的资料研究对客户做非常充分的了解和判断。

【同步案例 4-3】

免费的中国黄页网站

1994 年年底，马云首次听说互联网；1995 年年初，他偶然去美国，首次接触到互联网。对电脑一窍不通的马云，在朋友的帮助和介绍下开始认识互联网。

1995 年 4 月，马云和妻子再加上一个朋友，凑了 2 万块钱，专门给企业做主页的杭州海博网络公司就这样开张了，网站取名“中国黄页”，成为中国最早的互联网公司之一。其后不到 3 年时间，他们利用该网站赚到了 500 万元。

2009 年 6 月 1 日，中国黄页网站正式上线，这是一个完全公益性网站，不收任何费用。

在中国黄页上，企业每天可以发布相关栏目信息，然后有客服管理人员审核合格后即可在网页显示，免费服务。中国黄页的资源来源于各种信息渠道，如工商部门、运营商、统计部门、管理部门、海关、商务部、工商局、行业协会、金融机构、企业信息出版物、黄页、展览会会刊、报刊媒体、互联网络、各种名录出版物等，也有用户自己上传发布。

中国黄页为客户提供电话、短信、电子邮件等多种沟通方式。通过网站页面上的行业地区的划分可以在线查找，也可以键入所需要搜索的企业关键字代码查询，客户可以免费发布自己的供求信息、企业新闻和网站收录。

中国黄页除具有作为查找电话号码的沟通媒介的作用之外，它还是一个社会信息库，它具有作为了解、研究当地政治、经济、文化、生活、市场等社会信息的工具的作用。中国黄页网站推出了满足用户要求的其他增值性服务内容，这些内容都是与客户相关的实行性栏目。用户可以根据自己的需要，在相关栏目中发布一些信息。例如中国黄页中推出了发布供求信息、发布商铺信息、发布网站、发布企业黄页等栏目，在这些栏目内客户可以发布供求信息以及新闻软文等。中国黄页网站给企业提供了一个展示自我的免费推广平台，在中国黄页网站上，企业可以发布自己的网站、主营产品、企业介绍、联系信息等，有利于品牌宣传和商务贸易。

(资料来源：百度百科 . http://baike. baidu. com/link? url=2Tbf8XplFjMuVS1t3Z1Oc71kfcEb7wgNQRTGiavJREU8BJm9WKOrQumQEa3I2VwV-xQQJJ7V31Rga9cU44SwDBEmDmAE3TyA8FaZfzCIb7FS2KmU36wscy8f1AjwBJPI. 有删减)

应用亮点：对企业而言，免费资源的使用不失为一种廉价的客户寻找方法，在中国黄页网站等免费平台上将海量的大数据变成对企业有价值的“小”数据，并寻找到准客户，是检验推销人员营销能力的体现。

（五）委托助手寻找法

这种方法在国外用得比较多，一般是业务员在自己的业务地区或者客户群中，通过有偿的方式委托特定的人为自己收集信息，了解有关客户和市场、地区的情报资料等；在国内企业中，即业务员在企业的中间商群体中，委托相关人员定期或者不定期提供一些关于产品及销售相关的信息。

另一种方式是，老推销人员有时可以委托新推销人员从事这方面的工作，对新推销人员也是一个有效的锻炼。

（六）客户资料整理法

这种方法本质上属于资料查阅寻找法，但是也有其特殊性，即强调客户资料管理，因为客户资料管理具有十分突出的重要性。现有的客户、与企业联系过的单位、企业举办活动（如公关活动、市场调查活动）的参与者等信息资料都应该得到很好的处理和保存，这些资料积累到一定的程度，即为财富，在市场营销精耕细作的今天显得尤为重要。

比如，一位客户对小天鹅品牌非常忠诚，其购买的第一代洗衣机是小天鹅双桶洗衣机，第二代洗衣机是小天鹅全自动洗衣机，第三代洗衣机是小天鹅滚筒式洗衣机。如何做到真正让客户选用的三代洗衣机都是“小天鹅”牌的？客户的资料和客户的精细服务是必不可少的，即及时回访客户，跟踪客户需求，把握客户产品更新换代的时机。另外，也可以通过一些营销活动加深厂商与客户的感情。因此，本例中，小天鹅公司甚至可以提炼出营销内部口号：“让小天鹅在客户家里代代相传”。可见，客户资料整理具有一定的重要性。

（七）交易会寻找法

交易会寻找法是指利用各种交易会寻找准客户的方法。参加展览会往往会让推销人员在短时间内接触到大量的潜在客户，而且可以获得相关的关键信息，对于重点意向的客户也可以作重点说明，约好拜访的时间。例如，假如想获得在印刷机械行业的潜在客户，可以参加国际印刷机械展，在那里能够遇到中国乃至世界上最著名的印刷机械制造商，得到这个行业几乎最有价值的那部分潜在客户。经常参观某个行业的展览会，就会发现每次都看到那些准顾客，这对以后向客户推销是非常有利的。

推销人员应该在每年的年末将未来一年相关行业的展览会进行罗列，通过互联网或展览公司了解相关信息，可将信息贴在工作间的醒目处并在日程表上进行标注，届时提醒自己要抽时间去参观。

国际、国内每年都有很多交易会，如广交会、高交会、中小企业博览会等，这是一个绝好的商机，应充分利用。交易会不仅能实现交易，还能寻找客户并与其联络感情、沟通信息。

利用商展会场开拓客户

多年来，一些业务员常利用展览会场进行客户开拓的工作，并且成功地获得不少客户。然而，应该从何处着手呢？

1. 首先，从展销中心索取今年各项展览的时间表，并且向会场负责人咨询租用摊位的事宜。最好能尽快签订租用合约。

2. 摊位选择。最佳的位置自然是人潮必经之地，特别是对大型展览来说。而在小型会场，各摊位的效果都差不多。因此在申请摊位时，应该表明自己的意愿，而且要避免将摊位设置在竞争对手之间。另外，如果每次摊位的位置都一样，可以加深参观者的印象。

3. 人员配备。摊位上应该有多少人？如果单独一人在会场应付众多的咨询者，会相当辛苦。因此，应派出2～4位同事在摊位上一起处理各项事务。

4. 摊位布置。最经济的方法就是放一张覆盖长布的桌子，并且张贴标语海报，提供产品或服务介绍传单等，以提高参观者的兴趣。

5. 赠品。可以通过赠送小奖品来吸引人群，这样很容易获得他们的姓名、地址及电话。

6. 吸引参观者的兴趣。这点是最不容易做到的。首先，由任何一位业务员尝试向经过的人推介。如果他们注意到展示内容，就言简意赅地向他们介绍，并提一些问题，同时，察言观色，捕捉对方的兴奋点。记住做笔记。或者可以提供免费的即时的电脑咨询分析服务，其接触效果是显而易见的。

7. 追踪处理。在拿到参观者的名片后，应按照他们所表示兴趣的大小排名归档。在展览结束后第一天，用电话和最有希望的潜在客户联系。提醒他们曾与你有过愉快的谈话，并且表示与他们面谈的意愿。在电话中使用的话术，应依各人状况不同而做修正。

在商展会场开拓客户的优点是有机会与一大群人做面对面的接触，而这种推销方法的效果比广告宣传或直接拜访要好得多。如果有足够的耐心，这种方法一定会让你有所获益。

(八)咨询寻找法

一些组织，特别是行业组织、技术服务组织、咨询单位等手中往往集中了大量的客户资料和资源，以及相关行业和市场信息，通过咨询的方式寻找客户不仅是一个有效的途径，有时还能够获得这些组织的服务、帮助和支持，比如在客户联系、介绍、市场进入方案建议等方面。

(九)企业各类活动寻找法

企业通过公共关系活动、市场调研活动、促销活动、技术支持和售后服务活动等，一般都会直接接触客户，这个过程中对客户的观察、了解、深入沟通都非常有力，也是一个寻找客户的好方法。

寻找客户的方法远远不止这些，应该说，寻找客户是一个随时随地的过程。一般信息处理过程是：所有目标对象—接触和信息处理—初选—精选—重点潜在客户—客户活动计划。

四、客户资格审查

推销人员在寻找客户时要按照一定的标准对有可能购买产品或服务的客户进行资格审查，以求准确地确定目标客户。客户资格审查有利于提高推销效率，增加客户订货率或订货数量。

客户资格审查是客户研究的关键，其目的是发现真正的推销对象，避免推销工作的盲目性，使其确有实效。

客户资格审查应从以下三方面来进行：客户需求、客户购买能力、客户购买主体资格与权力。

（一）客户需求审查

客户需求审查就是调查分析客户是否对产品有真正的需求以及需求的具体时间、数量等情况。

客户需求审查是客户资格审查的首要内容。客户的消费需求是客户购买的真正动力。因此，推销人员要认真分析有关客户信息，确认其是否对自己推销的产品存在真正的需求。在准确评估客户需求的前提下找到真正的客户，同时将确实不需要该产品的客户排除。在客户需求审查时应注重分析客户不同的需求情况以及具体的需求数量、时间等因素。

1. 现实需求

要把握好客户的购买需求，推销人员须善于学习和观察、思考，注意积累资料和经验，掌握相关的产品知识，必要的时候还应该聘请有关专家协助进行专业性较强的产品需求的审查工作。同时，要研究各种不同的客户需求，对个人客户，综合考虑其性别、年龄、文化程度、职业、民族习惯、消费习惯等因素；对团体客户，根据其生产经营、管理项目的具体需要、采购习惯等进行综合判断。

2. 潜在需求

客户的购买需求在某些情况下是隐性的。客户有时对自己的需求没有形成明确的意识，也可能由于对产品了解不足而认为自己并不需要某种产品，或由于其他原因暂时不能购买。在这种情况下，有经验的推销人员能够从相关信息中归纳出客户需求与推销产品之间的关系，将其列入客户名单，并通过推销过程帮助这类客户逐渐明确自己的需求，进而完成购买行为。

3. 需求数量和时间

对于有购买需求的客户还要从其打算购买的数量方面进行审查。推销人员应结合客户的生产、生活需要情况,以及客户的经济条件、购买习惯等因素,动态地分析其将要购买的产品数量。一般来说,需求数量多、需求时间长的客户应列为重点客户,是推销人员加大工作力度的对象,以促使与其建立长期稳定的业务关系。

(二)客户购买能力审查

客户购买能力审查就是通过调查、分析,判断客户是否有能力支付购买所需要的产品,将产品需要转化为现实需求。

具有对产品的支付能力是客户需求得以实现的决定性因素。也就是说,既有需求又能买得起的客户才具有成为客户的基本资格。

审查客户购买能力主要可以从以下几个方面来看:

(1) 个人客户收入水平及家庭生活消费支出状况。这些资料可向客户直接咨询了解,还可以通过调查客户及其家人的职业、住房、消费支出、文化程度等间接掌握的材料来分析认定。

(2) 企业客户的生产经营状况和盈利情况。如有可能,这些资料可从企业的生产经营及财务方面的报表中获取;还可通过了解企业的生产规模、企业产品在市场上的销售情况、企业职工收入及福利待遇情况等资料进行分析审查。

(3) 客户的财务状况。主要通过了解客户贷款是否多、是否有其他资产、产品库存量是否过多、对固定资产的投资是否过多等资料分析企业现时的货币资金的支付能力,以及在未来一定时期内的支付能力。

(4) 客户的支付信用情况。通过调查客户在与金融机构及其他经济单位的业务往来中是否遵守信用原则、有无拖欠款项、违法违规行为,以此作为判断其支付货款可靠性的依据之一。

通过上述关于客户实力和信用的分析即可审查认定客户的现时购买支付能力以及潜在的购买支付能力。在此基础上,推销人员可制定相应的推销策略。例如,对具有现时支付能力的客户,要抓住时机尽快促成交易;对具有潜在支付能力的客户也要将其列入客户名单,并采取积极的推销措施,如根据客户的信用程度对其采取赊销或分期收款等形式的销售,或建议客户通过贷款、商业汇票等信用形式实现购买。

(三)客户购买资格与权力审查

客户购买资格与权力审查就是通过调查,了解客户购买资格及购买决策权限的大小及有关限制条件。

客户是否拥有购买主体资格,决定了推销活动是否在符合法律规定的前提下进行;客户是否拥有决定购买的权力，决定了推销能否最终实现。

首先，客户的购买主体资格应主要审查其是否具备有关行政机关颁发的各类许可证或是否符合有关资质规定，如工商营业执照、行业经营许可证、特殊行业专营专卖许可证等。

其次，客户对购买的决定权应从客户在家庭或社会组织中的角色地位加以具体分析。传统上，我国的家庭购买决策权力相对集中于家庭主要经济来源人。随着社会经济的发展和人民收入水平、消费水平的提高，消费需求日益多元化，相对于不同消费用途的产品和消费对象，购买权力分化的趋势日益明显。一般来说，家庭公用大件消费品的购买权力通常还是由家庭主要经济来源人掌握，其他家庭成员的意见在一定程度上也会参与购买决定。而具有个性消费特征的消费品的购买决定权往往就掌握在消费者本人手中，如女性对其个人消费品的购买多数情况下拥有绝对的购买决定权。凡事也不可一概而论，在不同文化、经济背景下的不同家庭中，其消费心理、购买习惯、决策模式等方面的差异是推销人员需要通过深入细致的观察研究、具体分析而做出结论的。

准确定位经济组织中的购买决策人则更需要推销人员深入了解客户组织内部结构、管理机制、决策程序，从而有的放矢地对购买决策人开展推销活动，保证推销的效果和效率。

通过上述方面的审查，只有具有购买意向、购买能力和购买决策权的个人或组织才能被确定为真正的客户。

五、建立客户档案

（一）建立客户档案的意义

推销人员要在闲暇时间里积累消费者的信息资料，同时还必须对通过客户资格审查的客户进行分类，建立档案，以便推销工作科学化、系统化，从而提高推销效率。

建立客户档案是现代科学推销的一项重要而细致的工作。将客户名单及其背景资料信息以客户资料卡等形式建立客户资料档案，在此基础上进行分析、归类、整理、评价。有能力的企业还可以通过建立数学模型、应用客户数据库软件等形式，分析客户的需求情况，分析影响客户购买的重要因素，掌握其变化趋势，进行市场定位和市场细分，确定重点客户。建立客户档案，将客户信息与推销工作紧密连接起来，有利于推销人员方便地找到所需要的信息，有计划地进行业务拓展。随着市场竞争越来越激烈，对推销的管理日益重要，其中建立客户档案并以此来加强推销管理，在推销管理中举足轻重。

有人认为，建立客户档案不外乎记录一下客户的联系方式、联系人、地址，其实并不尽然。建立一个准确的、完备的、客观的客户档案，使其实现数据化、精细化、系统化，对企业和推销人员来说就像一双眼睛，能随时一目了然地了解客户，对推销人员的分析判断能够起到很好的参考作用，从而大大减少推销工作的盲目性，有效地了解客户动态，提高推销效率。客户档案还可以记录一些客户的需求和产品偏好，能促使推销人员最大限度地努力工作，通过各种渠道来满足客户需求，充分体现对于推销工作的指导性、实用性。从更广泛的意义来看，客户档案的重要作用不仅在于积累推销所需信息，还具有促进提升服务水平、增强企业竞争力的功能，是企业经营管理中的一项重要资料。

(二)客户档案的类型

客户档案一般分为家庭型客户档案和单位型客户档案。

家庭型客户档案应主要包括客户姓名、年龄、职业、住址、爱好、家庭成员情况、购买方式等信息。单位型客户档案应主要包括的内容有：客户基础资料，如单位名称、地址、员工人数、支付能力、购买可能性、银行信用情况、与销售方合作情况、采购人员情况、购买决策人情况等，还可以将内容扩展到客户企业的产品结构、市场竞争状况及市场竞争能力、与我方交易状况、市场容量、经营业绩、客户组织结构、竞争对手状况等一系列的相关资料。

(三)客户档案的形式

1. 客户资料卡

推销人员应对每一个经过审查的客户制作详细的资料卡，对卡中的有关内容进行系统、充分的调查和了解，便于在将来接近客户及面谈时查找，使推销工作系统化、表格化、数据化，更进一步提高推销工作的效率。

一般来说，客户资料卡应包括的内容有客户名称或姓名，购买决策人，客户的等级，客户的地址、电话等，客户的需求状况，客户的经营状况，客户的采购状况，客户的信用状况，客户的对外关系状况，业务联系人，建卡人、建卡日期，客户资料卡的统一编号，备注及其他有关项目。

2. 客户分析表

推销人员应将通过资格审查的各类客户名单积累起来并装订成册，建立档案。可以按客户购买时间将其分为三类：现有客户、过去客户、将来客户。或者根据客户的重要程度将其分为重要客户、特殊客户、一般性客户三个层次。对不同类别、层次客户的情况进行详尽分析，可从中取得许多有价值的资料，供推销人员对客户进行分析时使用。

拓展阅读

客户档案可以根据不同产品推销与服务内容来确定，见表4-2、表4-3。可以结合企业实际情况，分析比较企业用户和消费者的资料信息内容的差异。

表 4-2 单位客户资料卡

客户等级： 客户卡号：

<table>
<tr><td rowspan="5">一般资料</td><td rowspan="2">单位名称</td><td rowspan="2"></td><td rowspan="7">检验情况</td><td>设备</td><td>□好
□中
□差</td><td rowspan="5" colspan="2">经办人员</td><td>起止日期</td><td>姓名</td></tr>
<tr><td rowspan="2">人员素质</td><td rowspan="2">□好
□中
□差</td><td></td><td></td></tr>
<tr><td rowspan="3">地址</td><td rowspan="3"></td><td></td><td></td></tr>
<tr><td>检验人数</td><td></td><td></td><td></td></tr>
<tr><td>决定人数</td><td></td><td></td><td></td></tr>
<tr><td rowspan="3">接洽人员</td><td>负责人</td><td></td><td>检验方法</td><td></td><td rowspan="6">采购本公司产品金额</td><td>年度</td><td>主要产品</td><td>金额</td></tr>
<tr><td>厂长</td><td></td><td>严格程度</td><td></td><td></td><td></td><td></td></tr>
<tr><td>联络人</td><td></td><td rowspan="10">付款情况</td><td>付款日期</td><td>每月</td><td></td><td></td><td></td></tr>
<tr><td rowspan="9">营业状况</td><td>营业项目</td><td></td><td>付款方式</td><td>支票日</td><td></td><td></td><td></td></tr>
<tr><td>营业额</td><td></td><td></td><td></td><td></td><td></td><td></td></tr>
<tr><td>业务员人数</td><td></td><td></td><td></td><td></td><td></td><td></td></tr>
<tr><td>员工人数</td><td></td><td></td><td></td><td rowspan="6">往来厂商</td><td>厂商</td><td>相关产品</td><td>金额</td></tr>
<tr><td>营业旺季</td><td></td><td></td><td></td><td></td><td></td><td></td></tr>
<tr><td>投资额</td><td></td><td></td><td></td><td></td><td></td><td></td></tr>
<tr><td>生产能力</td><td></td><td></td><td></td><td></td><td></td><td></td></tr>
<tr><td>财务状况</td><td></td><td></td><td></td><td></td><td></td><td></td></tr>
<tr><td>发展能力</td><td></td><td></td><td></td><td></td><td></td><td></td></tr>
</table>

表 4-3 客户档案卡

请填写下表(请务必填写带“□”处)，我们将据此为您建立特殊客户档案，以便我们能及时、准确地为您提供各种优质服务与各类超值服务。

姓　　名	
性　　别	□ 男　　　　□ 女
年　　龄	
联系电话	
电子信箱	
详细地址	
邮　　编	
所需产品类型及型号	
打算购买时间	
要求服务时间	
要求购买产品或服务	
项目说明	
您的兴趣、爱好	
请留下您的需求和建议	

也可将简要信息记入客户资料卡，包括客户基本资料、客户特征、交易现状等，见表4-4、表4-5。

表4-4　个人客户资料卡

姓　名		出生日期	
性　别		学历及母校	
职务、职称		主要经历	
收入(月)		性格、爱好	
住　址		现工作单位	
电　话		何时购何物	
E-mail		家庭状况	

表4-5　企业客户资料卡

<table>
<tr><td>企业名称</td><td colspan="4"></td></tr>
<tr><td>地　址</td><td colspan="2"></td><td>电　话</td><td></td></tr>
<tr><td>开业时间</td><td colspan="2"></td><td>开始交往时间</td><td></td></tr>
<tr><td>信用状况</td><td></td><td rowspan="5">企业负责人</td><td>姓　名</td><td></td></tr>
<tr><td>经营项目</td><td></td><td>电　话</td><td></td></tr>
<tr><td>何时购何物</td><td></td><td>职务、职称</td><td></td></tr>
<tr><td rowspan="2">企业规模及经营状况</td><td></td><td>爱　好</td><td></td></tr>
<tr><td></td><td>性　格</td><td></td></tr>
<tr><td>其　他</td><td colspan="4"></td></tr>
</table>

(四)建立客户档案的方法

(1) 收集资料，即广泛收集有关人的资料、物的资料、钱的资料、时间的资料等。

(2) 整理资料，即对所收集的资料进行认真的整理、分类，使之成为系统、分类的信息。

(3) 信息化处理，即对原始的素材经过进一步的整理、汇总，使之成为具有一定理念、想法、蓝图的有用信息。若将其转化为具体行动，则可以真实地感受到。

(4) 信息的活用，即将有用的资料转化为信息之后须加以活用才能展现其功效。

积累了一定的客户量后，可以运用电脑处理资料信息。

(五)建立客户档案时应注意的问题

(1) 客户档案建立的过程应该是动态的，客户信息资料需要在已有资料的基础上进行随时更新。市场在变，客户也在变，推销人员要随时了解客户的经营动态、市场变化、负责人的变动、体制转变等，及时收集、整理变化中的客户资料，定期对客户档案进行修订核查，对成长快速或发生丢失的客户分析原因后另做观察。这样周而复始形成一种良性循环的动态客户档案，有利于及时了解客户动态变化，使推销人员与市场、客户同步把握销售机会。

(2) 发挥客户档案的管理功能，关注重点客户，有利于提高推销工作的效率。

客户档案的分类可以采用以下两种标准：

① 以购买概率为标准进行分类，可分为最有希望购买者、可能购买者、购买希望不大者。

② 以购买数量为标准进行分类，可分为购买量较大者、购买量一般者、无购买量者或购买量极小者。

(3) 做好客户档案的保密工作。客户是企业的命脉，客户档案的泄密势必影响企业的信誉和未来的销售。因此，对客户档案要从技术上、制度上采取有效措施，保证客户资料的安全性。

【同步案例 4-4】

被业界誉为“剑南春模式”的客户营销工程

知名品牌剑南春酒业公司在开拓产品销售市场的过程中形成了一套寻找、发掘客户需求的工作模式。

1. 了解客户的期望和要求

公司通过多种渠道，采用多种方式了解客户的期望和要求，主要包括：

(1) 派业务人员分片区长期在外开展市场调查，走访客户；

(2) 派质量管理人员、科研设计人员到全国各地了解市场和科技质量情报，预测行业发展趋势；

(3) 通过问卷调查、热线电话、传真、信函、建立网站和其他媒介了解客户需求；

(4) 利用联谊会、互访、“剑南春之旅”活动、全国糖酒交易会等听取客户意见，掌握客户对质量、交付、服务、价格、广告等多方面的需求等。

2. 加强客户档案的建立和管理工作

(1) 对调查结果进行系统记录，建立客户档案；

(2) 及时收集、整理变化中的客户资料，对成长快速或发生丢失的客户分析原因后另做观察；

(3) 多方面、多层次了解大客户的情况，如业务员信息、市场反馈、行业人士、网站、内部消息及竞争对手的情况等，还特别注意大客户的亲情化管理，让客户知道自己一直在受到关注；

(4) 对风险性大的客户，如经营状况差、欠账、信誉度下降、面临破产改制等客户，随时了解其经营动态，做好记录，确保档案信息的准确性、时效性，并不定期进行访问调查，不定时提醒业务经理、推销人员考虑客户的当前状况，控制销售风险。

(资料来源：佳酿网．http://www.jianiang.cn/qiye/100TZ012014.html．有删减)

应用亮点：客户管理是客户营销的关键，剑南春企业全方位、立体式地寻找、发掘客户需求的工作模式，不仅培养了客户忠诚度，也使得客户管理工作事半功倍，为经营业绩的提升起到积极作用。

六、寻找潜在客户的原则

1. 量身定制

量身定制的原则也就是选择或定制一个满足自己企业具体需要的寻找潜在客户的原则。不同的企业，对寻找潜在客户的要求不同，因此，客户服务人员必须结合自己企业的具体需要，灵活应对。任何拘泥于形式或条款的原则都可能有悖于企业的发展方向。

2. 重点关注

重点关注的原则，即“80∶20 原则”。该原则指导我们事先确定寻找客户的轻重缓急，首要的是把重点放在具有高潜力的客户身上，把潜力低的客户放在后边。

3. 循序渐进

循序渐进的原则，即对潜在客户进行访问，最初的访问可能只是交换一下名片，随着访问次数的增加，可以增加访问的深度。

寻找潜在客户不仅是一项有意义的工作，而且会充满乐趣，需要推销人员改变一下对待工作的态度，使寻找潜在客户成为一种乐趣与爱好，成为一种值得追求的职业与需要提高的技能。

七、提高寻找客户的成功率

成功的销售，需要有计划、有组织地寻找和识别客户。不进行寻找和识别，或者不尽全力寻找，都会使推销人员丧失准客户源。做成了现有的交易之后，为了持续发展，还必须有足够多合格的准客户作为补充。这就需要推销人员细心制订计划，并妥善保存有用的记录。

成功的推销人员会设定寻找潜在客户的具体目标，然后制订计划实现这一目标。表 4-6 就是这样的一个计划。推销人员设定了一周内每天寻找准客户的目标，并具体到各种方式，有直接邮寄、电话访问(上门)、游说、介绍人推荐。这样，推销人员可以每天、每周、每月评估寻找准客户活动的绩效。

表 4-6 争取准客户的计划

活动安排	直接邮寄	电话访问(上门)	游说	介绍人推荐
定额	一天 20 个	一天 10 个	一天 5 个	一天 2 个
实际(周一)	15	9	3	2
实际(周二)	22	8	2	2

续表

活动安排	直接邮寄	电话访问(上门)	游说	介绍人推荐
实际(周三)	18	15	1	2
实际(周四)	19	10	6	2
实际(周五)	21	10	4	1
总数(一周)	95	52	16	9

最好明确每天进行寻找客户工作的具体时间。许多推销人员在早上进行寻找活动，下午用来会面，还有些人则喜欢下午进行识别准客户的活动。越有规律地做这项工作，就会有越多的准客户被发现，成功的概率也就越大。

找到准客户之后，应该制作准客户卡，准客户卡应该包括个人、公司或其他重要信息。在找推销电话之前，最好再看一下卡片。

有计算机的推销人员，应该使用可以记录准客户信息的应用软件包，将准客户的相关信息全面、准确而有条理地存储在文档里，同时该软件应便于推销人员与客户联系，打印出最近接触的客户名单，及时地发出每一个准客户的信件。另外一些软件还可以被设定查找准客户的材料，并确认哪些人最有可能购买，以节约推销人员的时间。

将准客户的住处存储在准客户卡和计算机里，还有一个好处是它使推销人员在与准客户初次会晤时不会太紧张。初次见面的过程中，推销人员的任务是抓住准客户的注意力和兴趣，在准客户档案里所包含的信息有助于做到这一点。

学习情景3 约见客户准备

约见顾客，或称商业约会，是指推销人员事先征得顾客同意接见的行动过程。约见实际上既是接近准备的延续，又是接近过程的开始。只有通过约见，推销人员才能成功地接近准顾客，顺利开展推销洽谈。通过约见，推销人员还可以根据约见的情况进一步进行推销预测，为制定洽谈计划提供依据。此外，约见还有助于推销人员合理地利用时间，提高推销效率。

一、约见前准备工作的重要性

要使约见客户的过程顺利实现并达到预期的效果，推销人员必须对约见对象的资料、约见的日程、约见过程中可能遇到的问题与对策以及推销人员自身的相关知识、推销技巧、应对心理、仪表着装等各方面做好充分准备，做到知己知彼，有备无患，才能马到成功。

约见前准备工作的重要性主要表现在以下几个方面：

(1) 约见前的准备工作是推销人员深入了解客户情况的过程。推销人员要对已掌握的约见对象的基本资料进行仔细研究，使自己对约见客户对象的基本情况心中有数。

(2) 约见前的准备工作是对客户资格的再审查过程。在此期间，推销人员对所要约见的客户的资料要进行全面细致的整理，对可能发现的与事实情况不符或遗漏的问题加以修正或补充，按照客户的标准对所要约见客户的购买需求、购买能力、购买权力等进行再次评价与分析。

(3) 约见前的准备工作是设计约见方案并制定进一步接近客户策略的过程。推销人员根据对约见对象的深入分析，结合自身条件和客户特点，有针对性地对约见过程进行事先的谋划，做到成竹在胸，有备而去。

(4) 约见前的准备工作是推销人员推销心理准备的过程。通过对客户资料的全面掌握，对约见过程的潜心策划，推销人员对将要开展的约见以及进一步的推销环节进行了充分的准备，可以增强约见成功的信心。

二、约见前准备工作的内容

约见前的准备工作应从三个方面进行：一是对约见客户的准备；二是对约见业务的准备；三是推销人员的自身准备。

(一)对约见客户的准备

1. 对客户消费心理的研究

推销人员要善于分析和了解客户的特点，了解客户的购买动机、购买习惯、购买条件、购买决策等情况，针对不同客户的不同心理状况采取不同的推销策略。为此，推销人员需要从客户的购买需要与购买动机的分析入手，根据不同客户年龄、性别、文化层次、职业、性格、爱好等方面的特点，研究把握所要约见客户的消费心理特征，以便约见时有的放矢、因势利导。

2. 对客户信息资料的准备

推销人员要充分收集客户自然特征、经济状况、消费习惯、需求取向、购买偏好、购买动机、购买频率及数量、对产品和企业的要求意见等信息资料，并对资料进行整理，建立客户资料档案，分析制定与客户信息对称的约见及推销对策。

(二)对约见业务的准备

1. 制订约见的计划日程

明确约见目的和充分的约见理由，科学合理地确定约见对象，策划约见方式，安排约见的时间、地点、步骤等事项，特别要精心设想约见中有可能出现的情况细节及应对策略。

2. 准备约见所用的文件材料

包括介绍自己所用的名片、有效证件、介绍信等，介绍产品所用的产品目录、企业介绍、样品、产品鉴定证书或产品获奖证明等。如必要还可以准备一些给客户的小赠品。

(三)推销人员的自身准备

1. 知识准备

推销人员要善于学习掌握必要的知识，如有关企业经营管理学、商品学、市场学、推销学、服务知识以及道德伦理学、民俗学、心理学、社会学、行为科学等方面的知识。丰富的知识有助于推销人员在约见推销中从容面对各种类型的客户及现场情势，提升客户对推销人员的认同感。

2. 心理准备

推销人员的心理素质和心理状态将直接影响约见客户能否顺利进行以及客户未来的购买行为。良好的心态是得到客户理解、信任、合作的基本条件之一。心理准备的过程应贯穿于推销人员长期推销实践之中，包括磨炼坚韧不拔的意志、荣辱不惊的情绪，培养广泛健康的兴趣、完美的气质，树立坚定的自信心和博大的胸怀。

3. 仪表准备

仪表会给人留下第一印象。健康大方的仪表可以增强自信，更能使客户产生值得交往信任的感觉。推销人员应从个人修饰、服装、精神状态等方面，按照整洁、得体、积极健康的标准设计自己的仪表。

拓展阅读

成功的第一印象

做成功的推销人员一定要深刻理解“第一印象的重要”以及“推销就是先把自己卖出去的”的真谛。

与客户的第一次见面在一笔交易中显得尤为重要，“好的开始等于成功了一半”，所以我们要掌握一些见面技巧：

第一，见面前做到知己知彼。首先要对即将见面的客户进行一定的了解，通过同事、其他客户、其他厂家推销人员、上司、该客户的下游或上游客户等途径来初步了解该客户。

第二，将见面的目的写出来，把即将要谈到的内容写出来，考虑怎样表述，进行语言方面的组织。

第三，着装整洁、卫生、得体、有精神。不要求每个人都穿西服，但一定要干净、得体。经销商了解产品是从推销人员开始的，所以推销人员的一举一动在经销商眼中就是产品的反映。

第四，自我介绍的第一句话不能太长。例如，有的推销人员上门就介绍："我是××公司××分公司的推销人员×××。"这句话太长，客户一听就会感觉不爽，听了一大串很可能还是不知道你的情况。通常的介绍是："您好！我是××公司的。"客户看你了，再说："我是××公司××分公司的推销人员。"

第五，说明来意时要学会假借一些指令或赞美来引起客户的注意。例如，你可以说："是××经理派我过来的。"也可以说："经过××的介绍，我专程过来拜访您。"或者"是××厂家业务员说您生意做得好，我今天到此专门拜访您，取取经！"这样客户不容易回绝，同时又明白你对他或者对市场已有所了解，不是新来的什么都不知道，他会积极接待你，马上会吩咐人给你沏茶。

第六，顺利交换名片。罗宾逊机构培训新推销人员有一项内容是：每天在大街上换100张名片回公司，完不成就不要回公司了。有些推销人员做陌生拜访，却怎么也弄不到客户的名片。我们说交换名片，所以名片应该是换来的。见面时不要过早地拿出自己的名片，在说明来意、自我介绍完成后观察客户的反应，再交换名片。以下这些场合比较适合交换名片：说明来意后递上自己的名片，说："这是我的名片。"如果客户对你有好感，马上会给你他的名片；客户一下子忘记了你的姓名，你可以说："××经理，我们第一次见面，与您交换一张名片。"客户会不好意思拒绝交换名片；拜访完成时，你可以提出"××经理，与您交换一张名片，以后多联系。"不要说："可以给我一张您的名片吗？"这样会很尴尬。拿到名片后一定要将名片上客户公司的名称和客户姓氏、职务读一遍，并且面带微笑，真诚地看客户一眼，这样客户会觉得你很尊敬他，从而建立起友好交往的基础。

三、约见的内容

1. 确定访问的对象

约见的首要任务就是确定访问对象。推销约见的对象包括个人客户和团体客户两类。对团体客户来说，推销约见的对象可以是其决策者，如董事长、总经理等；可以是决策者的助手，如秘书、助理等；还可以是拥有一定的管理权限的中层管理者，如有关部门的经理等。约见时应根据推销任务的具体情况，对大宗推销应以握有购买大权的人或对购买决策有直接影响的关键人物作为约见对象；而对一般的小业务，则约见中层管理人员即可。

推销人员还可以通过约见主要客户的形式争取其信任与合作，通过他们了解决策者及相关人员的情况，进而达到由其引见决策者的目的。对确定的约定对象要以诚相见，以礼相待，以取得对方的认同与支持。

2. 明确访问的事由

在约见访问对象时一定要明确告知对方此次访问的目的、要商谈的具体事项，使双方的约见开宗明义。围绕推销产品这一中心任务，每一次具体的约见访问可以采取不同的相关理由，如市场调查、走访客户、签订合同、回收货款、提供服务咨询、赠送样品等。推销人员应根据具体情况，以合理的理由创造约见客户的机会，进入与客户相互沟通的环节。

3. 确定访问的时间

合理确定访问时间是约见中事关访问效率的一项重要内容。推销人员首先要通过对客户的认真研究，根据其工作特点和生活规律来精心选择访问时间，应尽可能避开其工作繁忙的时间及休闲娱乐的时间；还要综合考虑约见的目的、方式、地点、环境、交通条件等因素约定最佳访问时间；有时还要从客户的具体情况出发，征询其方便的时间作为访问的时间。

4. 确定访问的地点

以方便客户、有利于达到约见目的、实现推销为出发点，访问地点的约定也应与对象、目的、时间等因素协调考虑。一般可选择在对方的工作单位或居住地，还可选择公共社交场所如公园、饭店、酒吧等作为访问地点，产品博览会、展销会、订货会等更具有作为推销访问地点的便利性。

在约定时间和地点的问题上，方便客户是首要前提，同时要兼顾到推销者的访问费用与推销收益的效率问题。

在推销实践中，约见的内容还应根据推销人员与客户的关系、客户是否容易接近等情况来具体确定。一般来说，与关系比较密切的客户，基于双方已有一定的了解沟通的基础，约见从内容上可简洁明了，形式上可以电话或打招呼，双方对时间、地点的约定可直截了当地商定；对往来不多的客户，约见的内容则要稍微详细一些，准备要更充分一些，约见时要更注意礼节性，尽可能通过有效的约见，增进约见双方的沟通，进而促进建立更加密切的关系；对初次约见的客户则一定要周到、细致、礼貌地明确约见的内容，吸引客户的注意力，争取得到客户的信任，以良好的第一印象为以后的接触打下良好的基础。

四、客户资料管理

推销人员根据获取的客户资料分析客户类型，了解客户，在市场竞争的过程中，取得优势，压倒竞争对手。只有掌握了客户资料，才有机会真正挖掘到客户实际内在的需求，才能做出切实有效的解决方案。当掌握了这些资料的时候，销售策略和销售行为往往就到了一个新的转折点，必须设计新的思路、新的方法来进行销售。

(一)收集客户资料

客户是商家的财源，也是推销人员取得销售业绩并获得工资奖金收入的根本，而与此同时，现在的市场竞争越来越激烈，在白热化的竞争形势下，更加凸显出了客户的价值，“得客户者得天下”成为每个推销人员的共识。那么，要得到客户，首先必须掌握客户的资料，了解客户的家庭情况、兴趣爱好等，如果是公司客户的话还要了解该公司的组织架构等，接着将了解到的资料和信息进行整理与分析，建立客户档案。

【同步案例 4-5】

客户资料整理的第一步：记住客户的名字和相貌

只要客户踏进乔·吉拉德所在店铺的门槛，他都会立即热情地走上前去，亲热地喊出对方的名字，即使他们之间已经有5年没见面，不知情的人看了，都以为他们是昨天刚刚分开。当然，要成为一个顶级的推销人员，仅仅记住客户的名字是不够的，还要记住客户的相貌，否则就会闹出张冠李戴的笑话，这样不但不会让客户喜欢我们，而且会适得其反。乔·吉拉德会认真地看着每一个客户的脸，然后将其深深地印在自己的脑海里。这样，才能够在下一次见面的时候，准确地叫出对方的名字。

所以推销人员一定要练就记住客户名字和面孔的本领。

(资料来源：金跃军．销售大师之乔·吉拉德推销思想精读全集．北京：中华工商联合出版社，2012)

应用亮点：记住客户的基本信息，学会整理、分类并合理运用客户资料是推销工作事半功倍的关键。

(二)客户资料的管理原则

在利用客户资料卡进行客户资料管理时，应注意把握以下原则：

1. 动态管理

客户资料卡建立后不能置之不理，否则就会推动其价值。因为客户的情况总在不断地发生一些变化，所以对客户的资料也应随时进行调整。通过调整剔除陈旧的或已经变化的资料，及时补充新的资料，在档案上对客户的变化进行追踪，使客户管理保持动态性。

2. 突出重点

应从众多的客户资料中找出重点客户。重点客户不仅应包括现有客户，而且应包括未来客户和潜在客户。这样可以为选择新客户、开拓新市场提供资料，为市场的发展创造良机。

3. 灵活运用

客户资料管理的目的是在销售过程中加以运用。所以，不能将建立好的客户资料卡束之高阁，要能进行更详细的分析，使“死资料”变成“活材料”，从而提高客户管理的效率。建立了客户资料卡，还应进行最佳和最差客户分析。

五、客户资料分析

在销售工作中，优秀的推销人员总是善于收集客户的资料并分析客户的需求，作为他们拜访客户前最重要的准备工作。他们把大部分的销售活动变成自己的“家庭作业”——研究客户，然后信心百倍地敲开客户的大门。详尽的潜在客户资料，可以使推销人员在销售中占据主动地位，推销人员对客户情况了解得越透彻，推销工作就越容易展开，越容易取得成功。一般来说分析客户资料时，可以把客户分为三大类：个体客户、团体客户、现有客户。现有客户是指老客户或者常客，是推销人员掌握得比较固定的买主。

(一)个体客户分析的具体内容

(1) 姓名。熟悉客户姓名有助于见面后缩短与客户的距离，给予对方一见如故的亲切感。

(2) 年龄。有助于了解和预测客户的需要。

(3) 职业。不同职业对从业人员的购买需求会产生不同程度的影响，了解这些能帮助制订销售面谈计划。

(4) 籍贯。俗语说“老乡见老乡，两眼泪汪汪”，有时可以利用客户的籍贯拉近与客户的关系，而了解不同籍贯的人的性格差异也有助于与客户的交往。

(5) 兴趣爱好。有利于投其所好，制造共同话题。

(6) 性格脾气。根据不同性格类型可制订不同的应对计划。

(7) 学历和经历。有助于寒暄，拉近双方的距离。

(8) 家庭背景及状况。主要分析家庭成员及配偶子女在购物中所起的作用，投其所好，对症下药。

(9) 民族及居住地点。有利于尊重客户习俗，且可反映客户的社会地位、朋友群甚至家世，对成功销售大有裨益。

(10) 最佳访问时间。了解客户工作的时间安排与生活习惯等，有利于确定最佳的访问时间。

(二)团体客户分析的具体内容

(1) 机构名称。包括全称和简称，可由此了解和掌握一些相关的情况。

(2) 机构性质。包括公司法人和行政事业法人，这对销售计划的制订非常有利。

(3) 机构规模。包括注册资料、员工构成、生产能力、产品销售等。可据此判断其需求量和支付能力。

(4) 机构所在地。包括总部及分支机构。可根据其运输条件确定相应的产品价格。

(5) 组织人事情况。主要应了解购买决策人、对购买行为有重要影响的有关人员及使用该产品的部门负责人。

(6) 经营业绩。包括经营范围、生产能力和规模、利润水平、市场表现等。

(7) 购买习惯。包括主要设备、原材料类型的选择及主要购买的途径。

除此之外，公司的一些重大新闻也是应该关注的内容。

(三)现有客户分析的内容

(1) 基本情况。通过建立完整的客户档案，可以了解现有客户的基本情况。这是居于首要地位的信息。

(2) 变动情况。追踪和分析现有客户的变动情况，对把握其购买倾向和消费需求，制定合适的销售策略都是至关重要的。

(3) 反馈情况。主要包括产品质量、使用效果、供应时间、产品价格、售后服务等。

当然，上面所说的这些不是一成不变的，客户的分析是一个动态的过程，推销人员要根据实际情况做出灵活的调整。在时间和费用允许的情况下，分析得越全面、越到位，对销售工作的帮助就越大。

六、竞争对手的资料分析

要有效地分析竞争对手，首先要知道谁是自己的主要竞争对手，然后分析判断其目标和策略、优势和弱势以及他们具有怎样的竞争反应模式等。但是，要了解所有竞争对手的公司、产品、商业活动的详细情况，几乎是不可能的事情。所以，一般来说，推销人员一定要了解的竞争对手的内容主要包括以下几点：

(1) 竞争对手的推销人员和他们的经历等情况；

(2) 竞争对手的价格和信用政策；

(3) 竞争对手产品或服务的优缺点；

(4) 竞争对手的销售策略；

(5) 竞争对手在质量管理、交货日期、兑现承诺以及服务方面的可靠性；

(6) 竞争对手在产品型号、色彩及特殊规格等竞争项目上的情况；

(7) 竞争对手的销售业绩概况；

(8) 消费者对竞争对手的看法；

(9) 竞争对手近期和未来可能的一些动向。

为了及时准确地掌握竞争对手的信息，除了以上几点内容自己要去收集资料和分析外，还可以借助公司等外力，保证自己能清楚掌握竞争对手的情况。

推销人员在与竞争对手及其产品做比较时，千万要做到诚实，不要去攻击和批评竞争对手，因为通过贬低他人来抬高自己，那是自欺欺人的做法，一般客户在听到你批评对手时，会比较反感，如果客户正在使用竞争对手的产品或服务，而且又非常喜欢，那么推销人员对竞争对手的产品的攻击可能就会引起客户的不满。

学习情景4 约见及接近客户

一、约见客户

约见客户是推销工作中的一个重要环节。顺利地约见客户将为打开推销工作局面创造良好的开端，而约见失败或无视约见的重要性则可能会导致推销无法实现。

(一)约见客户的意义

1. 有利于取得客户的信任

随着现代社会环境和人们社交心理的变化，直接上门访问式的推销面临着种种障碍，客户在一般情况下都不大欢迎推销人员来访。如果见不到客户，再好的产品、再高明的推销技术也都无济于事。而如果推销人员提前征得客户同意见面，表明对客户的礼貌和尊重，就容易得到客户的信任和支持，有助于消除客户与推销人员接近时的心理障碍，成为接近客户进而实现推销的重要步骤。约见成功则意味着推销人员取得了向客户直接展开推销活动的机会，反之推销活动则有可能无法进一步展开。

2. 有利于双方做好见面与洽谈准备

推销人员是约见的主动发起者，必然是对约见对象进行了比较充分的研究，拟订了推销计划，做好了各项准备。而客户在得到推销人员约见通知后，根据其约见内容，也将对即将洽谈的事项进行了解，考虑洽谈对策。由此在双方有一定准备的基础上，有利于即将开始的推销洽谈比较顺利地向实质层面进展，而不至于因一方或双方缺乏思想准备和计划仓促应对，造成洽谈阻滞，进展不利，甚至无法继续下去的局面。

3. 有利于增强推销的预见性和计划性

虽然此前推销人员已经对客户进行了很多方面的研究，但约见时推销人员才真正开始了与客户的接触。在这一过程中，推销人员通过察言观色、听话听音、他人介绍等方式增加对客户个性、需求等方面的客观印象和判断，对将要开展的推销及其结果进行预测，结合约见过程中对客户的初步感觉和印象，调整、完善推销计划，有助于推销活动的顺利开展。

4. 有利于提高推销工作的效率

现代社会中，人们的工作、生活讲求计划性、节奏性，推销人员往往因打扰了客户的日常秩序而会被拒之门外。即使此客户恰恰有产品需求也可能由于时间上的冲突，造成推销人员无功而返。因此，约见是推销必不可少的一环，它便于客户提前做好时间安排，在与其他事务不相冲突的前提下与推销人员见面、洽谈；对推销人员来说则保证了每一次见面洽谈务求实效，避免了盲目访问造成的时间及费用上的浪费。因此，约见是对推销人员与客户双方都有益的一项安排。

(二)约见客户的基本原则

1. 确定访问对象的原则

确定与对方哪个人或哪几个人接触。

(1) 应尽量设法直接约见客户的购买决策人。

(2) 应尊重接待人员。为了能顺利地约见预定对象，必须取得接待人员的支持与合作。

(3) 应做好约见前的各项准备工作，如必要的介绍信、名片等，刻意修饰一下自己，准备好“态度与微笑”等。

2. 确定访问事由的原则

任何推销访问的最终目的都是为了销售产品，但为了使客户易于接受，推销人员应仔细考虑每次访问的理由，下列几种访问理由和目的可供参考：

(1) 认识新朋友；

(2) 市场调查；

(3) 正式推销；

(4) 提供服务；

(5) 联络感情；

(6) 签订合同；

(7) 收取货款；

(8) 慕名求见、当面请教、礼仪拜访、代传口信等。

3. 确定访问时间的原则

要想推销成功，就要在一个合适的时间向合适的人推销合适的产品。

(1) 尽量为客户着想，最好由客户来确定时间。

(2) 应根据客户的特点确定见面时间。注意客户的生活作息时间与上下班规律，避免在客户最繁忙的时间内约见客户。

(3) 应根据推销产品与服务的特点确定约见与洽谈的时间，以能展示产品及服务优势的时间为最好。

(4) 应根据不同的访问事由选择日期与时间。

(5) 约定的时间应考虑交通、地点、路线、天气、安全等因素。

(6) 应讲究信用、守时。

(7) 合理利用访问时间，提高推销访问效率。如在时间安排上，在同一区域内的客户安排在一天访问，并合理利用访问间隙做与销售有关的工作。

4. 确定访问地点的原则

(1) 应照顾客户的要求。

(2) 最经常使用也是最主要的约见地点是办公室。

(3) 客户的居住地也是推销人员可选择的约见地点之一。

(4) 可以选择一些公共场所。

(5) 公共娱乐场所也是推销人员可选择的地点之一。

(三)约见客户的方法

1. 当面约见法

即推销人员直接面见客户，当面约定访问洽谈事项。该法在条件具备时方便易行，且沟通直接，有利于清晰完整地表达约见内容，易于双方拉近感情距离，推销人员可近观客户的态度、需求、性格等特点，还可以以自己出色的表现给客户留下良好印象，有利于下一步的推销接近。

推销人员可以随时随地把握当面约见的时机，如在各种社交或公共场合、推销路途、其他见面场合中，见面握手寒暄后或分手告别之际，或经第三人介绍相识之际等。当面约见法适用于推销人员与客户在相应的场合中相遇，且见面时有融洽的气氛。

2. 电话约见法

通过电话约见客户是现代推销最常用的约见方式。在通信发达的现代社会生活中，电话约见方便、快捷而且经济，与老客户的约见非常适用。而新客户对推销人员事先缺乏了解和认识，最初的电话约见有可能遭到拒绝。因此，推销人员首先要使自己明确，电话约见所要达到的目的是使客户接受你，进而对你所推销的产品或服务产生足够的兴趣，为此需要通过熟练的电话约见技巧，将约见内容以对方能接受的方式表达出来，才能取得良好的约见效果。

在电话约见时，推销人员要按照精心设计的步骤进行。一般步骤如下：

(1) 自我介绍。自我介绍要做到简单明了、准确无误，给人以最佳印象。此时还应顺便确认对方是否是你所要进行约见的人。例如：事先已确认约见人的电话时说“您是家电部的王先生吗？我是环球电器集团的推销人员，我是李……”；事先不能十分确认约见人的电话时说“您好，我是环球电器集团的推销人员，我找家电部的王先生，请问您就是吗？”。在自我介绍时，如果所属公司为知名企业则应先报公司名称，再报自己姓名，或只报公司名称也可以；相反，如果公司为一般企业则直接报出推销人员个人姓名即可。

(2) 简明陈述打电话的目的。推销人员要使用简明清晰的语言、自然平稳的语气，向客户说明约见的理由，并引起客户的兴趣。例如："……我想给您看一下我们新近开发的电器产品资料，这是目前国内市场上的最新型产品……"

(3) 约定会面的时间、地点。要以商量的语气向客户提出约见的时间、地点，视客户方便而定。例如："……您看哪天合适我去面见您，顺便带去资料，这个星期二和星期四我都有时间……"

拓展阅读

电话约见的技巧

第一，打电话之前拟一份计划稿，预想各种交谈中可能出现的问题及回答方式。

第二，以自信、友好、礼貌的态度说话，让对方"听到"你的微笑。

第三，注意倾听对方，判断其需求和购买愿望。

第四，控制谈话内容，时刻围绕约见的目的。

第五，用心考虑打电话的最佳时机。

第六，约见对象不在时，设法了解他何时能回来，并请接听人转告口信，预约下次致电时间；或将自己的姓名、电话号码留给对方，等待对方回话；若对方不回话应主动再次联系。

第七，设法应对对方的各种推辞或回绝，努力搞清楚对方的具体原因，为下次约见做准备。

3. 函件约见法

在客户对推销人员及其公司和产品都不了解的情况下，最好的方法是致函给客户进行洽谈的约见。函件的具体形式包括个人信函、单位公函、传真、会议通知、社交柬帖、广告函件等。可以采用的发函渠道有信函、电报、传真等。

在采用函件约见时要认真推敲信中的措辞和格式，讲究函件写作的客观性、艺术性，特别要强调客户的受益性，既使客户感觉到推销人员对自己的重视，又能引发客户对产品的兴趣，同时取得客户对推销人员的信任。一封文辞恳切明确、行文流畅秀丽的亲笔约见函将引起客户的重视；如果用打印函件，一定要在落款处使用亲笔签名。

采用函件约见法可以突破与客户陌生的障碍及各种人为阻拦，实现对客户的正式约见。其中，信函的费用相对比较节省，而且约见的意思表达可以更加充分，但到达客户时间相对较慢；电函虽然速度快，但费用相对较高。

为了确保收到客户对书面约见的回应，一般在信函发出后一周左右还应与客户进行电话联系。例如："王先生，我是时代公司的李××。我上星期给您寄过一封信，不知您是否收到了……"

函件约见法的适用情况：

(1) 约见以前不认识的客户。

(2) 感觉使用电话约见不是很自如时。

(3) 由于对方日程已满，电话约见被回绝时。

(4) 与历史悠久、声誉好的企业约见时一般应按正式的程序，递交一份书面约见函。

(5) 推销时间允许，且被约见人在本地。

4. 委托约见法

即推销人员通过中间人介绍去约见客户。受到委托的中间人应既与推销人员熟识，又与客户保持比较密切的社会关系，为其所信任。由中间人预先通过电话、信函等形式向客户打个招呼，推销人员随后再进行正式访问，这种建立在相互信任的人情基础上的约见一般会取得较好的效果。

5. 广告约见法

即利用各种广告媒体如电视、报纸、杂志等形式约见客户。一般可用于约见对象不确定或约见对象比较多的情况。

广告约见的讯息覆盖面广泛，有可能在较短时间内得到较多客户的回应，因此需要预先安排好用于接待的约见人员。这种方法约见由于针对性不强，所以其效率具有不确定性。

6. 网络约见法

即推销人员利用网络对客户进行约见的方法。网络沟通具有快速、方便、经济、广泛等特点。在计算机网络运用日益普及的现代社会，企业和推销人员充分利用网络技术，有利于扩展约见与推销的范围，取得更多的销售机会。

使客户全面了解企业及产品的情况，最好的办法是通过资源网站建立企业或产品主页，全面展示推销产品和约见的相关信息。

约见的方法灵活多样，推销人员在运用时要视具体条件、情形进行选择，必要时也可以将若干种约见方式组合运用。

拓展阅读

约见工作的问与答

问：很多客户都是咨询清楚了就不了了之，或者是发过计划书后石沉大海。怎么办？

答：①这是信任度问题；②不是所有咨询都是有效客户。要对客户进行归类，把时间花在值得经营的客户身上，别过于纠结这个问题。③与客户沟通，要留点悬念，都讲完了，还有话题继续交流吗？在客户都不明确比较标准的情况下，容易陷入盲目比较的误区，所以提交计划书等于做无用功，无形中增加了很多工作量。即使约见面，也要筛选掉一些不值得跟踪的客户。很小比例的客户都是有联系方式，先在电话里沟通，达成共识再设计方案，成交率也不错。

问：关于网络客户咨询的回答应注意什么？

答：①客观中立，不诋毁公司、同业；②引导客户需求比迎合客户需求更能引起关注；③把公司培训的话术收起来，因为网络客户大多很理性，他们有很强的免疫力；④注重回复质量，切忌盲目追求数量，随意复制粘贴，包括乱传案例、计划。

问：客户和你聊不上几句，就要你给他发个计划书，你把计划书发了，就没有下文了，不发又对客户不礼貌。究竟要怎样"留悬念"呢？如何回答客户问题？需要回答得很细致吗？是否给自己留点余地见面说呢？

答：试试和客户解释一下，详细沟通、达成共识后才可以发，不然就是做无用功，要知道你的时间也有价值，不是吗？对于如何回答客户的问题，可以随便找个咨询帖，用客户的视野去看看。首先，有很多人回复；其次，有些城市本地代理人够多了，异地也来参与，实在是热闹得很。还没明确需求，各种产品推荐都上来了，传统险、万能、投连，还有建议保额的。换位思考下：如果你是客户，看完有何感受？己所不欲，勿施于人。

问：我在网络咨询中很难约访客户，大都不愿意给联系方式或面谈。请问该怎么办？

答：第一次交流不一定约见面，给对方思考的空间，加强信任度才可以争取到见面的机会。建议平时多看点书，包括心理学、市场营销学、财经等，了解时事，提升沟通技巧，与客户交流可以包含很多话题，不仅局限于保险。找到与客户的共同语言，当客户把你当作朋友，而忽略代理人的身份时，约见面就容易多了。

问：往往一有客户问题咨询，很快就有一窝蜂的代理人参与回答，如果几十个代理人三个月回答几百个问题，平均每人也能签十单了，为什么一单都没有？

答：我很少去问吧回复，就是因为你说的问题，大家一起走独木桥，成交率很低。与其这样浪费时间，不如多花点精力打理好自己的门店，挖掘潜水客户，积累人脉，利用好代理人渠道的转介绍资源。前期多积累，后期才会有效应。

问：有些客户已经见面了，却老是定不下来，说要和家人商量或者领导还没做指示，再就是没钱。请问该怎么办？

答：说明约面谈环节没处理好，为什么不约夫妻见面呢？现在只能试着去补救，再约时间和他们夫妻一起交流，但是客户未必会同意，所以效果一定会大打折扣。至于领导请示的问题，除了信任度问题，有可能没找到有决定权的人或者由于种种原因耽搁了。自己要分析原因，再判断有没有必要继续跟踪。

二、接近客户

(一)接近客户的含义

约见之后，推销人员将按照推销目的，进入直接与特定客户接触的过程，由此更明确地向客户发出推销信息，并更直接地收集客户的购买趋向等信息，这一过程就是推销中的接近客户。

日本丰田汽车公司的神谷卓一说过:“接近客户,不是一味地向客户低头行礼,也不是迫不及待地向客户说明商品,这样做反而会引起客户逃避,当我刚进入企业做一个新推销人员时,在接近客户时,我只会销售汽车。因此,在初次接近客户时往往都无法迅速冲破客户的心理防线。在无数次的体验揣摩下,我终于体会到,与其直接说明商品,不如谈些有关客户太太、小孩的话题或谈些乡里乡间的事情,让客户喜欢自己才真正关系着销售业绩的成败。因此,接近客户的重点是让客户对一位以销售为职业的业务主管抱有好感。”

【同步案例 4-6】

推销产品之前先推销自己

推销人员:请问您是刘老板吗?我是A公司的业务员,经常路过您这里,每次都看到您忙忙碌碌的,生意一定不错吧?

老板:唉,马马虎虎吧。

推销人员:其实每次都想跟您打个招呼,因为前面的黄老板常常提到您。

老板:你跟黄老板认识?他说我什么?

推销人员:是啊,我跟黄老板有业务来往,挺熟的。他说刘老板为人不错,生意也比他做得好,还让我有空跟您聊聊呢。这不,我刚才给黄老板补了些货,最近走得挺快。

老板:这个老黄,尽瞎说。对了,你做什么产品,给老黄那里经常送?

推销人员:我们公司是做酸奶的,最近推出了新品,挺不错的。这是样品,您可以尝尝。

老板:口感还可以,包装也不错,价格怎么样?合适的话给我先放一点。

(资料来源:新浪博客. http://blog.sina.com.cn/s/blog_405c8b6f010001fh.html)

应用亮点:案例中推销人员打破思维定势,借第三者的口说出他人的优点,拉近人与人的距离,在推销产品之前先积极地建立和谐的人际关系,然后推销自己,最后成功的推销出产品。

许多成功的推销人员在总结自己经验的时候都认为,接近客户的过程实际上就是推销自己的过程。在没有把自己推销出去之前不要急着去推销产品,推销自己的重心实际上在客户身上,一定要围绕着客户去做文章。

【同步案例 4-7】

受人欢迎的“奶茶妹妹”

南京的一家奶茶店,总是顾客盈门。虽然这家店的奶茶口味的确很优秀,但是位置稍稍有些偏。这家店每天却从早到晚排着长龙,原因是这家店的营业员,不仅拥有特别甜的声音,而且在询问顾客要什么口味、杯型大小和打开不打开时,永远保持着那种自然亲切、没有一点做作的笑容,她竟像经过长期播音培训一般,音容笑貌给人留下极其深刻的印象。另外,她会在不经意之间,也就是在你买奶茶的那不到一分钟的时间里,微笑着夸一下你的朋友、你的着装,问候你的身体等,去买奶茶的每个人都会觉得心里非常舒服。可以说,大多数去那里的人并非为了奶茶而去,主要是为了在激烈的职场竞争环境中排着长队感受那不到一分钟的心灵的享受。因为那位营销员在一言一行中将自己销售出去了,她也因此为自己带来了大量的忠实客户。

应用亮点：当愉悦写在客户的脸上、当消费成为一种享受时，销售自然会变成水到渠成的事情，这正印证了"顾客先接受你这个人，再接受你销售的产品"这句话的内涵。

(二)接近客户的方法

赢得了客户信任后，接下来就要采用适当方法和态度引起客户的关注与兴趣，赢得客户的信任，这将直接关系到洽谈、成交的实现。

推销人员在推销实践中经常采用一些行之有效的接近方法，主要有以下几种：

1. 利益吸引法

推销人员利用客户追求利益的心理，在向客户介绍产品时着重把商品给客户带来的利益放在第一位，突出强调该产品将会给其带来的利益，从而引发客户兴趣，增强其购买信心，吸引客户。

例如，一位文具推销人员说："本厂出品的各类账册、簿记比其他厂家生产的同类产品便宜3成，量大还可优惠。"

这种利益接近法迎合了大多数客户的求利心态，推销人员抓住这一要害问题予以点明，突出了销售重点和产品优势，有助于很快达到接近客户的目的。

使用利益吸引法接近客户要把握以下两个要点：

(1)有的放矢。有的放矢是指结合客户不同的购买心理需求介绍产品将给其带来的利益。针对不同客户购买心理，推销人员要仔细分析所推销的产品给客户带来的利益是什么，是增加收入、降低成本，或是得到安全保障、改善生活质量、提升形象、增添时尚感等。从客户心理出发，直接说明产品能给其带来的相应利益，能够刺激客户的购买欲望。

(2)实事求是。推销人员一定要坚守诚实信用原则，用真实的利益打动客户，绝不能以夸张不实的利益欺骗客户。记住，欺骗一次客户，你将永远失去这个客户；欺骗一个客户，你将失去一批客户。

2. 赞美接近法

渴望受到别人的赞美是人的本性。卡耐基在《人性的弱点》一书中指出："每个人的天性都是喜欢别人的赞美的。"赞美接近法就是推销人员利用人们希望赞美自己的愿望来达到接近客户的目的。在推销接近时，利用客户的这种心理，用真诚、得体的赞美会收到良好的效果。推销人员应善于发现客户本身或其所处环境以及其他相关的值得赞美的事物，不失时机地表达赞美之意，会从情绪上博得客户的好感，营造出一种与客户和谐沟通的氛围，十分有利于拉近与客户的心理距离。

恰当地使用赞美接近法要求推销人员最好能在接近客户之前充分了解其情况，根据其性格、爱好、文化层次等特点因人而异地选择适当的赞美话题。此外，推销人员还可以随机应变，就地取材地赞美客户。例如：

“我在电视新闻中见过您，作为知名企业家，您不但经营有方，还热心于奉献公益，服务大众，真令人敬佩。”“您今天穿的服装真漂亮，非常适合您这样高雅的女性。”“您的房间陈设很有特点，具有浓厚的文化品位。”“您的公司规模真大，您真是年轻有为。”

当然，赞美对方并不是美言相送，随便夸上两句就能奏效的，如果方法不当反而会起反作用。因此，在赞美对方时一定要恰如其分，切忌虚情假意，无端夸大。

3. 兴趣话题接近法

与开门见山地推销相比，先运用商品以外的话题更容易争取客户。有共同语言是沟通的完美境界。推销接近时，从引起人们普遍感兴趣的话题聊起，同样有助于创造一个使对方肯定回答的心理环境，培养融洽的商谈气氛。在充分了解客户兴趣的基础上，可以选择的话题如运动项目、旅游见闻、新闻话题、政经形势、社会现象、流行风尚、名人轶事、健康、娱乐等，还可以从客户的工作、客户的嗜好、客户的子女和家庭甚至客户的宠物谈起。

推销人员与客户谈论以上话题时，要注意把握火候、控制时间，一旦时机成熟应及时把话题转向推销议题，进入正式的会谈，促使生意成交。否则会使洽谈演变成聊天，既错失良机，又浪费时间。

4. 介绍接近法

推销人员采用最直接的自我介绍方式或请他人介绍自己的方式与客户接近也是接近客户的基本方法。运用这种方法的主要目的是通过自己或他人的介绍，取得客户的了解和信任，创造推销洽谈所需要的必备条件。

推销人员进行自我介绍时要做到态度谦虚，亲切有礼。要主动出示名片、身份证、介绍信等证明自己的身份。一般不需要主动介绍自己的职位，只需说出自己在某某单位工作即可，以免有炫耀之嫌，引起客户反感。如果洽谈中有必要让对方了解你的职位，可以通过名片或经由其他人介绍。但是，如果对方直接问起你的职位，则可以直接相告。

他人介绍主要是通过与客户有密切关系的第三人的引见去接近客户。第三人与客户关系的密切程度对介绍接近的最初效果具有很大影响。作为介绍人则应实事求是，不要编造或夸大被介绍者的身份和作用，以免造成尴尬及客户的不信任。他人介绍的具体形式有书信、电话或亲自引见等。

5. 表演展示法

表演展示法是一种比较传统的推销接近方法。推销人员在熟练掌握产品特性和操作方法的前提下，通过现场演示的方法吸引客户，达到与之接近、展开推销的目的。

在利用表演展示法接近客户的时候，为了更好地达成交易，推销人员要分析客户的兴趣爱好、业务活动、关心的问题，想方设法接近客户。

一般来说，产品的功能、质量、外观、价格、实用性等特性是客户最为关注的。从客户的这一心理特点出发，直接将产品实物展现在客户面前，通过客户的感官激发起客户对产品的兴趣及购买欲望，对达成交易十分有利。

运用该方法要从实际条件出发，小型产品可用于上门推销演示，大型产品则要利用卖场或产品展销会等形式。

与上述产品演示法相配合，推销人员还可以借助文字、图片、影像等资料，增强吸引客户注意的效果。

6. 提出问题法

提出问题法主要是通过推销人员提问的形式来引起客户的注意和兴趣，进而顺利进入产品推销洽谈过程的方法。

例如，有一位书籍推销人员，平时碰到客户和读者总是从容不迫、平心静气地提出两个问题："如果我们送给您一套关于经济管理的丛书，您打开之后发现十分有趣，您会读一读吗？""如果读后觉得很有收获，您乐意买下来吗？"这位小姐的开场白简单明了，也使一般的客户找不出说"不"的理由，从而达到了接近客户的目的。

采用提出问题的方式接近客户，在向客户提出问题之前，推销人员自己应该对客户可能提出的问题进行预先的分析，并对如何回答做到心中有数。这就要求推销人员学会从客户的角度看问题，经常思考"如果我是一位客户，我会对什么样的产品或产品的什么功能感兴趣？在使用产品的过程中我可能会遇到什么问题？应该如何解决？"如此，对客户的提问才能切中要害，才能真正引起他的注意和兴趣。进一步说，推销人员提出的问题应该对客户的思路起到引导作用，在提出问题时已掌握主动权，引导客户通过问答进入购买的思路。

【同步案例 4-8】

推销"智慧"的高桥广吉

日本有一位推销人员高桥广吉，他的推销业绩极佳。他推销的是瑞士名牌产品赫米斯打字机，其质量优异，性能优越，但最初在日本销路不佳。对此，高桥广吉通过认真研究了解到，这种打字机的客户主要是贸易商社的打字员，在他们的工作中最麻烦的事情就是处理各种贸易文件，特别是关于提货单的文件。在了解了客户的困难之后，高桥广吉发挥自己特有的事物管理方面的系统思想，设计了新的文件作业体系，可以更快、更准确、更漂亮地完成货运单据的打印作业。当然，他还特别强调赫米斯打字机在简化了的作业中所起到的重要作用。

高桥广吉带着新的构思去见客户，他并不说一句"请用赫米斯打字机"。他走遍了大大小小很多商社，每逢遇见办公室人员就打听："您在这里工作对什么事感到困惑？您是如何处理货运单据的？"如此一问，客户必定回答："我们对货运单据的处理感到头疼。"

高桥广吉则立刻接着说："我有一种方法，只需要用相当于现在 1/3 的工作量就能完成同样的工作。"于是客户便迫不及待地请教他方法。高桥接着把事先准备好的货运单据作业体系详细地介绍给对方，其中特别突出地介绍赫米斯打字机的关键作用。

通过这一方法,高桥广吉使赫米斯打字机变成了畅销货。

(资料来源:第一营销网.http://www.cmmo.cn/b/82575/32686.html)

应用亮点:这个案例给我们很多启示:一是推销人员要熟悉推销产品的特点,并能结合所推销的产品特点,认真分析、研究客户的需求,使推销更具有针对性;二是以提出客户关心的问题接近客户,自然得体,很容易引起客户的兴趣,并能使客户按照推销人员预先研究的思路提出需求,从而自然地进行产品推销。

7. 馈赠接近法

推销人员利用馈赠礼品的方法来接近客户,以引起客户的注意和兴趣,效果非常明显。

在销售过程中,推销人员一是可以向客户赠送适当的礼品,表示祝贺、慰问、感谢,使客户产生好感。二是可以赠送样品,特别是当客户对初次接触的产品性能不甚了解、持怀疑态度时,推销人员在赠送样品的同时教其使用方法,可以在较短时间内拉近与客户的距离,形成有利于推销的局面。

馈赠接近法实际上是通过满足客户的利益心理而达到接近的目的。所以,在运用该法时要注意赠品对客户的有用性或心理满足感,以赠送相关产品样品为首选;若产品样品不适宜赠送,则可以选择与本企业有关的、有纪念意义的礼品相赠。所赠礼品要保证优良的品质和外观,有实用性或有收藏价值,但价值不宜过高,以避贿赂之嫌。

8. 求教接近法

求教接近法是指推销人员虚心向客户讨教问题,利用这个机会,以达到接近客户的目的。这种方法体现了敬重客户、满足客户自尊的心理需求为原则的推销思想。一般情况下,客户是不会拒绝虚心讨教的推销人员的,在实际应用中的效果较好,尤其是对那些个性较强,有一定学识、身份和地位的专家型顾客,这种方法更为奏效。

一般来说,求教的问题既可以是与所推销产品直接相关的问题,也可以是完全不相关的问题;既可以是真实的问题,也可以是设计出来的问题。但是,无论求教何种问题,所要达到的目的是一致的,即通过向客户求教,以谦虚的态度换得与客户对话的机会,进而直接转入产品的推销;或者以此得到客户心理上的认同与好感,为推销洽谈铺平道路。

【同步案例 4-9】

谦虚的推销大师

日本著名的保险业推销大师原一平先生以显赫的推销业绩赢得了业界的尊敬。他在工作中有一项重要内容,就是每年举办"原一平恳谈会",经常向专家和客户请教如何做人以及如何取得客户的信任。通过这种方式,原一平大师不仅使自己的推销理念和精神不断得以提升,还赢得了广大客户的赞誉,更给他带来了源源不断的保单。

(资料来源:袁梅苹.魔鬼成交之原一平的66条黄金法则.南京:江苏美术出版社,2013)

应用亮点:求教可以是推销品经营方面的问题,也可以是人品修养、个人情趣等方面的问题，但不论请教什么方面的内容，推销人员都应有谦虚诚恳、多听少说的态度，赞美在前、请教在后的方式及请教在前、推销在后的思想。

除上述八种主要方法外，推销人员还可以采用其他一些灵活的方法接近客户。例如，交际圈接近法是指推销人员深入到客户所属的社会阶层或交际范围内，参与其社交活动，以此接近客户的方法；搭讪接近法是指推销人员利用各种机会主动与客户打招呼、聊天，并把握时机转入推销的接近方法；调查接近法是指利用调查研究的机会接近客户等。

学习情景5 实训与演练

一、角色演练

（一）交换名片

1. 演练目的

通过演练掌握交换名片的礼仪。

2. 演练内容

小李是长虹化工工程公司新来的推销人员。一天他陪自己的上司刘经理到展览中心参观一年一度的行业展览会。在展览会上遇到很多同行和客户，每当刘经理把他介绍给客户时，他都要与对方交换名片。扮演小李、刘经理、江经理完成名片的交换。

3. 演练步骤、要求

（1）可选择在模拟办公室或教室等场所进行。

（2）应分组进行，可以4人一组，其中1人扮演小李，1人扮演刘经理，1人扮演江经理，1人进行监督和评价。每个人都要演一次小李。

（3）每个同学在演练过程中一定要严肃认真，言行符合规范。

（4）每个同学最好都能按照实训内容设计演练的脚本（包括情节和台词），并给本小组成员分派角色。

（5）教师可以临场发挥，比如增设模拟角色和任务；在同学们演练时，组织其他同学对表演进行评论。

4. 演练总结

（1）学生自我总结。

(2) 教师评价。

5. 演练课时

1 学时。

(二)发送传真

1. 演练目的

通过演练学会发送传真。

2. 演练内容

小李是公司新来的推销人员。一天,一个新客户来电话索取报价单。小李随手在公司便签上写了个价格,准备发给对方。老同事小汪看见后,让小李做个正式的传真发给对方,既表示对客户的尊重,又表示自己的实力和信誉。小李按照发传真的基本礼仪,用公司专用的传真信笺给对方起草了一份正式的传真,及时发给对方。扮演小李完成发送传真给客户的任务。

3. 演练步骤、要求

(1) 可选择在模拟办公室或教室等场所进行。

(2) 应分组进行,可以 4 人一组,其中 1 人扮演小李,1 人扮演小汪,1 人扮演客户,1 人进行监督和评价。每个人都要演一次小李。

(3) 每个同学在演练过程中一定要严肃认真,言行符合规范。

(4) 每个同学最好都能按照实训内容设计演练的脚本(包括情节和台词),并给本小组成员分派角色。

(5) 教师可以临场发挥,比如增设模拟角色和任务;在同学们演练时,组织其他同学对表演进行评论。

4. 演练总结

(1) 学生自我总结。

(2) 教师评价。

5. 演练课时

1 学时。

二、课内模拟实训

1. 实训目的

通过积极发言，了解客户的类型，并理解约见客户在企业经营中的重要性。

2. 实训要求

(1) 客户对推销人员合理刁难。

(2) 每个团队提前准备好电话约见内容。

(3) 每个团队将打预约电话的时间限定在 3 分钟内。

(4) 教师及时点评及总结。

3. 实训步骤

(1) 每个团队由 3 人组成，分别包含 1 名推销员和 2 名准客户(1 名采购经理，1 名采购文员)，各模拟训练人员由小组内部分配。

(2) 电话约见内容准备。

(3) 团队默契配合，进行模拟训练。

(4) 训练完成后，每个客户团队针对相关推销人员的训练情况作出内部点评，时间为1～2分钟。

4. 实训课时

1 学时。

三、课外实战训练

1. 训练任务

以家乡的特色农产品为推销品，约见潜在客户——所在大学的工会主席或工会小组长，将家乡的农产品推介给工会，用于教职工的节日福利发放。

2. 训练目的

学会不同客户约见方法的应用，面对大客户，培养强大的推销自信心。

3. 训练要求

(1) 每一位学生独立完成或小组完成。

（2）训练结束后，个人或小组完成一份基于客户约见过程的心得体会，作为下次课中的分享内容。

4. 考核点

学生准备工作的充分性、参与活动的积极性与主动性。

【实训教学建议】

1. 授课教师围绕本项目的教学目标，创设一个与工作、生活实际相似的情境。
2. 通过情境设计，在课堂教学中给学生更多参与互动的机会，实现教学双向互动。
3. 在实训教学过程中，实施教、学、做一体的教学思路，尤其是强调学生动脑（思考）、动口（表达）和动手（写与做）的能力训练，改“教师为单一主体”的教学方式为“学生、教师双主体”的教学方式，培养学生课堂上积极参与的好习惯。

5 项目5 Chapter 5 推销洽谈

知识目标

1. 了解推销洽谈的概念与类型。
2. 理解时机选择对于推销洽谈的意义。
3. 理解并掌握推销洽谈的策略。

能力目标

具备推销洽谈策略组合、运用的能力。

导入案例

威廉销售搜鱼器的故事

美国推销搜鱼器的销售经理威廉在一个加油站停下车，他想给车加点油，然后争取在天黑之前赶到纽约。

就在加完油等待交费的时候，威廉突然看见自己刚加过油的地方停着四辆拖着捕鱼船的车。结果他马上返回到自己的车上，取出几份搜鱼器的广告宣传单，走到每一艘船的船主面前，递给他们每人一份："我今天不是要向各位推销东西，我认为各位可能会觉得这份传单很有意思。你们上路后，有空时不妨看一看，我想你们或许会喜欢这种'底线搜鱼器'。"

交完费后，威廉一边开车离开，一边向这些人挥手道别："别忘了，有空一定看一看啊！"

两个小时后，在一个休息站，威廉停下车买了一瓶可乐，就在这时，他看到那四个船主向他疾步走过来，他们说他们一直在追赶威廉，但拖着渔船，车速无论如何赶不上威廉，他们告诉威廉他们想要多了解一些搜鱼器的事情。

威廉立刻拿出展示品，向他们做完简单介绍后，说还可以具体示范给他们看，于是威廉与他们一同走进休息室，他想找个插座，为搜鱼器接上电源，但休息室里没有，最后，威廉在男厕所里找到了插座。

威廉一边操作一边解释："比如在72米深的地方有一条鱼，在船的右舷边35米处也有一条鱼……"

威廉讲得认真而投入，男厕所的其他人感到很好奇，不知道发生了什么事情，也纷纷围上来。15分钟后，威廉结束了自己的示范，这四个人此时已由听众变成了客户，恨不得把这件演示样品马上买回去。威廉告诉他们只要去任何一家大型零售店都能买得到，随即又提供给他们一份当地的经销商名单。

(资料来源：新浪博客 http://blog.sina.com.cn/s/blog_60cd5b140100grcw.html)

【思考】案例中威廉的审时度势和主动出击为自己赢得了订单，除此以外，你认为威廉是怎样完成这一系列推销工作的？

学习情景1 推销洽谈的时机选择

一、推销洽谈的概念及特点

推销洽谈指推销人员运用各种方式、方法和手段，向顾客传递推销信息，并设法说服顾客购买商品和服务的协商过程。现代推销洽谈既可以是当面洽谈，也可以利用现代通信工具跨越时空的阻隔进行磋商。

推销洽谈具有以下三个突出的特点：

1. 合作性与冲突性并存

推销洽谈是建立在双方的利益既有共同点又有分歧点基础之上的。合作性表明双方的利益共同的一面，冲突性表明双方利益分歧的一面，推销洽谈参与者要尽可能加强双方的合作性，减少双方的冲突性。但是，合作性与冲突性是可以互相转化的，如果合作性的比例加大，冲突性的比例减少，双方洽谈成功的可能性就大；反之，如果冲突性的一面通过洽谈没有能够得到解决或减少，那么，洽谈就有可能失败。推销洽谈人员可以在事前将双方意见的共同点和分歧点分别列出，并按照其在洽谈中的重要性分别给予不同的权值和分数，根据共同点方面的分值与分歧点方面的分值比较来预测洽谈成功的概率，并决定如何消除彼此的分歧。

2. 原则性与可调整性并存

原则性指洽谈双方在洽谈中最后退让的界线，即推销洽谈的底线。通常洽谈双方为弥合分歧，彼此都会做出一些让步。但是，让步不是无休止的和任意的，而是有原则的，超过了原则性所要求的基本条件，就会给企业带来难以承受的损失。因而，洽谈双方对重大原则问题通常是不会轻易让步的，退让也是有一定限度的。

可调整性是指洽谈双方在坚持彼此基本原则的基础上可以向对方做出一定让步和妥协的方面。推销洽谈的双方在所有的方面都坚持彼此的立场，不肯做出任何让步，那么，洽谈就可能没有结果，双方的共同利益也无从实现。而绝大多数的洽谈都有潜在的共同利益，共同利益就意味着商业机会，并且推销洽谈双方还有可能存在兼容利益。推销人员应分析双方原则立场之间的差距大小，以及经沟通协调缩小这种差距的可能性，充分发挥想象力，扩大方案的选择范围，或准备多个备选方案，努力实现双赢的结果。如不能达成全面共识的，可以就某些问题和合同条款达成不同的协议；如不能达成永久协议，可以达成临时协议；不能达成无条件的，可以达成有条件的等。同时，也要做好洽谈失败的应变措施。

3. 经济利益中心性

在推销洽谈中双方主要围绕着各自的经济利益展开洽谈。推销洽谈是推销中关键的一步，是围绕着销售产品而进行的洽谈。卖方希望以较高的价格出售而使己方得到较多的利润；而买方则希望以较低的价格购买而使己方降低成本。因此，推销洽谈的中心是各自的经济利益，而价格在推销洽谈中作为调节和分配经济利益的主要杠杆就成为洽谈的焦点。当然，推销洽谈中经济利益中心性并不意味着就不考虑其他利益，而是说相对于其他利益来说，经济利益是首要的，是起支配作用的。

二、推销洽谈的类型

推销洽谈按照人员的组织方式划分，可以有以下几种类型：

(一)一对一洽谈

一对一洽谈即单个推销人员面对一个客户进行洽谈的方式。这种洽谈有利于创造洽谈的良好气氛，可以充分发挥推销人员的个人才干，但相应来说，若个人缺点暴露和出现疏漏补救起来较为困难。所以，这种方式一是适合于有经验的推销人员，二是适合于小宗交易，三是适合于大宗交易的准备阶段的洽谈。对于经验不足的新手，需要通过业务培训和以老带新的方式提高推销洽谈的能力。

(二)一对多洽谈

一对多洽谈即单个推销人员面对一组客户或一个洽谈小组进行洽谈的方式。例如，参加订货会、展销会等情况。如果推销人员是面对许多不同的客户，那么应该将其转化为一对一的方式处理，如分别约定不同时间、不同地点与客户洽谈。这样做的好处一是可以防止客户联手压低价格，二是有利于根据各个客户的具体情况展开有针对性的推销洽谈。如果推销人员是面对一个洽谈小组，那么推销人员就应该在洽谈中掌握一对一的原则，对方的不同成员提出许多问题，推销人员应该将它归纳整理成条理化的问题，每次将一个问题作为重点进行洽谈，将该问题解决之后再进行下一个问题，不能同时多条战线作战。那种试图对所有问题都同时做出令对方满意的解释的洽谈方式，一是不利于推销人员对每个问题进行审慎的研究，二是容易被对方抓住可能出现的漏洞，因为对方是每个成员专门负责一个问题，是以逸待劳；而推销人员是以一当十，一个人同时考虑许多方面的问题，极有可能出现破绽。

（三）多对一洽谈

多对一洽谈即推销人员组成一个推销小组，面对一个客户进行洽谈的方式。这种方式一是出现在新产品的推销中，因为需要对客户详细介绍新产品的有关情况和了解用户对新产品的意见，所以需要产品开发、生产和其他方面的有关人员共同参与洽谈。二是所推销的产品出了问题，需要了解问题的性质，区分彼此的责任，并且找出解决问题的办法，而这是推销人员一人所不能胜任的。

（四）多对多洽谈

多对多洽谈是指推销人员组成一个推销小组，面对客户的一个采购小组或者面对一组客户进行洽谈的方式。在一个推销小组面对客户的一个采购小组进行洽谈方式中，应该做好小组内的分工，进行对口洽谈，每个推销人员必须对自己负责的问题进行周密的考虑。在一组推销人员面对一组顾客进行洽谈的方式中，应该将其转化为一对一的方式，即每个推销人员负责一个客户。

三、推销时机的类型及特征

在推销洽谈过程中，推销人员必须充分把握随时出现的各种时机。所谓推销时机，是指在推销洽谈过程中，由于环境的变化性，给推销人员提供的实现其推销目的的一种可能性的统称。简单来说，就是推销过程中的时间选择与机会把控。

（一）推销时机的类型

推销时机是多种多样、纷繁复杂的。根据不同的标准，可将推销时机划分为不同的类型：

(1) 从对推销时机的认识程度上来看，可将其划分为偶然性推销时机和非偶然性推销时机。偶然性推销时机是指不可预测的，出于预料之外的一种推销时机。这种时机是非常难能可贵的，对推销人员的观察能力和应变能力的要求比较高。非偶然性推销时机，则是指推销人员通过对各方面因素的分析和研究，可在一定的时间和范围内预测到的一种推销时机。这种推销时机对推销人员的创新能力要求较高。如每个推销人员都知道春节前是购物热潮。但那些实现顶尖销售额的一流销售，却能发挥自己的创造性，使自己的推销品在众多的商品中独树一帜，吸引客户的注意，从而实现推销目的。

(2) 从推销时机作用和影响的范围及程度来看，可将推销时机划分为战略性推销时机和战术性推销时机。所谓战略性推销时机是指从长远、整体和全局上影响推销品销售的一种推销时机。若能捕捉到这种时机，将对企业长远的、全局的发展产生深远的影响。战术性推销时机，则是指从眼前、局部来影响推销品销售的一种推销时机，具有灵活机动的特点。

(3) 从推销时机的表现方式来看，可将其划分为潜在的推销时机和显露的推销时机。所谓潜在的推销时机是指推销时机不突出，需要推销人员深入分析、挖掘才会发现的一种推销时机。这种推销时机具有很强的隐蔽性，对推销人员各方面的素质和能力的要求比较高。因此，这种时机一旦为推销人员发现并把握，就会形成相对于其他推销人员的强有力的竞争优势。所谓显露的推销时机是指推销时机表现得比较明显，易于发现的一种推销时机。这种推销时机一般易于察觉，它对推销人员的时机把握能力较一般。

(4) 从推销环境的变化内容来看，可将其划分为政策性推销时机和非政策性推销时机、经济性推销时机和非经济性推销时机、时间性推销时机和非时间性推销时机、季节性推销时机和非季节性推销时机等。

(二)推销时机的特征

推销时机一般来说具有以下特征：

(1) 客观性。推销时机（尤其是偶然性推销时机）的出现与否，是不以推销人员的主观意志为转移的。它是由于客观环境的变化而发生的，其大小由客观环境变化的内容、程度、范围和性质等因素决定。因此，推销人员必须注意观察，并及时采取有效的措施来认识时机、把握时机并利用时机。

(2) 平等性。从事同一领域推销活动的推销人员，所面临的市场竞争环境是基本相同的。由于客观环境的变化，为每个推销人员带来的时机也是基本一致的。因此，可以说时机面前人人平等。在这种情况下，谁能及时并充分地把握时机，创造推销人员佳绩，则完全依赖于推销人员自身的观察能力、分析能力、应变能力和创造能力。

(3) 可创造性。推销人员不应一味地消极适应环境变化，而是要充分发挥自己的主观能动性，积极采取各种措施来诱导和创造有利于自己的推销时机。

(4) 时间性。推销人员环境的变化一般会带来推销时机，但这种推销时机不会无限期地持续下去，而是有一定的时间界限。错过了时间，也就错过了时机。

(5) 空间性。推销时机从地域上也不是可以无限延伸的，它有一定的空间范围限制，离开了特定的空间范围，推销时机就不存在了。

(6) 两面性。推销时机具有两面性。一方面，推销人员若及时采取恰当的措施，充分把握推销时机，就有可能获得推销成功。但若贻误时机，或决策失误，则有可能变主动为被动，陷于推销危机当中。另一方面，推销人员彼此之间存在着竞争的关系。同样的推销时机，若由于推销人员自己的原因而未能及时利用，则有可能成为其他推销人员实现交易的良机。

四、推销时机的捕捉

捕捉推销时机，对推销人员各方面的能力有较高的要求。它要求推销人员能够及时收集并分析研究影响推销环境变化的因素的信息和资料，从中发现推销时机出现的可能性和具体内容；要求推销人员能看准时机，以恰到好处地捕捉推销时机；要求推销人员能发挥主观能动性和创造性，善于打破常规，创造出独具特色的推销时机；要求推销人员注意把握因地制宜的原则，研究推销时机的空间适应性。

捕捉推销时机虽然并不容易，但也并非无窍门可寻，实务中常用的时机捕捉方法依次为以下几种：

(一)谨思慎行

推销工作的每一个步骤对推销人员来说都极为重要。推销人员处理得当，有可能促成推销时机的出现和形成；但若推销人员急于求成、鲁莽行事，则有可能亲手毁灭推销时机出现的可能性。

因此，推销人员在推销的每一环节都应保持冷静，随时掌握局势的变化，利用自己的常识和经验，充分分析思考，然后再谨慎行动。切勿信口开河、鲁莽行事，使顾客产生不信任感，或由于压力过高而丧失购买信心，从而失去有利的推销时机。

【同步案例 5-1】

彩色复印机的销售案例

一位彩色复印机推销人员欲推销产品，所以打电话到一家办公室，以下是其对话：

推销人员："您好，李先生。我叫李明，是美佳公司的推销人员。"

曲经理："我姓曲，不姓李。"

推销人员："哦，对不起。我没听清楚您的秘书说您姓曲还是姓李。我想向您介绍一下我们公司的彩色复印机……"

曲经理："我们现在还用不着彩色复印机。即使买了，可能一年也用不上几次。"

推销人员："哦哦哦。其实是这样……我其实是想找您约一下时间，其实我们还有别的型号的复印机。"

曲经理："我已经跟你讲过了，我们不需要！"

应用亮点：一个人的名字对他本人来说是所有语言中最甜蜜、最重要的声音。作为推销人员，销售工作的成败一定程度上取决于准备工作的充分性和计划工作的有条不紊，记住客户的名字，并能准确地叫出来，是最基本的对客户的尊重，而忘记客户的名字就意味着不重视他，生意自然难做。

(二)察言观色

在推销过程中，推销时机往往具有相当的隐蔽性，而不会明显地显现出来，但也并非完全无迹可寻。客户的购买倾向和成交意愿往往会从客户的表情、微表情、语言、行为等方面显现出来，因而推销人员应善于观察和分辨，依据自己的推销经验及时捕捉推销时机。

【同步案例 5-2】

只顾生意，不解人意

吉尔斯是福特公司一名著名的汽车推销人员。有一天下午，一名顾客西装革履、神采飞扬地走进店里。吉尔斯凭借自己以往的经验判断，这名顾客一定会买下车子。于是，他热情地接待了这个顾客，并为对方介绍不同型号的车子，还解说车子的性能。顾客听着吉尔斯的介绍，频频微笑点头。然后两人一起向办公室走去，准备办理手续。

出乎意料的是，这位顾客在由展示场到办公室不足三分钟的时间内，突然莫名其妙地发起脾气来，最后竟然拂袖离去。

为什么顾客突然变脸？吉尔斯百思不得其解。吉尔斯是那种在哪里跌倒就从哪里爬起来的人，这也是他业绩超人的重要原因之一。当晚，吉尔斯就按名片拨通了那位顾客的电话。

“您好，先生，实在不好意思，这么晚了还打扰您，不过我有一个问题只能向您请教。我看您今天本来是要买车的，可后来却生气不要了，您能不能告诉我，我哪做错了，好让我以后改进？”

“你说得对，我本来是要买车子的，而且连支票都开好了带在身上！可是，当我在走廊上提到买车子的原因时，你一点反应都没有。你知道吗？我女儿刚考上商学院，全家高兴极了，我买车子就是要送给她的！我说了无数遍女儿、女儿、女儿……可你却一直在说车子、车子、车子……”说完后，这位顾客挂断了电话。

吉尔斯这时才恍然大悟，原来错在自己没有真正关心客户，没有体会客户当时的心境，没有与客户分享他当时喜悦的心情。

（资料来源：阿里巴巴商友圈．http://club.1688.com/threadview/46670750.html）

应用亮点：案例中推销人员通过“察言观色”准确判断出顾客的购买需求，而且应依据顾客交流内容准确把握顾客的购买心理，使交易水到渠成。

（三）多听少讲

推销人员一接近客户便马上口若悬河，恨不得将所推销产品的全部优点一股脑儿告诉顾客，这是推销工作的一大忌。推销人员应虚心听取顾客的意见和要求，而不要只顾自己滔滔不绝。这样不但让客户感觉受到了尊重，从而有利于创造良好的推销氛围，并且可以从客户的言谈中获得推销推进的线索和突破口，从而发觉、捕捉、控制推销时机。

（四）循序渐进

推销交易有简有繁，复杂的交易往往需要多次拜访才可能完成。因此，推销人员应有足够的耐心和恒心。循序渐进，按部就班，配合每次推销拜访活动中的每个阶段。适时地把握时机，调整推销工作的方式和内容。不要急于求成而破坏了有利的推销时机。

【同步案例 5-3】

推销其实并不难

推销人员小胡供职的湖南怀化一家综合性服务企业策划了一个“十佳礼仪小姐大奖赛”的广告演出活动。他受命推销公司活动计划，赢得广告客户，获取营业收入。

当地的工商企业不少，从哪家企业开始呢？小胡想，参加这个活动必须具有两个条件：一是效益好，能有广告资金投入；二是重视广告宣传，乐于投入资金。一家制药企业——广州白云山制药总厂怀化分厂进入了他的视野。这是一家沿海地区先进企业与内陆合办的工厂，联营后，通过加大科技投入、不断开发新产品、努力提高产品质量、强化销售等一系列措施，使企业发生了很大的变化。特别是企业带来的广东人注重广告宣传、注重销售等新的营销观念深深地吸引了小胡，他决定上门推销。

厂长是一位精明的医学硕士，年龄和小胡差不多，是位三十岁刚出头的年轻人。因为年龄相仿，经历相似，可以交谈的话题很多，容易相处，一见面小胡决定先不谈正事，融洽感情再说。于是自我介绍后，小胡即代表公司感谢白云山总厂对湖南特别是湘西人民的支持，对他们远离家乡、远离亲人在外艰苦创业的精神表示钦佩，并和他们谈起了工作、生活和工厂生产情况。待气氛缓和之后，小胡就将一本《公共关系》杂志递给了厂长，并翻出事先折好页的文章，请厂长指教。

推销怎么要带上一本杂志呢？原来事前小胡做了充分准备。临去之前，小胡请一位与厂里很熟的朋友为他预先约见。动身时又带上一本西安出版的《公共关系》杂志，因为里面刊登着小胡的一篇文章——《公关广告的基本类型》，文章中引用了广州白云山制药总厂开展赞助型公关广告的实例，这也算是小胡和这家企业的联系，拿着到时肯定会帮上忙的。果然不出所料，杂志起到了作用。厂长看到已用红线画出的白云山厂实例后，马上来了兴趣，不仅把实例看完，还把文章从公关广告与商品广告的不同一直到公关广告有赞助型、服务型等七种基本类型的全文都认认真真看了一遍。待厂长看完抬起头来，小胡乘机把计划和盘托出。或许是文章的宣传效应，没等小胡怎么解释公关广告宣传如何重要，厂长便对这次活动表现出了浓厚的兴趣，并就其中一些技术性问题进行询问。等听到小胡圆满的回答，了解到活动安排十分周详后便欣然应允，答应投入广告费十万元，买下本次大奖赛活动的冠名权。很快，一份关于举办“正清杯”十佳礼仪小姐大奖赛广告宣传协议书正式签署，十万元广告费如期汇到了公司的账户上。

（资料来源：中国经济管理大学《销售管理人员实训》案例教学集 . http://doc.mbalib.com/view/1d6bb8de7d9b88e74bbfa5ef1c8b265f.html）

应用亮点：销售工作是一个循序渐进的过程，需要遵循其内在的规律性。虽然销售工作的起步门槛较低，但是需要花费大量时间和精力去理解和领悟，既要熟悉产品、熟悉企业，又要熟悉市场、熟悉竞争对手，通过不断实践，方能达到炉火纯青的地步。

（五）耐心等待

耐心是推销人员必须具备的重要品质。急功近利、行事冲动极易导致推销失败。这是因为客户在做出买不买、买多少、何时买等购买决策时，都不是一时冲动。他需要权衡各种客观因素，如产品特征、购买能力等，同时还要受到主观因素的影响，如心情好坏等。因此，购买决策过程是一个极其复杂的过程，并不是一蹴而就的。推销人员应设身处地地为客户着想，体会客户的难处，耐心地等待时机。

另外，推销人员和客户双方有各自不同的习惯和想法，考虑问题和行事的方法、程序也都各不相同。在推销过程中，推销人员不能将自己办事的程序强加于顾客，而应注意客户的思路，调整自己以与之相配合。一般来讲，“先跟后带”是个好技巧。因此，有足够的耐心是选择竞争时机的关键。但推销人员也不应一味地消极等待，在关键时刻要发挥推波助澜的作用，以免贻误时机。

(六)坐山观虎斗

当别人出现失误时，可能你的好时机就来了。在推销活动中，推销的各个参与者之间往往存在着种种矛盾，利用这些矛盾经常能为自己创造出难得的时机。

首先，要利用客户和竞争对手之间的矛盾。在客户向你抱怨竞争对手时，乘虚而入，向客户推销自己的产品，有可能会获得成功。这虽然有落井下石的嫌疑，但切不可给客户以落井下石的感觉，以免客户产生反感。因为你作为竞争对手的身份是比较敏感的，一定要把握分寸，不要不择手段，把对方贬得一无是处，并注意一定要以事实为根据来说话，才会更有说服力，从而赢得客户的信任和好感。

其次，要利用竞争对手之间的矛盾。竞争对手之间，出于利益的争夺，往往存在着种种矛盾。有时，双方会你争我夺，在顾客面前互相贬损，甚至有时会不惜亏本，一决雌雄，最终很可能弄得两败俱伤。在这种情况下，应冷静观察，在双方争夺激烈时按兵不动，当双方筋疲力尽之际，再伺机出击，展开推销攻势，争取客户。

【同步案例 5-4】

虚拟竞争对手

某推销人员正在推销甲、乙两座房子。他想卖出甲房，但是他在向客户推销时却说：“您是这两座房子都看呢？还是只看一座即可？不过，甲房已经在两天前被人看中了，要我替他留着，因此您还是看看乙房吧，其实它也不错。”客户当然两座房子都要看，而推销人员的话在客户心中产生了很大的作用，他会认为：“甲房已被人看中，肯定比乙房好”因而将90%的心思用在甲房上。

在这里，推销人员的话语让客户产生一种遗憾的感觉，同时又期待奇迹的产生。这样，客户实际上被套牢了一半。过几天，推销人员会兴高采烈地找到客户说：“你现在可以买甲房，你真是幸运，已看中甲房的客户由于钱紧，只好先不买房了，于是我第一个就想到了你。看你那天的表情，我想你可能比较喜欢甲房，所以我今天特意赶来告诉你一下。如果你仍想买乙房也没关系，还有许多人等着想买甲房……”“不，不，不要卖给其他人，我们现在就可以签合同……”这样买卖甲房的交易很快就完成了。

（资料来源：百度知道．顾客心理．作者不详）

应用亮点：在这个例子中，推销人员牢牢地把握住了客户的心理，首先设法把客户的注意力吸引到甲房上，之后又给他一个遗憾——甲房已被订购，从而激起了客户对甲房更强的购买欲望，最后很轻松地让客户高高兴兴地购买了甲房，自己也把甲房推销出去了，推销人员与客户取得了双赢的结果。

(七)伺机而动

一些特殊日子和事件往往是推销商品的大好时机，如我国的春节、元旦、国庆节等重大节日，各种体育盛会、纪念活动等都有可能成为推销商品的大好时机。有经验的推销人员往往能事先就做好充足准备，拟定推销人员计划，做好万全之策，把握并利用这些时机，极力宣传商品，刺激客户的购买欲望，促进商品销售。

(八)烘托环境

推销人员还可为客户创造良好的购物环境，并根据商品的特点，设计柜台摆放，商店装潢、灯光设计、商品包装、背景音乐、环境卫生等环境条件，来衬托并突出商品，增强商品竞争能力，激发客户的购买欲望，从而促进商品销售。

(九)控制节奏

推销人员把握推销节奏的能力极为重要。在该给予客户思考权衡时就应放缓节奏，给客户喘息的时机。而在推销人员发现有迹象显示出客户的购买意图时，则应抓住时机，一鼓作气，劝说客户，达成交易。

拓展阅读

一场精彩的推销洽谈见面会

背景介绍：

2009年5月7日晚，宾主双方安徽卫视广告部、深圳市志远信达数码科技有限公司在上海建国宾馆首次见面。安徽卫视广告部的此行目的是，寻求与志远信达数码科技有限公司的业务合作。

人物介绍：

查主任：安徽电视台广告中心主持工作的副主任，频道战略与媒体营销专家，直接分管安徽卫视广告营销工作。

何总：深圳市志远信达数码科技有限公司董事长，创业多年，安徽怀宁人，第一次见面。

刘总：深圳市志远信达数码科技有限公司副总经理，原诺亚舟科技公司策划副总经理，与安徽卫视合作多年，对媒体状况和产品策划有很深的见解。

主要谈话内容实录：

查主任：何总，您好！很高兴在上海见到您和刘总，还有其他各位！

何总：查主任看起来很年轻啊！

查主任：何总也很精神啊！听说何总是安徽怀宁人，怀宁出人才啊！

何总：那是陈独秀的故乡。不过，我在合肥也打拼过好几年呢。

查主任：是吗？当时在合肥主要做什么呢？

何总：那是20世纪90年代初期，我在合肥代理手机销售。最后又转辗北京，后来来到深圳。原先是做别人的牌子，现在是自己做牌子。

查主任：那感觉还是很不一样的。其实，手机前景还是很广阔的，您对这个行业看法怎样？

何总：前景很好，但全球经济危机对这个行业还是带来了很大的影响。一季度全球手机销量出现负增长，中国市场也是负增长。今年，中国手机市场有1.6亿台容量，诺基亚、摩托罗拉、三星外资品牌占据大部分市场，国产品牌份额很小。另外，国家3G手机牌照放开，市场肯定会出现无序竞争。越是这样的环境，我觉得越有机会。因为企业做大不是做市场，而是做大消费者对于品牌的心理认知。我们恰好能抓住这点。

查主任：我很赞同您的观点。产品再好，消费者不认，照样没前途。刚才您说企业要进入消费者的心智资源，请问你们是如何做的呢？你们的目标受众是哪些呢？

何总：我觉得做企业一是要有眼光，二是心态要好。市场很大，关键看你怎样去把握。通过我这么多年的打拼，我觉得细分市场很重要。你们看啊，手机技术差距都不大，普通消费者用它不外乎是接打电话和发短信。但那些追求时尚的20～40岁的年轻人尤其是女性消费者不这么认为，他们觉得手机是个性的体现，是时尚达人的象征。所以，我们的细分市场就是青年女性。针对这部分人群，你要进入他们的心智资源。你分析啊，女人都是爱美的，所以我们找到美女舒淇做代言人；他们都追求时尚，所以我们的手机功能可以上网、网聊、游戏啊；还有一个重要的，美女们都关注安全，所以我们的手机还有一个独特的卖点是报警器。你想想啊，有这样的卖点，男人还能不舍得掏钱给心爱的人买吗？

查主任：你们的战略很好啊，对市场分析也很透彻，市场定位也很准，还找到了独特卖点。那现在，你们的产品和市场进展到哪一步了呢？

何总：产品研发基本完毕，目前正处于试机阶段，在消费者的意见基础上，做进一步的研发和完善。我们计划5月份将广告制作完毕，6月份在全国上市。目前都在抓紧落实相关的事情。

查主任：那手机的价位如何呢？面向哪类市场呢？

何总：市场价位在1 500～2 000元之间，因为手机是大众产品，这个价位容易被接受；我们的目标市场主要是二、三线市场，因为一线市场的竞争太激烈，市场空间不大了。

查主任：那今年的市场策略是怎样的？渠道方面有没有问题？

何总：全国市场很大，但我们还是采取重点市场重点投入的策略。像粤、江、浙这类都是重点市场。安徽是我的家乡，也要重点开发。至于渠道方面没有问题，我们已在全国建立了自己的渠道。我一直和我的代理商谈，企业在发展阶段，要互相支持，从利益合作到信任合作，再到最后的信赖合作。所以，今天和查主任你们见面，也是想得到安徽卫视的支持啊！

查主任：支持是肯定的。听何总分析这么多，觉得前景还是很广阔的。其实，安徽潜力还是很大的。我举几个数据吧，去年安徽GDP是8 874亿元，增幅12.7%，今年一季度增幅11.6%，增幅在全国前列，远远高于全国6.1%的平均水平。省会合肥去年GDP是1 665亿元，增长17.2%，一季度合肥GDF达334.31亿元，比上年同期增长14.9%，增速位居全国省会城市第一。所以，安徽的发展空间很大。

何总：是啊，这几年安徽发展速度比较快，我也为安徽人感到自豪。今天来，也正是想听听你们媒体专家的意见，看看我们的手机怎么来传播。

查主任：何总的思路很清晰，很有领袖魅力，令我们佩服。其实，我们也和联想、夏新合作过。我认为手机行业本身没问题，关键是缺乏一个领先的科技含量，另外一个就是缺乏持久的品牌推广。好多企业都愿意花巨资来请代言人，拍了上千万元的广告片，但传播的力度很小。

何总：这个我很赞同。我们拜访过叶茂中，请他给公司做策划，他的观点就是品牌要做大，关键取决于传播。现在市场上的手机品牌是各领风骚三五年，都做过老大，但都在技术拐点时被对手超越。所以，我们除了把技术做好，另一点就是查主任说的，要做品牌，要走进消费者的内心世界。

查主任：您这么说，我觉得我们的合作指日可待。为什么这么说呢，主要契合点有以下几点。一是目标受众基本一致。安徽卫视是做电视剧的，中青年女性是主要观众，这也符合你们的产品受众；二是品牌理念一致。你们的产品关注的是安全，是关爱，“剧行天下，爱传万家”的品牌诉求就是爱；三是安徽卫视的覆盖很好。目前全国可接收人口突破8亿人，排名全国省级卫视前三位，地市级覆盖98%以上，县级覆盖也突破2 000个，而你们的市场主要是二、三线市场，我们完全有信心把你们的品牌传播出去。另外，还有关键的两点，安徽卫视的全国收视数一数二，尤其是省网的数据，在全国名列前茅；我们的服务达到世界水准，像广告片测试、广告效果评估、市场调研等一些策划公司做的事情，我们都可以免费帮大客户做。

何总：安徽卫视我们也一直很关注，也讨论过和湖南卫视的区别。我们是新产品，广告预算也是有限的，所以我们就想在全国找一两个平台好的卫视合作，看看通过什么样的形式把市场很快地打开。

查主任：说起湖南卫视，我们和他们是各有千秋。他们的定位是快乐，通过娱乐栏目来体现，目标受众也是年轻人，我们的定位是爱传万家，通过电视剧来展示，观众群年龄比他们的观众大；覆盖我们比他们要好，像宁波、无锡、苏州等城市湖南卫视都没有覆盖，我们在全国都是协议落实，保证广告到达率；还有一点，我们在全国的整合传播推广能力很强大，广告中心下属的节目推广部专门做这件事情，这在全国都没有。在湖南，你做个活动没有上亿元，可能声音都不一定大，而我们台活动少，每年搞一两个大的，每个活动做起来声音都很响，节目推广部门也都尽心尽责，协助企业把终端活动做好。

何总：听刘总说，你们去年和诺亚舟合作的《放羊的星星》效果就非常好，还搞了台湾游，影响很大。

查主任：是的，当时刘总在诺亚舟公司主抓这个事情。我们台也花了大力气做活动推广和宣传，比如请主演林志颖到合肥举行首映礼活动，在全国召集“放羊团”，另外，我们还和全国几十家报纸和网络合作，全程炒作这部剧，无论是这部剧本身的收视率还是对诺亚舟产品的销售，都有积极的影响。今天，我们也带了这部剧的整合传播效果评估，现在给你们演示一下。**（查主任边演示边介绍推广的情况，内容省略）**

何总：看来独播剧加活动，影响力还是很强的。我们也请过专业公司调查过，安徽卫视在全国的表现还是很优秀的，所以我们也想看看接下来你们都有哪些活动，看看能否合作？

查主任：眼下，我们在做魔术类娱乐节目，叫《星光模范生》，这个活动搞完之后，会推出《为爱高歌》的大型公益性娱乐节目。从7月至9月，有9场晚会播出。为什么要打造这个活动呢？又能给企业带来什么价值呢？理由有这么几点：一是现在的企业做公益活动，比如捐款或建个希望小学，其实都是为了提高品牌美誉度，但企业发现他们花了很多钱，媒体只是报个新闻而已，远远达不到他们想要的效果，所以还需要借助媒体，通过多种渠道宣传；二是现在的明星都有自己的基金会，比如成龙、李连杰、王菲和李亚鹏等，他们的基金会也需要捐助啊，所以明星也想通过媒体宣传自己的基金会；三是媒体自己也想打造有影响力的公益活动，提高媒体影响力。基于企业、明星和媒体三方面的共同需求，我们就搭建了这样一个舞台，让企业和明星都参与进来，为他们牵线搭桥。

何总：嗯，这样的创意不错。

查主任：那么，活动既然叫《为爱高歌》，那怎么高歌呢？我们就是让明星通过自己的歌唱，挖掘明星的爱心世界，不仅他自己唱，还影响明星身边的人唱。唱是为了什么呢？就是为了爱，为了吸引企业和社会捐助。最后，我们会把捐助的钱，通过公开的渠道，联合专业机构，选几个基金会做项目。企业参与进来，无论是晚会现场，还是线上线下的一些推广活动，都可以提前介入。我们今天也打印了活动方案，你们也参考一下。

何总：这个方案还是比较有特色的。回去我们也讨论一下，看哪些地方可以介入。

查主任：除了这个活动外，我觉得还不够，毕竟这个活动前后才两个月。其他的比如独播剧战略合作活动，暑期独播剧赞助，这三个形式加起来，全年要是做下来，那影响力可就大了。

何总：查主任介绍得很好。那这样，我们把所有的材料都带回去，讨论一下哪些方案合适。6月6号我们在深圳开新闻发布会，提前邀请查主任你们参加，到时候咱们再进一步沟通。

查主任：好的。今天和何总谈得非常愉快。您的思路很清晰，也很有魄力，相信你们能把市场做大做好。

何总：谢谢。那你们争取下月来深圳！

查主任：好的，我们争取抽时间来公司拜访你们！

（资料来源：新浪博客．http://blog.sina.com.cn/s/blog_6cf5da9e01010lb0.html）

应用亮点：在这个见面现场，查主任的角色实质上就是安徽卫视的推销人员。他在推销的开始阶段，不是单刀直入、直奔主题，而是以探讨交流的口吻，先了解对方的情况，然后在深入挖掘客户需求的基础上，全程掌控推销节奏，深入浅出、循序渐进地推出了安徽卫视的传播价值、与湖南卫视的差异，并逐步引导客户参与即将推出的大型活动《为爱高歌》，而且为后续的商务合作奠定了很好的基础，不愧是一场精彩的商务洽谈。

学习情景2 推销洽谈的策略

推销洽谈的策略，即为达到推销目标而制定的方法与方针。在实务中，一般可以采取提示法和演示法两种策略。

一、提示法策略

需求是客户购买行为的动力源，客户只有产生需求才会产生购买动机并导致购买行为。因此，推销人员要善于了解客户需求变化的信息，利用多种方法寻找与发现客户现实和潜在的需要和愿望，明确指出客户的需要，并通过说服启发，刺激与引导客户认识需求，为推销创造成功的机会。

1. 直接提示法

直接提示法即推销人员直接劝说客户购买推销品的洽谈方法。这是一种适应现代快节奏生活，提高推销洽谈效率、简单明快的方法。推销人员接近客户后，立即向客户介绍推销品，陈述产品的优点与特征，并建议客户购买。在具体应用时应注意：首先，提示必须抓住重点，直接提示客户的主要需求与困难，提出解决的途径与方法；直接提示产品的主要优点与特征；直接提示客户的购买动机与利益。其次，提示内容要易于被客户了解，产品的优点与特征应是显而易见的。最后，提示的内容应尊重客户的个性。不同的客户有不同的需求、不同的购买动机与购买行为，直接提示不得冒犯客户。例如，对一位爱便宜货又有虚荣心的客户，就不宜当众说明推销品是处理品或便宜货。

2. 间接提示法

间接提示法即推销人员运用间接的方法劝说客户购买推销品的洽谈方法。这也是一种有效的心理减压法，可以排除面谈障碍，制造有利的面谈气氛，客户也容易接受推销人员的购买建议。

利用间接提示法，应虚构或泛指一个购买者，不要直接针对面前的客户进行提示，从而客户顾客的心理压力；使用委婉温和的语气与语言，间接地提示购买动机与需求；控制洽谈内容与过程，避免偏离推销主题。

拓展阅读

推销报量的诀窍

对一种产品来说，通常价格是死的，但供货数量是活的，顾客的购买量也是活的。

推销报量的诀窍是："大数报量"，即以大包装、整套、一个使用期、一个出库单位报量。

千万不要说："你要多少盒产品？"或者说："请多买几盒吧。"

要说："这个保健品一个疗程5盒，您看您是要一个疗程的，还是两个疗程的？"

这样，以"一"带"五"，以"二"带"十"，定有不俗业绩。

如果推销人员推销的产品有100千克和200千克的包装。报规格的时候，就要抓住顾客总想"少来点试试"的心理，让客户感觉你告诉他的是最小的包装，同时兼顾诚信原则，可用"一般"一词含蓄作答。如：

客户："产品都有什么规格？"

答："我们客户一般要的是200千克一桶的。您也不妨少来点试一试。"

用其他客户的行为说服客户，其说服力在行业推销工作中达到70%。

如果客户决定少来点试一试，就说："我们一个出库单位最少是3桶。您看您是要一个出库单位，还是两个？"这种方式叫"出库报量"。

如果要发往外地，可以说："5吨集装箱不好发，10吨集装箱走得快。"这就是告诉客户，要买至少10吨。这种方式叫"限制报量"。

总之，掌握"推销报量"技巧，是提高推销人员业绩的最重要的手段之一。

3. 自我提示法

自我提示法指推销人员利用各种提示刺激物来引起客户自我暗示，从而采取购买行动的洽谈方法。根据推销心理学原理，暗示往往比明示更具说服力和感染力，更容易引起顾客的购买联想。例如，雪花牌冰箱、娃哈哈酸奶、黑又亮鞋油、百灵乐器等品牌均对客户有产品效用的提示，使客户自己发生联想。使用这一方法应注意，选择的刺激物应是可信的、适宜的，有足够冲击力的，但又不会冒犯客户的。试用一反例来做说明：某人寿保险推销人员对一中年男子说："据我国官方最近公布的人口统计资料，大约有90%以上的夫妇，都是丈夫先妻子而逝。作为家庭的顶梁柱，是否应该就这一事实早作适当安排呢？"这段说辞有理有据，但是这一中年男子听后会是什么感受？试问他会下单购买吗？

4. 明星提示法

明星提示法是推销人员借助一些名人、名家来说服与动员客户购买推销品的洽谈方法。这种方法利用了"光晕效果"的心理原理，并通过名人、名家的声望来消除客户的疑虑，使推销人员与推销品在客户心目中产生明星效应，有力地激起客户的购买欲望。例如，伊利打的"伊利牛奶，中国航天员专用牛奶"的广告。再如，"奥运运动员穿的就是我们厂的鞋"。使用这一方法应注意：名人、名家应是客户熟知并推崇的对象，应与推销品有必然的内在联系，所提及的事实是真实、可信的。

5. 激将提示法

激将提示法又称相反提示法，是指推销人员利用反暗示原理来说服客户购买推销品的洽谈方法。反暗示是一种相反的心理暗示，可以引起客户做出与暗示内容相反的反应。所谓“请将不如激将”就是这个道理。例如：“IBM 电脑是价格最高的，这里还有其他一些品牌也可供您参考。”其实是在暗示客户要买最贵的，也是质量最好的。使用这一方法应注意，要针对客户的主要购买动机，用反暗示增强提示震撼力，但不能语言失当、冒犯客户，使客户产生相反的行为，而与自己的初衷相悖。

6. 动议提示法

动议提示法又称鼓动提示法，是指推销人员建议客户立即采取购买行为的洽谈方法。动议提示法可以直接传递推销信息，刺激客户的购买欲望，并适时地鼓动客户立即采取购买行动。只要提示得合理、及时，往往可以收到良好的效果。例如，“只有这么一件，错过机会就没了。”再如，“今天是优惠期的最后一天，明天来就不是这个价了”。使用这一方法应注意：要在分析不同客户的主要购买动机与主要需求的基础上，有针对性地鼓动客户，诱发客户的购买欲望；语言要简练明确，能打动客户的心；鼓动客户的购买意念，使客户产生紧迫感；应考虑不同客户的个性，不宜随便采用。

7. 积极提示法

积极提示法是指推销人员使用积极的语言或其他积极的方式劝说客户购买推销品的洽谈方法。通过正面提示、肯定提示、热情的语言、赞美的语言等都能产生正效应的积极提示。可以先采用讨论的方式，然后再根据客户的问题，给予正面的、肯定的答复，产生积极的正效应提示。如“风度尽显金利来”“出手不凡钻石表”等，正面提示了“风度尽显”“出手不凡”的特点，使客户产生愉快的联想和积极的心理效应，并强化了购买需求。使用这一方法应注意坚持正面提示和真实性原则。

8. 逻辑提示法

逻辑提示法是指推销人员利用逻辑推理劝说客户购买推销品的洽谈方法。逻辑提示法主要适用于理智型客户这一消费群体。它通过逻辑思维的方式，使客户进行理智的思考，从而明确购买的利益与好处，特别适合于生产资料的推销洽谈。例如，“所有企业都希望降低生产成本，这种材料可以帮助贵厂降低10%的生产成本，提高15%的经济效益。所以，贵厂应该采用这种新型材料”。这是一个比较典型的三段论述推理模式，包含大前提、小前提和结论三个命题。使用这一方法应注意：要选择具有理智购买动机的客户；要了解产品所依据的科学原理，再加以严密的逻辑推理，做到以理服人；根据逻辑推理原理总结出简单可行的说理方式，如假设法、对比法、概括选择法等；要做到情理并重，因为对客户既晓之以理，又动之以情,才能使客户的购买行为合理化。

拓展阅读

超级推销人员的"三个坚持"

一位多年从事推销工作且取得了超群业绩的推销人员在总结自己的经验时说:一个推销人员就像一根火柴,客户就像蜡烛。如果你不首先点燃自己,又怎么可以照亮他人?一个没有激情的人,他的言谈举止怎么会去感染一个陌生人呢?如果你没有成功的激情,请赶快放弃每天都和"失败"打交道的推销工作吧!因为你注定"不堪忍受"而折腰。

要充满激情推销,一定要做到"三个坚持":

1. 坚持100天。世界推销大师戈德曼说:"推销,是从被拒绝开始的。"你也不要为挫折而苦恼。无论如何也要竭尽全力干完100天以后再决定干不干?

2. 坚持"四不退让"原则。一项资料表明:在30分钟内的谈判过程中,日本人要说2次"不",美国人要说5次"不",韩国人要说7次"不",而巴西人会说42次"不"。所以,推销人员切莫听到顾客说一次"不"就放弃推销。最起码也要在听到4次"不"的时候,再做稍许退让。

3. 坚持1/3原则。推销人员的灵魂只有两个字:"勤奋"!推销界认为:一般情况下,推销人员每拜访30个客户,才会有1个人可能成交。难怪日本推销之神原一平说:"推销没有秘诀,唯有走路比别人多,跑路比别人快。"

可见,没有激情的推销人员就更难成功了。那么,怎样使自己充满奋斗的激情呢?

首先,把自己的优点写出来,每天看上一遍;你每天至少要进行一次精神讲话。你要大喊:"我一定会成功!"如果你有座右铭,也不妨大声念上几遍。

其次,每周看一本励志的书十分必要。记得罗斯福的传记中说,他每天早上起来都要告诉自己:"今天是一生中最灿烂的一天!"

二、演示法策略

1. 产品演示法

在现代推销环境里,推销品越来越多,推销信息越来越复杂,推销人员无法完全利用口头语言来传递全部推销信息,与其费尽口舌,不如拿出推销品让顾客亲自看一看,摸一摸,闻一闻,尝一尝。现代推销学原理认为,推销品本身就是一位沉默的推销人员,是一个最准确可靠的购买信息源,是一个最有效的刺激物,可以制造一种真实可信的推销情景。使用这一方法应注意:要根据推销品和顾客的性质和特点,选择理想的演示方式、内容和地点;要善于控制洽谈气氛,掌握洽谈进度,抓住适当时机,开展产品演示。当客户对推销品发生兴趣时,就是产品演示法的最佳时机。当客户还完全不了解推销品,还一点不感兴趣的时候,不要急于演示产品;要注意演示的步骤与艺术效果,最好边演示边讲解。渲染演示的气氛与情景要生动、形象、有趣，干净利落；要请客户参与演示活动，使客户能亲身体验到推销品的优点，从而产生认同感和占有欲望，提高推销洽谈的成功率。

【同步案例 5-5】

“洁神”清洁剂的示范效果

一推销人员前去拜访一家商务中心大楼的负责人，对他说：“您是这座大楼的管理负责人，您一定会对既经济又好的地板、建筑物清洗剂感兴趣。就贵单位而言，无论是从美观还是从卫生的角度来看，其明亮整洁都是很重要的企业形象，您说对吧？”顾客只能点头说“是”，而不会断然拒绝，这对于进一步说服顾客极有帮助。

这时，推销人员微笑着介绍说：“洁神就是一种很好的清洗剂，可以迅速地清洗地面。”并拿出样品，向地板上喷洒一点清洗剂，然后用拖把一拖，地板上就干干净净了。“洁神清洗剂还可以清洗墙壁、办公桌椅、走廊等处的污迹，既经济方便，又不腐蚀、不破坏地板和门窗等。您看”，推销人员迅速向污迹处喷洒了一点清洗剂，过了几分钟，清洗剂浸透到地面上的坑洼中，使污物浮起，连同其表面的污迹，用湿布一擦，就干净了。此时的示范效果十分有效，推销人员巧妙地将产品的优异性能展示给顾客看，顾客为产品的优异性能所打动，最终生意成交了。

（资料来源：王荣耀．做给顾客看．第一营销网．http://www.cmmo.cn/article-5983-1.html）

应用亮点：推销洽谈是一个双向沟通的过程，推销人员和客户都是推销活动的主体。因此，在使用产品演示法时，应鼓励客户参与演示，把客户置于推销情景中，使得销售工作事半功倍。

2. 文字、图片演示法

文字、图片演示法是指推销人员通过演示有关推销品的文字、图片资料来劝说客户购买推销品的洽谈方法，特别适用于不能或不便直接演示的推销品，如家具、商品房、成套设备等。还适用于不便用语言简要说明或难以说明的产品相关信息，如一些产品的设计原理、工作原理、统计数据、价目表等，采用文字、图片演示法既准确可靠又方便省力、生动形象，可以使推销对象容易理解、印象深刻。使用这一方法应注意以下几点：

（1）要收集具有系统性、准确性、权威性较高的推销品相关资料，演示材料的设计创作要力求与推销主题思想一致。

（2）遵循既能充分展示推销品的特点，又能针对客户的主要购买动机的原则，提前做好资料的选择、整理与展示的准备工作，力求突出推销品的特点，给客户以强烈的刺激。如文字的放大特写、图片的色调结构，做到大反差衬托的效果。

（3）保证资料的可靠性、真实性和新颖性，随时修正、补充、更新有关的演示资料。

（4）要注意根据目标市场客户的特点和不同的洽谈环境准备不同的演示资料。

3. 证明演示法

证明演示法是指推销人员通过演示有关物证资料劝说客户购买推销品的方法。为了有效地说服客户，推销人员必须出示有关的证明材料，这是现代推销洽谈中经常使用的方法。

生产许可证、质量鉴定书、营业执照、身份证和购销合同书等都是可以令客户信服的资料。如:"这个价格已经是成本价,不能再降,你看这是我们的进货发票。"推销人员针对客户的从众心理,及时演示推销证明,增强推销的说服力,具有良好的推销效果。使用这一方法应注意:证明资料要真实可靠,具有权威性和针对性。同时,要注意演示技巧意在证明而非炫耀,令客户心悦诚服。

4. 音像演示法

音像演示法是指推销人员通过录音、录像、电影和音响等现代声像工具,生动形象地传递大量的推销信息,制造真实可信的推销气氛,充分调动客户的情感,增强推销说服力和感染力的方法。在许多生产资料推销、批发推销和国际贸易中已经广泛采用这些先进的音像演示方法进行贸易洽谈。它具有很强的说服力和感染力,是一种新颖而有效的演示方法。如泰国的旅游、珠宝业就制作了介绍旅游景点和项目,宝石采集、加工等的电影短片。使用这一方法应注意:要根据推销洽谈的实际需要,收集、制作、整理有关的影视资料;要掌握有关音像设备的操作和维修保养技术,能熟练地演示推销资料;要辅之以广告宣传等促销手段,实施综合性的推销策略。

拓展阅读

推销业务洽谈自我检查20问

1. 我推销的产品是否合适?如不合适,为什么?
2. 客户订购我的产品会得到什么好处?不订购会蒙受哪些损失?
3. 我是否及时而清楚地让客户认识到他向我订货的利害关系?
4. 客户拒绝购买的原因有哪些?客户购买的主要动机是什么?
5. 我的推销要点是否符合客户的购买动机?
6. 我的推销要点是否符合推销产品的实用价值的原则?这些推销要点是否有说服力?
7. 我的准备充分吗?我的销售要点计划是否切实可行?
8. 我的开场白是否妥当?
9. 我是否利用视听材料?
10. 洽谈气氛是否融洽?客户是否发表了他的意见和看法?
11. 我使用的一些结论性观点是否经过慎重考虑?
12. 我的言谈举止是否合适?洽谈气氛是否友好?
13. 我是否在与有购买决定权的关键人物打交道?
14. 我是否轻易地放弃了推销努力?
15. 我现在的工作还存在哪些问题?还忽略了些什么?
16. 如果我不得不再次进行同样的业务洽谈,我将会采取哪些不同的方法?
17. 我找到客户拒绝的真正原因了吗?

18. 还有改变客户决定的可能性吗?

19. 经过对这次推销活动的剖析,我能从中吸取哪些教训,以进一步改进将来的推销工作?

20. 我对将来的工作有哪些设想?

学习情景3 实训与演练

一、角色演练

一分钟产品介绍

1. 演练内容

介绍对象:超市饮料的产品介绍。可选择可口可乐、百事可乐、冰红茶等耳熟能详的产品或者新兴产品。

介绍内容:产地、口感、特点、品牌、价格等。

提示:在对客户进行产品介绍时,老品牌的饮料与新兴饮料介绍点是否会有差异?你会如何介绍?

2. 演练步骤、要求

(1) 根据内容要求,精心写一份一分钟产品推销介绍词,利用课余时间反复演练,达到内容熟练、神情自然。

(2) 时间、地点:由任课教师指定。

(3) 具体步骤:第一步,上台面朝全体同学;第二步,产品介绍;第三步,致谢回座。

3. 评分规则

(1) 由班委组成评委,对每个同学进行评分,最后取评委平均分。

(2) 评分标准:

① 整体形象(40):语音语调、肢体语言、精神面貌等。

② 产品介绍(50分):介绍词的新颖程度、语言的逻辑关系及流畅程度等。

③ 时间掌控(10分):时间控制在60~90秒,少于45秒或超过100秒,此项不得分。

4. 注意事项

(1) 每位同学要精心准备,反复演练。

（2）上台演练按学号顺序一个接一个进行。第一位同学上台后，后一位同学在指定位置等候。

二、课内模拟实训

1. 实训目的

结合所学知识，通过角色扮演，为接下来的课外实战训练打好心理基础。

2. 实训要求

结合“一分钟产品介绍”项目，进行推销饮料的演练。

3. 实训步骤

（1）班级分组，每组5～8人。
（2）每组准备15分钟。
（3）一组结束，另一组点评。
（4）教师及时点评及总结，肯定正确的表达，纠正错误的观点。

4. 实训课时

1学时。

三、课外实战训练

1. 训练任务

到学校内部或者周边开展推销饮料的实战训练。

2. 训练目的

强化推销策略组合、运用的能力。

3. 训练要求

（1）以小组为单位进行。
（2）训练结束后，由小组或个人形成书面报告，下次课前15分钟汇报体会。

4. 考核点

推销策略的理解与运用能力。

【实训教学建议】

1. 授课教师围绕本项目的教学目标，创设一个与工作、生活实际相似的情境。

2. 通过情境设计，在课堂教学中给学生更多参与互动的机会，实现教学双向互动。

3. 在实训教学过程中，实施教、学、做一体的教学思路，尤其是强调学生动脑（思考）、动口（表达）和动手（写与做）的能力训练，改“教师为单一主体”的教学方式为“学生、教师双主体”的教学方式，培养学生课堂上积极参与的好习惯。

6 项目6 Chapter 6 商务谈判

知识目标

1. 了解商务谈判的基本概念。
2. 能够理解并掌握谈判准备、开局与磋商的内容。

能力目标

能够在推销实践中正确使用与客户讨价还价的各种策略。

导入案例

罗斯福总统竞选的照片版权案

1912年,西奥多·罗斯福准备竞选美国总统。其竞选团队计划每到一站都向选民散发一本精美的小册子,以此争取选票。这本小册子封面印有总统神情坚定的照片,内部印有振奋人心的"信仰声明"。当300万份小册子已经印好的时候,一位工作人员突然发现每本小册子里的照片底下都有这么一行小字:"芝加哥 Moffett 摄影室"。

这个时候,他们才意识到照片是有版权的,该版权属于这个叫 Moffett 的摄影室。按照当时行情,需要支付每册1美元的版权费,总共就是300万美元的费用。这是一笔他们根本无力承担的巨款。他们当时第一个念头是取消该照片,但是已经没有时间重新印刷宣传册了。用,还是不用?

如果跳过该摄影组,继续使用印好的宣传册,可能导致竞选丑闻,罗斯福的竞选团队也很可能要赔偿一笔付不起的费用。而若弃之不用,又将影响罗斯福的竞选前景。在竞选团队焦头烂额之际,选择了团队中的项目经理人 Perkins 作为首席代表与 Moffett 进行谈判。

[资料来源:黄鹤. 小册子里的"侵权"照片. 环球人物,2013(11)]

【思考】若你是 Perkins,你将如何解决这一问题?

学习情景1 谈判前的准备

一、谈判的概念和内涵

所谓谈判，就是具有利害关系的双方或多方为谋求一致而进行协商洽谈的沟通协调活动。

其表现的内涵有以下几点：

(1) 谈判既是一门技术，也是一门艺术，更是一门科学。它具有操作过程中的规范和要点，谈判者要掌握必要的谈判技术。它与其他艺术形式有相似的特点，需要"灵感"和"顿悟"。谈判者和艺术家一样，在思维中应体现更多的创造精神。谈判不仅有悠久的历史，而且有丰富的实践抽象总结而成的理论。

(2) 谈判是各方观点互换、感情互动、结果互利的活动过程。人是有感情的动物，谈判时必须充分地尊重对方的人格。谈判也应当是"双赢"的结果。

(3) 谈判是现代社会的普遍现象。现代科学技术的发展，使人们的联系日益密切，人们在交往中也难免发生冲突(包括利益、情感、机会等)，这些冲突需要谈判来解决，现今的时代就是一个谈判的时代。

一位跨国公司的CEO说过："商务活动成功与否，并不取决于经理人员的专业技术，而取决于管理者的谈判技巧。"西方研究国际企业的霍华普玛特教授也指出："处理国际业务的经理人员，将一半以上的时间用在谈判桌上。"在商务谈判中起决定性作用的除了资金实力和技术水平外，更重要的是谈判桌上充满智慧的应变能力及其所衍生的策略与技巧。

二、谈判前的准备工作

虽然没有十全十美的谈判准备，但是谈判的准备工作非常重要，俗话说："如果准备不成功，那谈判者就准备着失败吧！"

谈判前如果能够准备充分，则在谈判时，谈判者就能表现得底气十足，在与对方洽谈条件时，谈判者就会信心十足、语气坚定。相反，谈判前如果头脑一片空白，准备欠缺，谈判时一定是语无伦次，缺乏自信，显然无法达到预期的目的。优秀的谈判者与蹩脚的谈判者的主要不同就在于：前者事先已经考虑了他要做什么，并做了充分的准备工作，而且能够换一个角度站在对方的立场上来考虑问题。俗话说：不打无准备之仗。充分的准备工作，使谈判者在谈判过程中能从容地应付突如其来的变化和冲突。具体的准备工作包括以下几个方面：

(一)可行性研究

可行性研究即完成对谈判的价值构成分析、方案研究,并最终作出谈判与否以及如何谈判的结论。可行性研究是在谈判开始之前的准备阶段,对可能影响谈判的主客观因素进行研究,预测成功得失,以确定其是否可行。可行性研究一般包括以下几个方面的内容:

1. 信息收集、整理与研究

信息的收集就是广泛地、多角度地、多层次地捕捉信息,并从技术上保证与谈判内容有关的信息收集准确、及时、完整、全面。在信息的收集过程中,应坚持"快"和"多"的原则,而对它的质量和价值则应在信息整理过程中研究。

对于谈判对方的信息,可以通过去图书馆浏览,在网上搜寻,与了解对方的人交谈,查看该企业的年报、市场调查报告、旧简报等,像"渔夫收网"一样对这些资料进行全面收集。

信息的整理与研究是对收集到的信息进行加工处理的过程,也是对收集到的信息进行统计、分析、筛选、分类的过程,经过了这些过程之后,还要进行储存、建档、检索、传播、显示,对有关情报再进行综合处理与分析,使信息的整理科学化、程序化,为下一步的可行性研究打好基础,保证谈判避免因信息不对称而失误。

需要注意的是,情报的准确性非常重要。根据错误的情报,会做出错误的目标设计,或做出错误的猜测和估计,致使谈判失败。因此,在对情报进行整理、研究与甄别时,宁愿弃用情报,也不要使用错误的情报。

【同步案例 6-1】

大庆油田的设备谈判

1959 年 9 月 26 日,中国在黑龙江松嫩平原打出第一口油井,取名大庆油田。然而,由于当时国际环境复杂多变,中国并没有向外界公布大庆油田的地理位置和产量。到了 20 世纪 70 年代,随着中日关系的正常化,日本商家深知中国开发石油需要大量石油设备,极想与中国达成有关石油设备的贸易协议,但苦于信息不足,善于收集资料的日本人就广泛收集中国的有关报纸杂志来分析中国的石油生产状况。

他们从刊登在《人民画报》封面上的"大庆创业者王铁人"的照片分析,依据王铁人身穿的大棉袄和漫天大雪的背景,判断大庆油田必定在中国东北地区;又从《王进喜进了马家窑》的报道中推断出大庆油田所在的大体位置;又从《创业》电影分析出大庆油田附近有铁路且道路泥泞;又根据《人民日报》刊登的一幅钻井机的照片推算出油井直径的大小,再根据中国政府工作报告计算出油田的大致产量;又将王进喜的照片放大至与本人 1∶1 的比例(通过王进喜与毛泽东、周恩来等国家领导人的合影)判断身高,然后对照片中王进喜身后的井架进行分析,推断出井架的高度、井架间的密度,据此进一步推测中国对石油设备的需求。

日本人把这些陆续收集到的资料信息进行综合整理分析之后，勾勒出中国石油开采的发展势头，及其对设备、技术的必然需求，并着手进行各种必要的设计和生产准备工作。后来在中日石油设备交易谈判中，只有日本的设备符合大庆油田质量、日产量等要求，日方因此获得较大的主动权，从而获得了丰厚的利润。

（资料来源：新浪博客．http://blog.sina.com.cn/s/blog_6a1d64e00101gke1.html）

应用亮点：这个案例告诉我们，大量的信息资料存在于公开的资料之中。了解和掌握信息并不像我们想象的那么困难。只要我们有心，平时多加留意，认真分析信息可能出现的地方，从很多公开的相关资料中就能很轻易地得到我们想要的信息，从而为我们的商务谈判打下牢固的信息基础。

2. 谈判的价值构成

谈判的价值构成是谈判者进行讨价还价所依赖的依据。谈判活动是由谈判者的利益支配的，将谈判者各种不同的谈判利益要求抽象为同一种可以相互比较的价值交换活动。

起点就是谈判者的成本投入；界点是谈判者在进行谈判时最基本的利益防线；争取点是谈判各方期望获取的最大利益，一般而言，谈判一方的争取点最高只能以对方的界点为限；协议区是谈判各方价值顺差的一个非固定的变数区；协议点是在谈判协议区内，经过讨价还价，最终达成的价值点。

3. 各种主客观情况预测

可行性研究的另一项重要任务是根据已知情况，对一切可变要素进行周密的分析，并根据预测对各种可变性作出假设，预测未来的种种情况，从而为比较、选择方案及选用应付的方法提供依据。

4. 综合评估与结论

在这一阶段，将决定谈判是否可行。如果可行，则确定方案。

在可行性研究中有许多基本原则需要注意，见表6-1。

表6-1 谈判方案可行性研究的基本原则

原则	内容
客观性	在准备过程中保证客观性，才有真实性与真理性。所谓客观性主要指信息资料客观，不感情用事
统一性	是指所有交易有关方对最终准备资料与方案的评选所达成的共识，即形成对谈判方案一致的看法

续表

原　则	内　容
自我性	谈判的准备是立足于己方利益,使谈判过程突出“以我为中心”
兼容性	谈判准备中的兼容性,是指拟定谈判方案时,无论在起始、过渡、时间表以及根本的成交目标上,均应考虑到对方的立场与态度,包括各种可能的方案在内,也应考虑到双方的希望与可能
预审性	准备的方案应有一定的行政管理程序,因而具有一定的行政与法律效力

5. 方案的比较与选择

在可行性研究阶段,需要拟订出谈判的各种方案进行比较和选择,同时要分析研究对方可能提出的方案和这些方案对本方的利益影响以及应付方法。

(二)拟定谈判方案

对谈判的过程与目标予以预测,就是谈判方案拟定。一项到位的谈判方案应该包括下述三项基本内容:

1. 确定谈判目标

(1) 分清重要目标和次要目标。谈判之前一定要把目标写下来,并根据优先等级来做相应的排序。目标要分清轻重缓急,哪个是最重要的目标,哪个是次要目标,把最终目标、次要目标一一排列。另外,谈判时应该留有余地,在准备时要制定一个最低限度目标。

(2) 分清哪些可以让步,哪些不能让步。列出目标的优先顺序之后,还要分清哪些是可以让步的,哪些是不能让步的,必须明确,同时要简要、清楚地用一句话来描述。因为谈判是一个混乱的过程,如果写得很长、很多就需要花很多时间去理解,比较麻烦,也容易出错,在不应该让步的地方做了相应的让步,而该让的地方却没让步,使谈判陷入僵局。

(3) 判断谈判对手的需求。明确什么是对方想要的、需要的之后,然后把对方可能的“想要”与“需要”一一地列出来。

注意需要与想要的区别。例如,如果给街上的乞丐一张演出芭蕾舞的门票,他是不会要的。他最需要解决的是什么?是温饱问题。芭蕾舞对他来说,肯定是不需要的东西,他需要一碗粥、一床棉被,这是他最需要的,当解决温饱之后他才可能考虑要其他的东西。所以在确定谈判目标的时候,一定要分清对方想要的和需要的内容,把它罗列出来。

另外要注意,谈判对方最关注的不一定是价格,也可能是售后服务、产品质量。不同的客户,不同的谈判对手,所列出的目标是有差别的。但不管怎么样,预判谈判对手的目标,将对谈判者在谈判桌上产生事半功倍的作用。

2. 确定谈判程序

谈判程序即如何开场、如何展开、如何收尾。在论及谈判的组织与主持时，还需专门研究这三个方面的衔接问题。

3. 设定时间表

时间从时空与心理的角度会对谈判产生影响，而且有的谈判客观上就存在时限。所以，无论从主观还是客观上讲，时间表是谈判方案中必不可少的因素。时间表可分为自然时间表与自为时间表。前者为客观需要的时间长度，是依据问题复杂程度和内容的多寡确定的谈判进度中的时间分割；后者为策略或谋略所需的时间长度，是因谈判施压或坚持某个条件的需要预定的策略时间长度。

4. 制定谈判的战略战术

正确的战略方针和灵活的战术措施是成功谈判的保证。可针对不同谈判作风制定策略；或针对不同性格的主谈人制定策略，也可按谈判进程制定策略（谈判前的准备、开端、中间、结束策略），还可按谈判地位（主动、被动、平等）制定策略。

（三）搭建谈判班子

一般而言，决定谈判班子构成的主要有实力与进度。

1. 组建谈判班子的实力原则

不论谈判性质如何，组建谈判班子时，必须遵循实力原则，即组建的谈判班子必须能承担谈判任务，具有与对方抗衡的能力。实力主要体现在业务水平、社会地位和工作效率上。

2. 组建谈判班子的进度原则

任何谈判都有时限，时限可以是双方、单方或第三方所限，也可以是交易本身就有特定时限，它给谈判班子提出了完成任务即结束谈判的期限。要达到时限的要求，组建谈判班子时就必须考虑完成工作量的保证——人力，以及快捷解决可能出现的问题的能力——决策能力。

（四）模拟谈判演练

任何成功的谈判，从一开始就必须站在对方的立场来看问题。此方式可以全面检查谈判计划，并使谈判人员对每个环节和问题都有一个事先的了解。通过模拟谈判，谈判者能够最大限度地站在对方的立场上发现问题、分析问题与预判问题。这样做也有可能使谈判班子负责人意识到是否需要修改某些条件或者增加一部分论据等,而且也会使谈判者提前认识到谈判中可能出现的问题。

学习情景2 谈判的开场与摸底

一、谈判的开场

(一)谈判不同阶段的开场

谈判就像下棋,开场就要占据有利位置或战略性位置。开场包括首场谈判的开场和后续各场谈判的开场。

1. 首场谈判的开场

首场谈判的谈判者应抓好四个关键环节,见表6-2。

表6-2 首场谈判的四个关键环节

环节	内容	要点
介绍	时机	分两种情况:人多时,采取进门先介绍主谈人,落座后再介绍助手的方式;人少时,采取进门先相互介绍,之后再落座。交互名片亦在介绍时完成
	次序	介绍次序位:主人先介绍自己一方人员,可按职位从高到低进行介绍,也可以从资格最老的开始介绍,并从外单位介绍到本单位
	口气	以真心赞扬和充满敬重的口气进行
入座	次序	主持人居中,主要助手和翻译在两边,其他人员依职务高低向两边扩展而坐
	距离	双方主持人入座宜正面相对,不宜斜对。斜对距离较远,不适合对话,对面而坐的距离虽然依谈判桌而定,但不宜太窄。太近,心理压抑,感觉回旋余地小
	面向	选择座位朝向的原则是有利于集中注意力
开场白	功效发挥	开场白的作用主要有:第一,回忆。通过回忆把双方的关系建立在历史的基础上,使谈判双方感情融洽;第二,彼此了解;第三,布局。双方通过开场白把整场谈判做出程序性的安排
	时间适度	原则上,开场白可长可短,但有个恰到好处的问题。太长,让人感觉不务正题、浪费时间;太短、会失去渲染气氛的机会,使人觉得仓促,意犹未尽
气氛	首场会谈主持的要求之一是创造良好的气氛	

在开场环节需要注意语言的简练与语速把控。比如以下的例子就比较有代表性：

一方这样陈述："这块地皮对我们很有吸引力。我们打算把土地上原来的建筑拆掉而盖起新的商店。我们已经同规划局打过交道，相信他们会同意的。现在关键的问题是时间，我们要以最快的速度在这个问题上达成协议。为此，我们准备简化正常的法律和调查程序。以前咱们从未打过交道，不过据朋友讲，你们一向是很合作的。这就是我们的立场。我是否说清楚了？"

另一方在明白了对方的陈述之后，进行了这样的陈述："我们非常愿意出售这块土地。但是，我们还有些关于在地皮上保留现存建筑物的承诺，不过，这一点是灵活的。我们关心的是价格，反正我们也不急于出售。这是我们的态度，还有什么不清楚吗？"

2. 续会开场

续会开场时，应注意两点：一是明确上次会谈的状态；二是确定此次会谈的内容。其时间一般不会太长，说清即可。

(1) 明确状态。由于是续会，双方必须共同确记会谈进行的程度，遗留的是什么问题。不确认状态会造成两个恶果：其一，回潮。将已达成的协议推翻，再回头重谈。其二，混战。分歧与一致的意见混杂在一起谈，从而伤害感情、浪费时间。

(2) 确定任务。在明确状态的情况下，对任务应有指导性。指导性主要表现在分析状态上，即对现有任务的相互间关系、各自的难易、上场谈判人员的能力进行分析后，提出在续会时间内能够完成的具体任务。

(二)谈判开场的取信

谈判双方的相互信赖是谈判得以顺利进行并取得成果的必要条件。但由于谈判双方本身没有莫逆之交，现实情况往往是"名义"信赖，"实际"猜忌。可考虑从以下几个方面入手迅速增加对手对谈判者的信任：

1. 气质塑造

一个人具备什么样的气质，对其精神面貌有很大的影响。气质是指人们相当稳定的性格特点、风格和气度。良好的气质，是以人的文化素养、文明程度、思想品质和生活态度为基础的。气质似乎是无形的，但它却通过一个人具体的行动如言语、举手投足、待人接物等反映出来。一个具有良好气质的谈判者总能赢得对方的好感和尊重。良好气质的形成并非一蹴而就，因此，谈判人员要加强自身修养，努力塑造自己良好的气质。

2. 专业服饰搭配

著名的影星索菲亚·罗兰曾说过："你的衣服往往表明你是哪一类人物，它代表你的个性，一个与你见面的人总是自觉不自觉地根据你的衣着来判断你的为人。"可以说，谈判人员的服饰是影响谈判人员形象的重要因素，它直接反映谈判人员的心理特征、审美观念和对对方的态度。作为商务谈判人员，要重视服饰在谈判中的作用。特别是双方第一次见面，一个人对另一个人形成怎样的信赖度，服饰占了很大的比重。一般来说，在谈判场合，服饰色彩不能太鲜艳，款式不能太怪异，尺码不能太大或太小。男性着装应突出稳重、成熟，女性着装应力显端庄、柔美。但由于服饰属于文化习俗范围，不同的文化背景下对商务谈判着装就会有不同的要求。因此，总的指导原则是要在尊重对方服饰习俗的基础上，注意衣着打扮与身份一致，与谈判性质一致，与环境一致。

3. 行为稳健、得体

建立良好的谈判气氛，关键是谈判人员要注意其言行方式。进入会场时，要精神饱满，径直步入，以开诚布公、友好的姿态出现，给人以信服感；与对方握手时，要毫不迟疑地伸出右手；和对方第一次目光接触，不要躲躲闪闪、目光游移，目光要坚定，表现出诚恳、可亲和自信；说话时，要吐字清楚，语速适中，避免吞吞吐吐、前后矛盾。

4. 选择恰当话题

谈判双方第一次见面，不免有些拘束、紧张，这时往往需要开始某种形式的对话，让拘束的气氛宽松下来，让不熟悉的人彼此迅速建立起信赖感。因此，这时的话题最好是闲聊的、非业务性的。可以聊各自的经历、曾到过的一些地方、结交的人物等。也可以聊文体新闻，如文艺演出、体育赛事、唱碟发行、社会新闻等，但在谈论新闻时要注意不涉及敏感的、易引起争论的有关政治、宗教等的新闻还可以进行私人问候，如聊一下集邮、钓鱼等业余爱好以及对方的身体状况、饮食状况等。对于彼此有过交往的老客户，可以回忆叙谈双方以往的合作经历和取得的成功，表达对对方的歉意或谢意，为本次的合作创造一个良好的开端。

二、谈判的摸底

(一)谈判摸底的意义及内容

1. 谈判摸底的意义

谈判摸底阶段是指实质性谈判开始后到报价之前的阶段。在这个阶段，谈判双方通常会交流各自谈判的意图和想法，试探对方的需求和虚实，协商谈判的具体流程，进行谈判情况的审核与倡议，并首次对双方无争议的问题达成一致，同时评估报价和讨价还价的形势，为其做好准备。摸底阶段，虽然不能直接决定谈判的结果，但是它却关系着双方对最关键问题价格谈判的成效；同时，在此过程中，双方通过互相的摸底，也在不断调整自己的谈判期望与策略。

谈判摸底在整个谈判流程中其实是一项很基本、很重要的工作。首先，其主要意义在于考察对方是否诚实、正直，是否值得信赖，能否遵守诺言。其次，了解对方对这笔交易到底抱多大的诚意与合作意向，交易对方的真实需要到底是什么，对方的谈判期限如何。最后，要努力了解对方的谈判、经济、作风，对方的优势、劣势。通过摸底，及时调整己方的谈判计划与策略、目标等。

因此,谈判摸底是指在谈判之前或者谈判进行时,通过种种方式了解对方情报信息的过程。

英国著名哲学家弗兰西斯·培根在《谈判论》一文中指出:"与人谋事,则须知其习性,以引导之;明其目的,以劝诱之;谙其弱点,以威吓之;察其优势,以钳制之。与奸猾之人谋事,唯一刻不忘其所图,方能知其所言;说话寡少,且须出其最不当意之际。于一切艰难的谈判之中,不可存一蹴而就之想,唯徐而图之,以待瓜熟蒂落。"可见,对于未来的谈判对手,摸底工作越深入、准确,越有利于掌握谈判的主动权,所以在开局阶段,双方较多地把注意力放在摸清对手底牌上。

2. 谈判摸底的内容

如果在前面的谈判准备工作已做好了相对充分的准备,收集到一些有关对方实力及各方面状况的资料,了解了对方谈判人员的相互关系、个人性格、思维习惯等一些相关情况,这无疑对了解对方是十分有利的。那么在开场阶段接下来就应该通过与对手谈判人员在谈判阶段场内外的沟通了解以下更多的信息:

(1) 场内。在互相尊重、友好合作的氛围中,彼此坦诚相待,一定要注意认真倾听对方发言,不妨多巧妙地询问一些信息,了解对方所需——对方一定要解决的;了解对方所想——对方希望得到的;了解对方利益——所需和所想事物的根源基础。

(2) 场外。在场外的非正式接触中,可能闲聊时对方不经意的一句话就会传达出很重要的潜在信息,甚至会漏出底牌。

(3) 有关计划。谈判进行中,从准备到接触,会掌握新的信息,会有新的认识,所以应该重新审视自己的判断,修正计划,从而推动谈判的发展。如果对方没有提供谈判议程,不妨给出在谈判准备中已经拟定的方案,列一个基本框架,不仅有助于提醒对方考虑所关心的问题,还有利于营造出适合自己的谈判氛围。

(二)谈判摸底的策略

1. 坦诚交换式摸底

有时,在谈判开局之后,即可直接坦诚表达己方合作意图,并期望对方的合作。比如表达事实,介绍公司的资料,表达一些客观存在的事情,以互换信息、达到交流的目的。这段时间不宜过长。比如:"请问贵方还需要我方提供哪些售后服务?""贵公司对我方产品质量有什么看法?"等。这些坦诚交换式的沟通,属于开放式的询问,友好地表达己方情义,向对方传达善意的主动。

2. 发问式摸底

在谈判之前或开始阶段,人们往往会对己方的情况藏而不露,不轻易亮出底牌。恰如聪明的拳击家上场比赛,一般不会主动出击,而是在对方的攻势中寻找对手的破绽或者软肋,再后发制人。老练的谈判高手往往不急于在谈判中先表态,特别是在数目、期限、条件和价格诸问题上会故意让对方先行一下。这样做的目的，一是出于礼貌，显示对对方的尊重；二是有意在对方的语言中窥视对方的心理活动，分析其谈判策略并调整自己的谈判思维，调节自己的谈判计划。

针对此种技法，不妨主动提出一些假设性的问题，对对方进行摸底打探。如探测性地发问：

甲方："我们听说贵公司的生意不错，库存的2/3已经销往海南方面去了……"

乙方："什么呀，只是有一些到了福建方面……"

【同步案例6-2】

善于谈判摸底的日本人

美国人科肯受雇于一家国际性公司，担任很重要的管理职位，不久后他向上司请求，见识一下大场面，出国谈判业务，使自己成为一个真正的谈判者。机会终于来了，上司派他去日本。他高兴得不得了，认为这是命运之神给他的好机会。他决心要使日本人全军覆没，然后再进攻其他的国际团体。

一踏上日本的国土，两位日本朋友即迎了上来，护送他上了一辆大型轿车。他舒服地靠在轿车后座的丝绒椅背上，日本人则谦让地坐在前座的两张折叠椅上。"为什么你们不和我坐一起？后面很宽敞。""不，你是一位重要人物。你显然需要休息。"日本人"友好"地回答道。

一路上，日本人热情地同美国人"闲聊"。

"对了，你会说日语吗？在日本我们都说日语。"

"我不会，但我希望能学几句。我带了一本日语字典。"

"你是不是定好了回国的时间？我们到时可以安排轿车送你回机场。"

"决定了，你们想得真周到。"

说着他把回程机票交给了日本人，好让轿车知道何时去接他。

但是，可怜的美国人哪里知道，日本人通过回程机票，就知道了他的谈判期限。

日本人没有立即安排谈判，而是让这位美国朋友花了一星期的时间游览了整个日本，从日本天皇的皇宫到东京的神社都看遍了。日本人给他介绍日本的文化，甚至让他了解日本的宗教。他每天晚上花四个半小时享受日本传统的晚餐。当他问及何时开始谈判时，日本人总是说，时间还很多，第一次来日本，先好好了解一下日本。

到第十二天，他们开始谈判，并且提早结束去打高尔夫球。第十三天，谈判又因为欢迎晚会而提前结束。第十四天早上，重新正式开始谈判，就在谈判进入紧要关头时，时间已不多了，要送他去机场的轿车到了。于是，美国人匆匆忙忙上了车，在车里继续跟日本人谈判……

这次谈判的结果是科肯被迫向日本人作出了很大的让步，而自己惨败而归。

（资料来源：新浪博客．http://blog.sina.com.cn/s/blog_4aeca49e0100p4qx.html）

应用亮点：案例中日本人采取发问式摸底，利用时间囚笼战术，借时间压力，逼迫美国人签订他自己并不满意的合同。

3. 迂回式摸底法

谈判人员根据对手的不同个性及不同心理，有时会采取一定的迂回式摸底方法以打探对手的谈判底线，以便采取相应的对策。当然，谈判的摸底战术不是某一种确定的技巧，有时是正式谈判前的市场调查与分析，有时则是谈判桌前的各种心理较量，需要谈判员具有机敏的思维和灵活多变的方法方能获得谈判的主动。

【同步案例 6-3】

有所保留的摸底谈判

江西省某工艺雕刻厂原来是一家濒临倒闭的小厂，经过几年的努力，发展为产值200多万元的规模，产品打入了日本市场，战胜了其他国家在日本经营多年的厂家，被誉为“天下第一雕刻”。有一年，日本三家株式会社的老板同一天接踵而至，到该厂订货。其中一家资本雄厚的大商社，要求原价包销该厂的佛坛产品。这应该说是好消息。但该厂想到，这几家原来都是经销韩国和中国台湾地区产品的商社，为什么争先恐后、不约而同到本厂来定货？他们查阅了日本市场的资料，得出的结论是本厂的木材质量上乘、技艺高超是吸引外商订货的主要原因。于是该厂采用了“待价而沽”“欲擒故纵”的谈判策略。先不理睬那家大商社，而是积极抓住两家小商社求货心切的心理，把佛坛的梁、榴、柱，分别与其他国家的产品做比较。在此基础上，该厂将产品当金条一样争价钱、论成色，使其价格达到理想的高度，首先与小商社拍板成交，造成那家大客商产生失去货源的危机感。那家大客商不但更急于订货，而且想垄断货源，于是大批订货，以致订货数量超过该厂现有生产能力的好几倍。

（资料来源：中华讲师网 . http://www.jiangshi.org/article/152025.html）

应用亮点：案例中保留式谈判策略成功的关键在于其策略不是盲目、消极，而是积极主动，巧于审时布阵，谈判摸底阶段对谈判对手提出的关键性问题不作彻底的、确切的回答，而是有所保留，从而给对手造成神秘感，以吸引对手步入谈判。

(三)谈判摸底的准备

对谈判摸底的策略实施及评估应该主要根据谈判交易的具体情况和需要定论，不可一味盲目地寻找所谓的信息资源而作出不合理的分析。真正做好谈判摸底应该做到以下三个方面的准备：

(1) 要正确评价自己的谈判实力。低估自己的谈判实力与高估自己的谈判实力一样，对谈判是有害的。在谈判前，要确信我方谈判弱点的隐秘性，不要假定对方对我们弱点了解得一清二楚，虽然对方在谈判之前会对我方谈判的长处和短处进行认真分析，但是，除了显而易见的东西以外，我方的某些弱点的确是对方所不知道的。因此，在确定谈判的方针、选择和运用谈判的策略与技巧时，不要自我束缚、缩手缩脚。当然，为了安全起见，我方可以假定对方不知道我们的弱点，然后用适当的方法试探这种假定的对错，再作行动。

(2) 谈判的实质是要说服对方，和对方达成一致的协议，所以必须全面调查和透彻了解谈判对手。对此，谈判需要协调矛盾各方的利益关系，以达到各自的目标，这个任务是通过双方具体谈判的人员来完成的。谈判是双方主动的双向沟通过程，当一方确认自己有了谈判的必要之后，首先是寻找对手，了解对手，揣摩对手。熟悉谈判对手一是要了解谈判对方单位的经营方式、业务范围、信用状况、供货能力、产品质量、技术装备和市场形象等，不仅要从横向角度剖析谈判对手的全面状况，还要用历史的眼光从纵向上分析对方在成长发展过程中成功的经验或失败的原由。谈判人员不仅要了解对方本身的情况，还要通过与其打过交道、有过合作的单位，了解以往谈判协议的履行情况。通过这些不同渠道、不同方面的了解，可以做到"知己知彼"，对谈判对手做出正确的评估，使谈判最后达成协议具有可靠的基础。其次要熟悉对方参加谈判的人员。要了解谈判对手个人的性格特征、兴趣爱好和擅长的谈判风格和谈判模式，不同性格的人谈判风格和谈判模式不同，这些都会影响谈判气氛和谈判过程，以致决定谈判时采取的策略和手段。

（3）对市场行情不了解，对谈判内容不熟悉，也会使自己在谈判中陷入被动，遭受损失。谈判者要分析国内外市场发展形势，通过调查摸清己方产品所处的环境，掌握市场容量和销售量，从而有助于确定谈判目标。通过竞争情况的调查，谈判者能够掌握己方同类竞争者的信息，寻找他们的弱点，有助于在谈判桌上使自己保持清醒的头脑，掌握谈判的主动权。此外，对一般社会公众和消费者进行调查也具有重要作用。摸清消费者公众的需求心理，可以基本把握消费动态和发展意向，预测己方产品的竞争能力，也有助于跟谈判对手讨价还价。对有关谈判内容的客观情况进行调查研究，掌握大量的情报资料，这是谈判的重要基础工作。对谈判内容的调查包括对谈判问题的预测及拟定相适应的配套措施。在谈判之前，谈判者要通过调查分析，预测谈判中可能遇到的问题，比如在价格上对方可能提出什么问题、在解决办法上对方会提出什么方案、在谈判目标上对方会提出什么要求等。针对此类问题，谈判者应当事先作出应付计划，收集有关解决这些问题的多方资料和信息，寻找说服对方的理由，提出解决矛盾的方案，做到有备无患。

总之，进行商务谈判，只有做好了这几个准备，才会在整个谈判中占有优势，这也将是决定谈判结果成功与否的内在直接因素。

学习情景 3　谈判磋商

谈判双方开局之后，由于在多数情况下，谈判双方都有核心诉求与利益底线，对方未必会全部无条件地接受前者的报价。因此，谈判双方就会很自然地进入谈判磋商阶段。商务谈判中的磋商，往往涵盖报价、讨价还价与异议处理三个阶段，本学习情境中重点内容主要涵盖报价、讨价还价两个阶段。

在谈判磋商阶段，双方都会使出浑身解数，力促谈判朝着有利于自己的方向发展。在这种情况下，谈判磋商的准则不能不考虑。

一、谈判磋商的准则

（一）条理准则

条理准则，即磋商过程中的议题有序、表述立场有理、论证方式易于理解的准则。条理准则包含两个构成部分:逻辑次序、言出有理。逻辑次序即磋商中内含的议题先后的客观逻辑。逻辑次序决定着谈判目标启动的先后与谈判进展的层次。言出有理指磋商过程中表述在理,论证方式明白,以做到论者言之成理,听者感到信服。

(二)客观准则

客观准则指磋商过程中说理与要求具有一定的实际性。只有具备实际性的说理才具有说服人的效果,只有符合实际的要求才会有回报的可能。

(三)礼节准则

谈判磋商既是争论也是协商,在激烈争论的同时,应有相互尊重、谅解妥协。这就要求谈判者保持礼貌的行为准则,这一准则要求严于律己、尊重对方、松紧自如,且贯彻始终。

(四)进取准则

进取准则指顽强争取于己有利的条件,千方百计说服对方接受自己条件。进取准则主要体现在两方面:高目标与不满足。

1. 高目标

进取准则要求谈判人员制订较高的目标。高目标实现难度很大。对于这一问题,优秀的谈判人员往往具备以强词取信于理、取信于人的精神,其强词是以基本尊重事实,即尊重交易的客观价值为基础的。

2. 不满足

不满足指磋商过程中绝不受影响于一事一时之得,而是在实现一个目标之后紧接着冲向另一个更高的目标的精神。不满足可体现在实现横向目标上,也体现在实现纵向目标上。横向目标指不同类的项目目标,诸如技术、法律、商业、服务等,实现一个目标再冲向另一个目标;纵向目标指各项目的不同阶次的目标,登上一个台阶即迈上另一台阶而毫不放松。

(五)重复准则

重复准则指在磋商过程中对某个议题和论据反复应用的行动准则。磋商中不要怕重复。重复是谈判深入的准备。

1. 议题安排

议题安排指在重复准则下,每次谈判的内容可多次安排进议程中的做法。议题的重复安排可以是明示的，也可是单方运用。明示重复安排，即双方议定重复讨论。重复安排议题时，其次数与时机应得当，衡量的标准为客观需要和双方态度。客观上已谈得差不多了，再重复会让人以为要推翻前面商定的结果；双方反对或造成对抗情绪时应暂放重复的议题。

2. 观点应用

观点应用指在磋商中针对对方尚未改善的条件，反复申诉自己的观点，以推翻对手立场的做法。这是一种"自卫策略"，因为它是对手不听、不采纳自己观点与论证材料的自然反映，也是谈判人员耐心与意志的反映。如不等对方响应即自动放弃自己的观点，就等于退却与让步。

【同步案例 6-4】

买鼠标的经历

2004 年夏季某日，我与朋友到广州的中六电脑城买鼠标。

在电脑城的二楼，我们看中了一只鼠标，于是跟老板展开谈判。

"老板，鼠标多少钱?"

"哦，这只嘛 40 元给你好了!"

"不是吧? 这么贵?"

"不贵了! 其他的店铺卖 50 元呢!"

"这么贵，我还是先去别的店铺看看。"

"慢着慢着，好了! 看你们是学生，给你学生价好了! 35 元!"

"不是吧? 学生价还要 35 元，那么贵!"

"不贵了! 你看看这鼠标是全新的!"

"但是你的鼠标又不是什么名牌货，用不着那么贵!"

"那么好了，你说多少钱?"

"10 元，我看你的鼠标最多值这个价!"

"不是吧? 太离谱了! 这个价是没有可能的! 在电脑城里没有可能卖这个价的! 这个价没法交易!"老板说着说着就站回柜台里去，眼看这单交易是做不成了。

"好好的鼠标本来不错的，"我朋友拿着鼠标边端详边说，"就是太贵了!"说着就放下了鼠标，然后和我准备离开了。

"好了好了! 真拿你们俩没办法! 25 元! 怎么样?"老板又从柜台里走了出来，看来交易又有希望了!

"唉，还是太贵了，15 元!"

"不是吧，我也只是赚那么几元钱，不用杀价那么狠吧?"

"呵，我们也只是消费者，15 元已经是我们最大的让步了!"

"唉! 也罢! 20 元! 要就拿走!"

"欸,这样吧,你也要赚钱,18元!最后的让步了!"

"不是吧?那2元钱也要跟我算……"

"就是嘛!那2元钱就别跟我们学生计较了!18元!以后我们还会来光顾的,而且还会带些同学来!带旺生意你就赚得更多!"

"好了好了!真说不过你们!18元吧!多带些朋友来……"

于是我和我朋友就以18元买下了这只鼠标。整个过程当中,我们把价格从40元压到了10元,然后再作出适当的让步把价格提升到18元,老板以赚钱的价格卖出了鼠标,我们也买到了鼠标,达到了双赢的结果。

(资料来源:广东农工商职院资料《谈判实战案例分析集》)

应用亮点:把谈判当作一个合作的过程,谈判的双方通常在利益与需求上存在一定的矛盾,需要通过谈判来化解矛盾,并尝试和对手像伙伴一样,共同去找到满足双方需要的方案,使冲突更少、利益最大化、风险更小。案例中的双赢谈判才是谈判双方都比较乐于接受的结果。

二、报价

(一)报价的方法

对于谈判双方来说,报出一个恰当的价格是很重要的。最终达成的价格总在价格协议区内。具体的报价方法有以下几种:

1. 低价主义

低价主义也称博尔韦尔主义,即报出一个合情合理的价格,并公开声明绝不讲价。

低价主义的好处在于:一是保持谈判者的声誉;二是节省谈判费用。

低价主义的弊端则是:一是谈判对手承担了所有的让步,易产生抗拒心理;二是谈判者的低价落入对方可接受范围内,使谈判者减少利润。

2. 高价主义

高价主义即先"漫天要价"而后准备对方的"就地还价"。

其好处在于:一是使开价者获更大的赢利;二是在讨价还价中有更大的伸缩余地。

其弊端在于:一是容易导致谈判破裂;二是会延长谈判时间,降低效率。谈判者对对方了解越少,开价就应越高。理由有两个:第一个理由是,谈判者对对方的假设可能会有差错。如果谈判者对买方或其需求了解不深,或许他愿意出的价格比谈判者想的要高。第二个理由是,如果是第一次做买卖,若谈判者能做很大的让步,就显得更有合作诚意。谈判者对买方及其需求了解越多,就越能调整谈判者的报价。

3. 加法报价法

加法报价法是指可以将谈判者的要求分解成多次渐进提出，能避免开出的总价过高，吓跑了客户。采用加法报价法，多半是所出售的商品具有系列组合性和配套性。买方一旦买了组件1，就无法割舍组件2和组件3了。针对这一情况，作为买方，在谈判前就要考虑商品的系列化特点，谈判中及时发现卖方“加法报价”的企图，挫败这种“诱招”。比如：文具商向画家推销一套笔墨纸砚。如果他一次报高价，画家可能根本不买。但文具商可以先报笔价，要价很低；成交之后再谈墨价，要价也不高；待笔、墨卖出之后，接着谈纸价，再谈砚价，抬高价格。画家已经买了笔和墨，自然想“配套成龙”，不忍放弃纸和砚，在谈判中便很难在价格方面让商场做出让步了。

4. 除法报价法

除法报价法是指以价格为被除数，以商品的使用时间、商品的数量为除数，得出极为低廉的价格，使买主感到便宜。每天只交一元保险费，若遇到事故，则可得到高达一万元的保险赔偿金。

在谈判中谁先报价谁后报价各有其利弊，先报价的有利之处：影响较大，往往为谈判规定了框架。比如：谈判者报价一万元，那么，对手很难奢望还价至一千元。服装商城内的营业员，就大多采用先报价的方法，而且他们报出的价格，一般要超出顾客实付价格的一倍乃至几倍。1件衬衣如果卖到60元的话，商家会很满意，但他们却报价160元。考虑到很少有人还价到60元，所以，一天中只需要有一个人愿意在160元的基础上讨价还价，商家就能赢利赚钱。当然，卖方先报价也得有度，不能漫天要价，使对方不屑于谈判。

总之，不同场合可采用不同的方法，一般来说，如果谈判者准备充分，知己知彼，就要争取先报价；如果谈判者不是行家，而对方是，那谈判者要沉住气，后报价，从对方的报价中获取信息，及时修正自己的想法。如对手是外行则应先报价，可产生诱导作用。一般习惯是：发起谈判的一方先报价；投标者先报价；卖方先报价。

(二)报价条件的评论技巧

总括地讲，报价条件的评论技巧有攻防兼顾、进攻有序、穷追不舍、曲直交互、随播随收等。

1. 攻防兼顾

在评论对方时要把落脚点放在对方“纠正问题上”。因为初次评论，整个价格还处在模糊状态，不宜过早地把评论者的追加和盘托出。否则，可能出现目标订得过低，而在对方问题尚未解决时即被避重就轻的对手顺水推舟结束该问题的讨论；或者目标订得过高，致使对方认为成交无望而过早结束磋商。

2. 进攻有序

评论时,应在逐项、逐点评论上有先后之别,避免混战,追求实效,同时也为防止对方避重就轻。进攻次序应依谈判人员的约定或己方谈判方案中拟定的程序而定。

3. 穷追不舍

穷追不舍是指对看准的问题抓住不放,对于解释人的躲闪追寻到底。该技巧强调"抓准问题"与评论的"韧劲"。通过细听解释,引导对手解释。

4. 曲直交互

曲直交互是指直接讨论问题和旁敲侧击相结合、"引鸟出头"和"直击三寸"相结合的技巧。由于评论中还要保守己方机密,或者由于对某些问题尚缺乏有力证据和可用的资料,评论人将两者结合运用,效果较好。

5. 随播随收

随播随收是指在评论之后将双方的回复或明确的改善意见当即记录在案的做法。其优点在于不再重复已协商一致的问题,不放弃已取得的进展,同时防止对方出尔反尔时无据可查。

三、讨价

谈判中,一方首先报价之后,另一方要求报价方改善报价的行为被称作讨价。讨价时应注意以下问题:

(一)以理服人,见好就收

因为讨价是伴随着价格评论进行的,故讨价应本着尊重对方和说理的方式进行;又因为不是买方还价,而是启发、诱导卖方降价,为还价做准备。如果在此时强压对方降价,则可能使谈判过早地陷于僵局,对己方不利。故在初期、中期的讨价即对方还价前的讨价,应保持平和信赖的气氛,充分说理,以求获取最大的效益,即使碰到"漫天要价"者,也不应为其所动。

(二)揣摩心理,掌握次数

讨价次数既是一个客观数,又是一个心理数。"心理次数"反映谈判对方对你的讨价有所反应,对你所要求的条件愿意考虑。

从讨价方式分析:当以分块分类方式讨价时,分五块就意味着至少可以讨五次价。其中水分大的部分,不能只讨两次价就停止,至少要攻击两次以上。在每次讨价时不要忘了这次讨价的目标,对方每一次改善要量一下距离,评一次对方的态度,以改变讨价的攻击点。

四、还价

所谓还价,是指谈判一方根据对方的报价和自己的谈判目标,主动或应对方要求提出自己的价格条件。还价通常是由买方在一次或多次讨价后应卖方的要求而做出的。

(一)还价的原则

在商务谈判中,要进行有效的还价就必须遵循一定的原则。

(1) 在还价之前必须充分了解对方报价的全部内容,准确了解对方提出条件的真实意图。要做到这一点,还价之前设法摸清一下对方报价中的条件哪些是关键的、主要的,哪些条件是附加的、次要的,哪些条件是虚设的或诱惑性的。有的条件的提出,仅仅是交换性的筹码。只有把这一切搞清楚,才能进行科学的还价。

(2) 为了摸清对方报价的真实意图,可以逐项核对对方报价中所提的各项交易条件,探询其报价依据或弹性幅度,注意倾听对方的解释和说明。但不要妄加评论,更不可主观地猜度对方的动机和意图,以免给对方反击提供机会。还价应掌握在双方谈判的协议区域,即谈判双方互为临界点和争取点之间的范围,超过此界线,谈判难以获得成功。

(3) 如果对方的报价超出谈判协议区的范围,与已方提出的还价条件相差甚大时,不必草率地提出自己的还价,而应先拒绝对方的报价。必要时可以中断谈判,给对方一个出价,让对方在重新谈判时另行报价。

(二)还价的起点

还价的起点是指第一次还价的价位。还价起点的确定,对谈判的进程有重要影响。从买方来说,还价太高有损于还价方的利益,还价太低则显得缺乏诚意,均不利于商务谈判的正常进行。

还价的起点受以下三个因素的制约:预定成交价、交易物的实际成本和还价次数。预定成交价是买方根据自己的预算所确定的可以接受的成交价格。从理论上讲,还价的起点应在预定成交价之内。还价还必须考虑对方接受的可能性。事实上,买方的第一次还价很少立即被卖方接受。因此,买方在确定还价起点时即应考虑对方的再次攻击及自己的防守余地。若能一次还价成功,还价起点可适当提高一些。

(三)还价的时机

还价的时机是指何时还价。还价时机选择得当可以减少还价次数,改善还价效果,因此还价时机是谈判者十分重视的问题。首次还价应在报价方对讨价做出回应,并更改报价后进行。其最佳时机是在报价人对报价作了两次更改之后。

(四)还价的方法

1. 吹毛求疵

在价格磋商中,还价者为了给自己制造理由,也为了向对方表明自己是不会轻易被人蒙骗的精明内行,常常采用吹毛求疵的技巧。其做法通常有以下两种:

(1) 百般挑剔。买方针对卖方的商品,想方设法寻找缺点,并夸大其词、虚张声势,以此为自己还价提供依据。

(2) 言不由衷。本来满意之处,也非要说成不满意,并故意提出令对方无法满足的要求,表明自己委曲求全,以此为自己的还价制造借口。

商务交易中的大量事实证明,吹毛求疵不仅是可行的,而且是富有成效的。它可以动摇卖方的自信心,迫使卖方接受买方的还价,从而使买方获得较大的利益。需要注意的是:吹毛求疵不能过于苛刻,应近乎情理和取得卖方的理解。否则,卖方会觉得买方缺乏诚意。

2. 积少成多

积少成多作为还价的一种技巧,是指为了实现自己的利益,通过耐心地一项一项地谈、一点一点地取,达到聚沙成塔、集腋成裘的效果。积少成多的可行性在于以下两点:

(1) 人们通常对微不足道的事情不太计较,也不愿为了一点儿利益的分歧而影响交易关系,这样,买方便可以利用这种心态将总体交易内容进行分解,然后逐项分别还价,通过各项获得的似乎微薄的利益,最终实现自己的利益目标。

(2) 细分后的交易项目因其具体,容易寻找还价理由,使自己的还价具有针对性和有根有据,从而易于被卖方所接受。

3. 最大预算

运用最大预算的技巧,通常是在还价中一方面对卖方的商品及报价表示出兴趣,另一方面又以自己的最大预算为由来迫使卖方最后让步和接受自己的出价。运用这种技巧应注意以下三点:

(1) 掌握还价时机。经过多次价格交锋,卖方报价中的水分已经不多,此时以最大预算的技法还价,是最后一次迫使卖方做出让步。

(2) 判断卖方意愿。一般卖方成交心切,易于接受己方最大预算的还价。否则,卖方会待价而沽,"少一分钱也不卖"。

(3) 准备变通办法。万一卖方不管你"最大预算"真假如何,仍坚持原有立场,买方须有变通办法:一是固守最大预算,对方不让步,己方也不能让步,只好中断交易;二是维护最大预算,对方不让步,己方做适当让步,可以酌减某项交易内容或者后补价款,便于以此为台阶实现交易。

4. 最后通牒

最后通牒，这是一种一方向另一方施加强大压力的手段。还价中采用“最后通牒”，是指买方最后给卖方一个出价或期限，卖方如不接受，买方就毅然退出谈判。这种技法，经常为还价者所施行，但要取得成功须注意以下几点：

(1) 以“最后通牒”的出价应使卖方有接受的可能性，一般不能低于卖方的保留价格。

(2) 给卖方“最后通牒”的时机要恰当，一般是在买方处于有利地位或买方已将价格提高到接近理想价格时发出“最后通牒”。

(3) 发出“最后通牒”前，应设法让卖方已有所投入。

(4) “最后通牒”的依据要过硬，要有较强的客观性和不可违抗性。

(5) “最后通牒”的言辞不要过硬，言辞太锋利容易伤害卖方的自尊心，而言辞比较委婉易于为卖方考虑和接受。

(6) “最后通牒”也要留有弹性。还价中“最后通牒”并不是非要把卖方“逼上梁山”，要么接受条件，要么使谈判破裂，而是迫使对方再做让步的一种手段。此时，如果卖方迫于压力做出较大让步并接受己方条件，应考虑适可而止；若经最后较量，卖方仍坚守立场，为实现交易买方也可自找台阶。

5. 感情投资

在讨价还价中，双方的磋商和论辩不仅仅只是实力和意志的较量，许多谈判的顺利推进，以至于一些棘手问题的最终解决，往往凭借了当事双方业已存在的感情基础和良好的关系。事实上，谈判中的人际关系因素至为重要。你想要影响对方，那么，你首先就应该为对方所认可、所欢迎；你想使自己在谈判中提出的各种理由、各项意见能被对方认真倾听和充分接受，那么，最有效的是首先必须和自己的谈判对手建立起信任、建立起友情。从还价的角度来说，感情投资能够为还价被对方所接受铺平道路。还价中，感情投资的运用一般有以下要求：

(1) 要正确对待谈判，正确对待对手。整个谈判过程，要遵循平等、互利原则，从大局出发，互谅互让。要把谈判中的各种分歧视为机缘，善于寻求共同利益，求同存异。同时，对于谈判对手，必须充分尊重，而绝不应敌视。要做到台上是对手，台下是朋友。要注意展示自己的修养和人格魅力。

(2) 价格谈判中，对于一些较为次要的问题，可不过分计较并主动迎合对方，使对方觉得你能站在他的角度考虑问题，从而赢得对方的好感。

(3) 注意利用谈判中的间隙，谈论业务范围以外对方感兴趣的话题，借以增加交流，增进友情。

(4) 对于彼此之间有过交往的，要常叙旧，回顾以往合作的经历和取得的成功，增强此次合作的信心。

拓展阅读

费希尔的哈佛原则谈判理论

原则谈判法被誉为西方谈判理论的集大成者。原则谈判法是根据价值来取得协议,根据公平的标准来做决定,采取灵活变通的方法以寻求谈判双方各得其利的最佳方案,是一种理想的、广泛适用的策略。

原则谈判法的主要内容由四大部分构成:

第一,始终强调在触及实质问题时,人与问题一定要分开分别处理;

第二,主张谈判的重点应放在利益上,而不是立场上,因此必须随时把握住谈判各方的利益,尽量克服立场的争执,不要陷入阵地式谈判;

第三,就共同利益设计方案;谈判者应该安排一段特定的时间,构思各种可能的解决方案,创造性地努力避免或削弱各方利益上的冲突,为对方谈判者主动提供某些解决问题的建设性提案的机会;

第四,坚持客观的标准,谈判者应设法引入尽可能多的具有科学优点的客观标准。客观标准具有较高的权威性,不容易受到非难,而且以客观标准而不是以主观判断来解决问题,沟通和交际会更加顺畅;通过对客观标准的引入及其应用来逐步达成协议,有利于提高谈判效率,减少无谓的争执。

谈 判 五 忌

一忌"崩"。

二忌被对方误导。被误导的原因主要有:情况不明;真理并非掌握在多数人手中;被美妙的语言迷惑;过分迷信经验。

三忌被对方镇住。应对方法有三种:(1) 回避他们,对你来说,惹不起躲得起。但这样会使你失去2/3的生意伙伴;(2) 正面抗衡,彼此吹捧,你吹我也吹,看谁吹得大。(3) 利用对方的自大骄傲心理,顺应他的喜好,送他几顶"高帽子"戴,因为喜欢别人恭维自己的人常常高傲自大。

四忌不相信直觉。原因是:(1) 时间能纠正谬误;(2) 钱并不能代表一切;(3) 好的构思不一定来自自己;(4) 不用担心把对手逼向绝路。

五忌完全不顾个人情感公事公办。

【同步案例 6-5】

以硬碰硬破僵局

中国K公司与法国G公司就计算机制造技术的交易在北京进行谈判,K公司接触一些厂家后,认为G公司的技术很适合需要,有意与其合作。G公司也认为自己的技术不错,有竞争性,同意与K公司谈判。经过技术交流后,中方专家表现的赞许态度使法方感到极为自信、自得。当进入商务条件谈判时,G公司主谈杜诺先生的态度变得非常强硬,而且不大尊重K公司主谈邢先生,对邢先生的说理和友善的态度全然不当回事。意思是:我就这条件,同意,就签合同。不同意,就散伙。对此合同,K公司邢先生不能说同意,更不能说散伙。怎么办呢?

邢先生设计了一个方案:让助手继续与杜诺先生谈判,把参与人员减少了一半,原则是能往前谈就往前谈,谈不拢也陪着杜诺先生谈。一天过去了,杜诺先生没见到邢先生,问其助手:"邢先生去哪儿了?"助手答:"无可奉告。"第二天上午谈判仍无大的进展。杜诺先生要求见邢先生。助手答应下午安排。下午邢先生见了杜诺先生问:"谈判进展如何?"杜诺说:"不大。"并问邢先生:"为什么不参加谈判?"邢先生一笑说:"我有我的事。"杜诺问:"我们的交易怎么办?"邢先生说:"我的助手有能力与您谈判所有问题。""可到目前为止进展不大呀!"杜诺先生说。邢先生回答:"原因一定不在我助手这方面。"杜诺一笑,说:"我希望您能参加我们的谈判。"邢先生说:"我也乐意,等我安排好时间再说。"并说:"我还有事,希望您与我的助手合作愉快!"随即告辞。

随后的谈判,中方再调整谈判时间,一天改为半天,半天时间还安排得靠后。这样断断续续又过了两天,杜诺先生要求与邢先生面谈。

邢先生与杜诺见面了。杜诺先生抱怨:"K公司不重视与G公司的谈判。"邢先生认为:"不对。K公司一直很重视本次谈判,尽管工作很忙,也未中断过与G公司的谈判。"杜诺先生反驳说:"如果重视,为什么您本人不参加谈判了?贵公司参加谈判的人都没有决定权,而且时间安排也不紧凑。"邢先生说:"有可能您的问题太复杂,他们一时难以答复。时间不紧凑是误会,我们可是忙得很,没闲着。"杜诺先生追问:"您忙什么?有什么比与我们公司谈判更重要的吗?"邢先生诡秘地笑了:"杜诺先生,这可是我公司内部的安排,我得服从啊!"杜诺先生沉默了一会儿,很严肃地对邢先生讲:"我公司来京谈判是有诚意的,不论贵方有多忙,我希望应与我公司谈。"邢先生答道:"是呀!我最早是与您谈的,不正反映了我方的重视吗?""可贵方现在没有这么做。""可当我与贵方谈时,贵方并未注意我方的意见,我公司也不能浪费时间呀!""我希望邢先生跟我讲实话,是不是贵公司正在与别人谈。"说着在黑板上画了一幅图:一个大楼写着K公司的名字。楼内有一个乌龟,背上写着E公司。后门等着一个乌龟,背上写着W公司。然后笑着问邢先生:"是不是这样?"邢先生乐了,说:"您的消息真灵通。"杜诺先生马上严肃起来,庄重地说:"邢先生,不管事态是否如此,我公司强烈要求给我们机会,我本人也希望与您本人直接谈判。"邢先生收住笑容,也认真地回答:"我理解贵方的立场,我将向上级汇报,调整我的工作,争取能与您配合谈判该项目。"

双方恢复了谈判,一改过去的僵持,很通情达理地进行了相互妥协,最后达成了协议。

(资料来源:新浪博客. http://blog. sina. com. cn/s/blog_685d1df50100qvht. html)

应用亮点:谈判中"一言堂"不顾对方立场、观点的做法容易使谈判陷入僵局。案例中中方的处理原则是冷静思考,不与对方产生激烈冲突,其中谈判僵局的产生根源在于对方的谈判失误和偏见。中方运用以硬碰硬的方式迫使对方认识到问题的严重性,使对方做出让步,打破了僵局。

学习情景4 实训与演练

一、角色演练

1. 演练内容

借助淘宝、天猫、当当、京东及微店等网络销售平台，以电器或服务产品为例，开展一次网络销售谈判。

2. 演练步骤、要求

(1) 将全班分为A、B两组，分别扮演顾客和摊主。

(2) 准备5分钟后，各组选出一名代表模拟讨价还价，可以创新，有不同的谈判结果。

(3) 对不同的模拟结果进行对比分析。

(4) 教师进行点评和要点归纳。

3. 评分规则

(1) 由班委组成评委，对每个同学进行评分，最后取评委平均分。

(2) 评分标准：

① 角色扮演(40分)：对话衔接流畅，表演投入；

② 剧本创新(50分)：台词符合角色性格，逻辑严密，有一定的“谈判力”；

③ 时间掌控(10分)：演练时间5分钟。超时则酌情扣分。

4. 注意事项

注意控制时间。

二、课内模拟实训

1. 实训内容

观看电影《王牌对王牌》，记录电影中谈判场景的对话，分析、总结这些对话的巧妙与经典。

2. 实训目的

理论与实际相结合，强化讨价还价的能力。

3. 实训要求

利用课余时间完成电影观看。

4. 实训步骤

（1）观看电影。
（2）记录台词，分析对话，总结电影中讨价还价的方法与技巧。
（3）形成观点，进行 PPT 汇报。
（4）教师点评。

5. 实训课时

1 学时。

三、课外实战训练

1. 训练任务

征集学生近期的购买计划（如计划买电脑、衣服等），把这些计划以任务形式分配到班级小组中。要求运用所学的理论与方法，帮助同学购买到更物美价廉的商品。

2. 训练目的

培养讨价还价的能力。

3. 训练要求

（1）以班级小组为单位进行；
（2）每小组，只能领取一个任务；
（3）训练结束后，由小组形成书面报告。

4. 考核点

讨价还价的能力。

【实训教学建议】

1. 授课教师围绕本项目的教学目标，创设一个与工作、生活实际相似的情境。

2. 通过情境设计，在堂教学中给学生更多参与互动的机会，实现教学双向互动。

3. 在实训教学过程中，实施教、学、做一体的教学思路，尤其是强调学生动脑（思考）、动口（表达）和动手（写与做）的能力训练，改“教师为单一主体”的教学方式为“学生、教师双主体”的教学方式，培养学生课堂上积极参与的好习惯。

7 项目7

Chapter 7

异议处理与促成交易

知识目标

1. 了解并掌握客户异议产生的原因、类型及对策。
2. 掌握促成交易的基本方法。
3. 熟悉交易时机的选择。

能力目标

1. 处理客户异议时能够遵循相关的基本原则。
2. 具备促成交易的能力。

导入案例

土豆的买卖

两辆装满土豆的马车停在自由市场上。一位女顾客走到第一辆马车前,问:“土豆多少钱一袋?”坐在车上的女老板不屑地回答:“55 元一袋。”“噢,太贵了! 我上周买时才 45 元。”女顾客不满地说。女老板懒懒地说:“那是上周的事了,现在就是这个价。”女顾客扭头就走了。**(设问:“交易达成没有? 原因是什么?”)**

她来到第二辆马车前,询问价格。女老板闻听,立刻从车上下来,热情地说:“大姐,您还有真有眼力,这是优选品种的土豆,是我们种的土豆中最好的一种。您看,这种土豆的芽眼很小,削皮不会造成什么浪费;您看,这编织袋里的土豆,个个又大又圆,是经过我们挑选的;另外,您看这土豆,多干净,这是我们在装袋前处理过的,保证您不仅放得住,而且不会弄脏干净的厨房。我想,您不想花钱买一堆土吧? 您说,60 元一袋还贵吗?”女顾客仔细地看了看编织袋里的土豆,点了点头。女老板又不失时机地问:“您要 2 袋还是 3 袋? 我给您搬到车上。”最后女顾客买了2袋土豆。

（资料来源：豆丁网．http://www.docin.com/9-121783568.html）

【思考】本案例中，女老板回答客户异议的时机是什么时候？推销人员对待客户异议应持有什么态度？两位女老板分别是如何对待客户的？

学习情景1 客户异议的处理

客户异议又被称为推销障碍，是指在销售过程中，客户对推销人员、交易条件、商品发出的怀疑、抱怨，做出不赞同、质疑、拒绝的行为。在实际推销过程中，推销人员会经常遇到“我不需要”“我没时间”“我没兴趣”“质量太差了”“价格太高了”等被客户用来作为拒绝购买产品的原因，这就是客户异议。

一、客户异议产生的原因

客户异议产生的原因是多种多样的，销售过程当中，任何一个环节处理不当都可能造成客户对企业商品的质疑。正确区分客户异议，是推销人员应对客户异议、促成交易的基础。客户异议从来源上来区分，可以分为以下几个方面：

(一)客户方面的原因

1. 客户本能的自我保护

人有本能的自我保护意识，在没弄清楚事情之前，会对陌生人心存恐惧，自然会表现出排斥的态度。当推销人员向客户推销商品时，不论商品是否是客户需要的，推销人员对于客户就是一个陌生人，客户会本能地表示拒绝。

2. 客户对商品不了解

客户对商品的了解，都有一个购买—使用—熟悉—习惯的过程，单一的语言讲解难以达到让客户熟悉商品的目的，客户往往下意识地产生怀疑。新产品或者是新品牌产品往往更容易遭到客户的质疑。

3. 客户缺乏足够的购买力

购买力是客户取得收入之后购买货品和服务的能力。它是客户满足需求、实现购买的物质基础。如果客户缺乏购买力，就会拒绝购买或是以此为借口期望得到一定的优惠。商品的价格高于客户能够接受的价格，也是客户拒绝商品的一个重要原因。

4. 客户已有较稳定的采购渠道

大多数客户在长期的生活活动中逐渐地形成了比较稳定的购买倾向。当新的推销人员和新的产品不能使客户确信可以得到更好的利益和服务的时候，客户往往会表现出一种怀疑、排斥的态度。

5. 客户对推销品或推销企业有成见

某些客户根据以往的购买经验和信息，对一些品牌的产品存在比较消极的感情色彩，这种感情色彩不是靠讲道理就能轻易消除的。

6. 客户的决策权有限

在实际推销过程中，如果推销的商品是比较贵重的或者是家庭用品，推销人员经常会遇到客户说“对不起，等我家人一起商量再给你回话”“这个我说了不算，我们要考虑一下”等，这有可能是客户找借口的托词，也有可能是客户确实决策权力不足。

(二)推销品方面的原因

1. 推销品的价格

绝大部分客户都希望获得价格更优惠的产品，他们主观上认为推销品价格太高，物非所值，自然就会产生价格上的异议。

2. 推销品的质量

推销品的质量包括成分、结构、性能等。有些客户的异议，确实是因为推销品本身有质量问题，影响到其本身的功能和寿命；有时是因为客户对推销品的质量在认识上存在本质上的误会。

3. 推销品的品牌和包装

产品的品牌在一定程度上可以代表其质量和特色，包装又是保护和美化产品的重要组成部分。不同产品因为品牌不同、包装不同，价格、销量、评价也就不同。知名度小的品牌和比较粗糙的包装都会降低客户的心理安全度，使客户做出拒绝的举动或者是要求降低价格。

4. 推销品的销售服务

产品的销售服务不仅仅包括售后服务，还包括售前、售中服务。随着市场竞争的日益激烈，客户对销售服务的要求越来越高。在推销过程中，客户对于推销品的服务异议主要有：

推销人员没有满足客户的合理要求;推销人员未能向客户提供准确完整的商品信息;推销人员不能给客户提供一个准确的答复等。

(三)推销人员方面的原因

推销人员缺乏自信心、知识面狭窄、业务不精、推销技艺不熟练服务不到位等原因,都会导致客户异议。因此,推销人员的能力、素质的高低,直接关系到客户的满意程度,影响推销人员的成功。

(四)企业方面的原因

企业缺乏知名度、生产低端产品、不重视宣传、售后服务不到位等,都会直接影响消费者对企业及其产品的看法和产品的销量。

除了以上四个方面的原因,社会上也存在着其他影响产品销售的因素,形成客户异议,如自然灾害、疾病的传播、国际关系的变化、社会风俗的改变等。

二、客户异议的类型

客户异议的类型是多种多样的,可按照不同的标准进行适当的分类。一般可按照其产生的原因、表现形式和真实性进行划分。

(一)按异议产生的原因分类

根据异议产生的原因分类,客户异议可分为以下几种。

1. 需求异议

需求异议是指客户认为不需要产品而形成的一种反对意见。它往往是在推销人员向客户介绍产品之后,客户当面拒绝的反应。例如客户提出“这种产品我们家从来不用”“我们根本不需要它”“这种产品我已经有很多了”等。这类异议有真有假。真实的需求异议是成交的直接障碍;虚假的需求异议往往是客户拒绝推销人员的借口。

2. 财力异议

财力异议是指客户认为缺乏货币支付能力的异议。例如,在推销商品时,往往会遇到客户提出“东西不错,但是我没有足够的钱购买”“近来手头比较紧,等资金回笼了我再来”等。财力异议有真伪之分,真的财力异议是成交的主要障碍,但是财力异议的真伪一般难以辨别。

【同步案例 7-1】

不同的月供方案

客户:“月供 6 000 元,对不起,我负担不起……”

售楼小姐："那如果我给您再做一份供楼计划，是在您能接受的供款范围之内，您觉得怎样？"

客户："好啊。"

售楼小姐："我想知道您希望的月供楼款在什么范围内呢？"

客户："3 000 元。"

应用亮点：案例中售楼小姐人性化的做法有效地化解了准客户的财力异议，使得销售谈判得以继续，且也避免了客户因为购买力问题导致的尴尬，使客户赢得了尊重。

3. 权力异议

权力异议是指客户以缺乏购买决策权为理由而提出的一种反对意见。例如，客户说"我一个人做不了主，要与家人商量一下""我们领导不在，我说了不算"等。与需求异议和财力异议一样，权力异议也有真假之分。

4. 价格异议

价格异议是指客户以推销产品价格过高而拒绝购买的异议。无论产品的价格怎样，总有些客户提出说价格太高、不合理或者比其他同类产品价格高。例如，"我还没买过这么贵的产品""我想买一种便宜点的型号""我不打算买价格这么高的""这个东西不值这么高的价格"等。

5. 产品异议

产品异议是指客户认为产品本身不能满足自己的需要而形成的一种反对意见。例如，客户表示"这个样式不适合我""这个产品颜色我不喜欢""新产品的质量应该不稳定"等。产品异议表明客户对产品有一定的兴趣和了解，但是由于对产品的设计、功能、结构、样式、型号等存在不满或者是质疑，虽然具有购买的充分条件，但是不愿意购买。

6. 推销人员异议

推销人员异议是指客户认为不应该从某个推销人员那里购买推销产品的异议。有些客户不肯买推销产品，只是因为对某个推销人员有异议，他不喜欢这个推销人员，也不愿让其接近。但客户对其推销的产品不存在异议，一般会接受更换一名推销人员来进行服务。

7. 货源异议

货源异议是指客户认为不应该向有关公司的推销人员购买产品的一种反对意见。例如，"我用的是某某公司的产品""我们有固定的进货渠道""买大品牌的商品才放心"等。客户提出货源异议表明客户愿意购买产品，但是不愿向眼下这位推销人员及其所代表的公司购买。

8. 购买时间异议

由于营销环境、客户及营销方法等不同，客户表示异议的时间也不相同。一般来说，客户表示异议的时间有以下几种：

(1) 首次会面。推销人员应预料到客户开始就有可能拒绝安排见面时间。如果这个客户非常具备潜在客户的条件，推销人员应事先做好心理准备，想办法说服客户。

(2) 产品介绍阶段。在这一阶段，客户很可能提出各种各样的质疑和问题。事实上，推销人员正是通过客户的提问来了解客户的兴趣和需求所在。如果客户在营销介绍的整个过程中一言不发、毫无反应，推销人员反而很难判断介绍的效果了。中国有句古话：贬货者才是真正的买主。提出疑问，往往是购买的前兆。

(3) 营销结束(试图成交)阶段。客户的异议最有可能在推销人员试图成交时提出。在这一阶段，如何有效地处理客户的异议显得尤为重要。如果推销人员只在前面两个阶段圆满地消除了客户的异议，而在最后关头却不能说服客户，那一切的努力都将付诸东流。

为了避免在成交阶段出现过多的异议，推销人员应该在准备营销介绍时就主动回答客户有可能提出的异议，为成交打下基础。如果在试图成交阶段客户的异议接二连三，就说明在前面营销介绍阶段存在的漏洞太大。

购买时间异议是指客户有意拖延购买时间的异议。客户总是不愿马上做出决定。事实上，许多客户用拖延来代替说“不”。推销人员经常听到客户说“让我再想一想，过几天答复你”“我们需要研究研究，有消息再通知你”及“把材料留下，以后答复你”等。这些拒绝很明显意味着客户还没有完全下定决心，拖延的真正原因，可能是因为价格、产品或其他方面不合适。有些客户还利用购买时间异议来拒绝推销人员的接近和面谈。因此，推销人员要具体分析客户异议，有的放矢，认真处理。

【同步案例 7-2】

赠品的妙用

客户：“我不要你们的赠品，你再帮我打点折扣吧？”

推销人员：“哦，是这样啊，您的要求也有一部分客人提过，真不好意思，我们品牌是一年四季都不打折的，有赠品这样的活动也是非常少的，而且我们的赠品都是品质感很好的热卖单品，再者，你现在可以免费成为我们的VIP客人，VIP客人是可以以10∶1的积分换购我们的产品，其实是变相给您打了9折，我们的积分3年都有效。其实，我们坚持不打折也是对购买我们商品客人的一种保证。当然，如果您不喜欢我们的赠品的话，也是可以把它作为礼物送人的。您觉得呢？”

应用亮点：案例中推销人员对赠品的妙用起到扭转乾坤的作用，推销人员在客户拒绝赠品的时候巧妙解释赠品在销售工作中赠品一般以消费者为对象，以免费为诱因，来缩短或拉近品牌与消费者的距离。

(二)按客户的表现形式分类

根据客户的表现形式不同,客户异议可分为以下几种:

1. 沉默型异议

表现特征:客户在推销过程中一直非常沉默,不表达自己对产品的质疑和看法,态度冷漠。

2. 借口型异议

表现特征:客户在整个推销过程中,会找各种各样的借口来拒绝购买。如:客户会告诉推销人员“我刚刚才买过这类产品”“价格太高了,我接受不了”“过两天我有时间了再过来看看”等。

3. 批评型异议

表现特征:客户会以负面的方式批评推销人员的产品或者公司,指责产品的质量问题及公司的服务问题。例如,客户在推销过程中指出“你们公司的产品曾经出现过问题”“你们公司的产品质量不如别的品牌好”“你们品牌的售后服务很差”等。

4. 问题型异议

表现特征:客户会提出各式各样的问题来考验推销人员,有时候提出的问题让人无法回答。例如客户询问“你们产品的包装纸成分是什么”“你们产品添加剂过量多少”“你们公司生产这种产品的技术是从哪里购买的”等。

5. 主观型异议

表现特征:客户对推销人员存在主观上的偏见,言语和态度都表现得不友好,甚至故意寻找事端造成冲突。

(三)按异议的真假情况分类

根据异议的真假情况分类,客户异议可分为以下几种:

1. 真实的异议

客户表达出真实的想法来拒绝销售,如目前的确不需要这种产品、对产品的质量存在怀疑、对公司信誉存在不满等。

2. 虚假的异议

虚假的异议表现形式有两种：一种是客户用借口敷衍的方式来应付推销人员，目的是不想诚心诚意和推销人员交谈，不想真心介入销售活动；另一种是客户提出异议，但这些异议并不是他们真正在乎的地方，目的是要借此假象达成隐藏异议解决的有利环境，以降低产品价值，而压低价格。

三、处理客户异议的原则

(一)做好心理准备

遇到客户的异议是必然的。我们在给客户打电话前或者第一次拜访客户前就要想到客户可能会提出什么样的异议，最好能把客户可能会提出的异议列出来，并逐一想好一个或几个完善的答复。这样就可以做到心中有数、勇敢面对、从容应付了。不然，就可能会惊慌失措、不知所云了，也有可能临时发挥不好，不能给客户一个满意的答复，从而被客户拒之门外。推销人员应该做个有心人，把当天遇到的客户异议汇总整理出来，然后大家一起来回答，并把回答的最佳答案记录下来，以备以后在实际推销中加以运用。实践证明，编制标准应答用语，可以起到事半功倍的效果。具体的操作流程如下：

(1) 安排团队里的专职人员负责记录，把大家每天遇到的客户异议记录下来；

(2) 由专职人员分类统计，依照出现频率进行排序，出现频率最高的异议排在前面。

(3) 以集体讨论方式编制适当的应答用语，并编写、整理成文。

(4) 将大家把最好的回答用语熟记在心，以备应答之需。

(5) 由老推销人员扮演客户，大家轮流练习标准应答用语。

(6) 对在练习过程中出现的不足，通过讨论进行修改和完善。

(7) 对修改过的应答用语再进行练习，并最后定稿备用。最好是印成小册子，以供大家随时翻阅，达到运用自如、脱口而出的程度。

(二)保持自信心

自信是一种良好的心理素质的表现。这也是推销人员保证推销工作顺利完成的基本保证。推销过程中，难免会遇到障碍，如客户指责产品质量不好、价格太高、颜色款式设计不合理等。对于这些，推销人员要有克服障碍的自信心。每一个推销人员要详细了解自己的公司、产品、市场行情以及竞争者的状况，不论实际情况如何，都要对自己的公司、产品充满信心。尤其在遭遇客户的冷言冷语时，一定要沉得住气，不能流露出任何不满的情绪和犹豫的神情。

(三)面带微笑,心态平和

微笑是一种全世界通用的语言,能传递心中的爱意,让对方感觉到友善和温暖,从而消除敌意和戒心,建立信任。微笑和心态是息息相关的,面对异议,心态不平和,就很难面带微笑;没有微笑,就不能建立信任。推销人员的友善、平和能够平息客户的愤怒,化解矛盾。

(四)尊重客户,永不争辩

要想取得别人的尊重,首先应当尊重别人。作为一个推销人员,如果要了解客户的需求,顺利开展销售活动,就必须尊重客户提出的异议。当客户提出异议时,不论你是否同意他的观点,他都有权表明自己的看法。推销人员不能一听到异议,便打断对方,否定对方。这样只能说明推销人员对客户缺乏尊重,其结果会令客户不满,达不到销售的目的。推销过程也是人与人沟通交流的过程。与客户保持和谐的关系,才能进一步开展推销活动,因此,一旦客户有异议,千万不能与之争辩,要坚信,客户的异议永远是有道理的。

(五)给客户留面子

推销人员一定要尊重客户的意见,注意给客户留面子。客户的意见无论是对还是错,深刻还是幼稚,推销人员都不能表现出轻视的样子,比如表现出不耐烦、轻蔑、走神、东张西望、接听电话、发短消息、绷着脸、低着头,不敢面对客户等。推销人员在与客户沟通交流中一定要双眼正视对方,面部始终略带微笑,表现出全神贯注的样子。这样客户会觉得我们一直对他很重视和很尊重。当客户在异议面前表现得急躁或者对网络表现出不懂时,我们千万不能对客户生硬地说“你错了”“你不会连这个也不懂吧”,也不能显得比客户知道得更多,如“让我给你解释一下”“你没有搞懂我说的意思呀”“你不会连网络上最起码的知识也不知道吧”等,这些说法明显抬高了自己,贬低了客户,会让客户的自尊心受到伤害。想让客户成为用户恐怕就难了。

(六)站在客户的立场思考

推销过程中,换位思考的方法要经常用到。推销人员往往会认为有些客户的异议纯属小题大做,甚至是无理取闹。但是从客户的角度来看,任何小问题都会产生严重的后果。所以,在客户提出异议时,推销人员要积极站在客户的角度思考,忧客户之忧。

(七)认真分析客户的异议

客户异议是一种自然现象,从某种意义上讲也是一种信息。作为推销人员应正确对待客户异议,认真分析客户产生异议的原因,了解客户的需求,根据客户的不同类型、不同心理、不同要求采取对策,消除客户的疑虑。

【同步案例 7-3】

客户抱怨官网更新速度慢

客户：你们牌子的官网做得不太好，产品更新得好慢啊！

推销人员：嗯，确实，您的建议非常好。因为我们现在品牌的工作重点主要还是在优质商品的设计和生产，对这方面的系统建设的确不够完善。不过，我们新的网站很快就会推出了。如果您需要及时了解我们产品信息的话，您可以看看这边的画册或留下您的手机号码，有新品会及时通知您。你现在看一下有什么喜欢的可以试一下啊。

应用亮点：案例中推销人员认真对待客户异议，理性引导客户关注产品设计和产品品质，转移客户对原有问题的持续关注，巧妙将公司的优势告知客户，有效加强了与客户之间的沟通。

(八)适时处理客户的异议

面对客户提出的异议，推销人员不一定要马上处理，应该选择适当的时机。时机选择正确，往往会达到事半功倍的效果。

【同步案例 7-4】

不同原则处理异议的不同效果

模式一：

客户：报 3 个人有优惠吗？

推销人员：没有，都是统一价！所有的旅行社没有一家会给您优惠的，因为旅行社的利润已经非常薄了。

客户转身离去。

模式二：

客户：报 3 个人有优惠吗？

推销人员(微笑、点头)：买东西时都希望能以优惠的价格买到称心如意的产品(表示出在关注客户)。只是，旅行社的利润真的已经很薄了，所以，非常不好意思，不能在价格上帮到您。不过，我们一定会在产品的服务上随时随地周到贴心地为您服务！请先生相信我们旅行社的品牌与品质。

客户很爽快地交钱报名并且许诺会介绍自己的朋友、同事前来。

应用亮点：用不同的方式处理相同的异议往往结果大为不同，推销人员应诚恳、和善、积极地面对客户的异议。推销人员积极辨明异议的真正内容，并分析出客户所提异议的动机；找出分歧点，逐步消除疑虑、误解；然后提出解释，说服客户以达成共识。

四、处理客户异议的时机

美国某权威机构通过对几千名推销人员的研究发现，优秀推销人员所遇到的客户严重反对的机会只是普通推销人员的1/10,主要原因是:优秀的推销人员对客户的异议不仅能给予一个比较圆满的答复,而且能选择恰当的时机进行答复。这个是很重要的,很多优秀的推销人员在这方面把握得都很恰当。可以说,懂得在恰当的时候回答客户的异议的推销人员会取得更大的业绩,推销人员对客户异议答复的时机选择一般有四种情况值得借鉴:

(一)在顾客提出异议之前及时处理

防患于未然是消除客户异议最好的方法,推销人员觉察到客户会提出某种异议,最好在客户提出之前就主动提出并给予解释,这样可以使推销人员争取主动,做到先发制人,避免因纠正客户的看法或反驳客户的意见而引起不快。推销人员完全有可能预先揣摩客户异议并抢先处理,因为客户异议的发生有一定的规律性,虽然大家每天接触的是不同的客户,但是推销的都是产品,产品的表现形式、功能、价值、价格及相关服务都是一样的。客户会有什么样的异议产生,推销人员心里一定是有数的。比如推销人员谈论产品的优点时,客户很可能会从最差的方面去考虑,也会从同质产品的优点上加以比较。有时,客户虽然没有提出异议,但其表情、动作等肢体语言以及措辞和声调可能有所流露,推销人员觉察到这种变化时就可以抢先解答。要在异议提出后立即回答,因为绝大多数的异议需要立即做出回答,这样既可以促使客户购买,又表示对客户的尊重。

(二)在客户提出异议后马上处理

通常情况下,在客户提出异议后,推销人员就要立即热情地回答客户的异议,以免怠慢客户,导致客户对推销人员或者产品失去耐心。推销人员不能回避客户的异议,否则客户的疑虑会加深,并拒绝进一步了解产品甚至拒绝购买。如果推销人员对于客户的异议不能马上回答,也必须向其说明原因,争取客户的谅解与合作。

【同步案例 7-5】

善解人意的推销人员

在养生堂展台促销时,一位女客户走近柜台,其言谈举止告诉我:她是我们产品的老客户,对产品的价格也非常了解。她说:"在药店可以刷医保卡,也只比你们这里贵五块钱。"

此时,推销人员张华瞄了一眼展台上摆放的精美赠品及旁边陈列的易拉宝广告,心想药店里是没有赠品的。但通过客户的眼神可知,她想让张华送更多的赠品。为了留住这位顾客,张华表示这里不仅价格比药店实惠,而且还有赠品。不多言,客户很快就决定要购买。

应用亮点:案例中推销人员面对客户有多个购买选择时,要积极主动、审时度势、敏锐捕捉客户的异议关键点并及时处理,使得交易成功。

(三)推迟处理客户的异议

有一种特殊情况,马上回复客户的不同意见反而对推销工作不利,则可以采取推迟处理的方法。推迟回答客户的异议必须符合以下情况:

(1) 推销人员不能马上给客户一个满意答复。

(2) 推销人员马上回答客户异议会影响整个推销过程。

(3) 推销人员不想反驳客户。

(4) 随着推销洽谈的深入客户异议会自行消除。

(5) 推销人员预计推迟回答客户异议有利于缓和气氛。

(四)不处理客户的某些异议

许多异议不需要处理。如无法回答的奇谈怪论、容易造成争论的话题、废话、可一笑置之的戏言、异议具有不可辩驳的正确性、明知故问的发难等。如果遇到上述异议,可以使用以下处理技巧:沉默、装作没听见,或者故意接听一个电话或拨打一个电话,或者按自己的想法继续说下去,不要考虑客户说什么;或者答非所问,悄悄扭转对方的话题;或者用幽默的方式回答,最后不了了之。不处理客户的异议有以下三个好处:

(1) 避免推销人员与客户纠缠不清。

(2) 有利于推销人员节省时间,有效进行推销。

(3) 有利于推销人员与客户保持良好、和谐的人际关系。

五、处理客户异议的策略

在推销洽谈过程中,客户异议是不能避免的。只有针对不同类型的异议区分处理,才能更好地促成交易。

(一)针对异议产生原因的处理策略

1. 处理价格异议的策略

价格问题直接涉及客户和推销人员甚至公司的多方利益,是影响推销的重要因素,处理这方面异议时可以有以下策略:

(1) 以防为主,先发制人。根据客户的资料和事先的反应,对客户可能提出的价格异议提前准备答复。通常情况下,不要等客户提出来,就要把客户的异议化解,让客户感觉物有所值。

(2) 先谈价值,后谈价格。为了预防价格异议的产生,推销时应倾向于向客户介绍产品的价值,即产品能为客户带来多大的收益。客户认识到产品带来的好处后,自然不会过多考虑产品的价格了。

(3) 介绍产品特色。在推销开始时,就要先声夺人。没有一个客户愿意买一件没有任何特色的产品,在客户刚刚接触产品的时候,就要适时地向客户说明产品的特点,尤其是产品与客户本身的切合点。当客户有一种产品是为自己量身定做的感觉时,就不会在乎价格的高低了。

(4) 竞争品比较。同一类型的商品往往有很多厂家生产,大多数客户会横向比较后再做决定。推销人员要做的就是帮助客户横向比较,向客户说明自己所推销的产品就是所有厂家中最好的,最具有竞争力。

(5) 不到关键时刻不让步。推销人员让步一定要让在点子上。客户对通过讨价还价取得的让步往往会倍感珍贵。相反,客户轻易地得到的让步会让其质疑产品价格的原有水分。

(6) 让步幅度小。对客户的价格异议,如果推销人员的让步幅度过大,会给客户造成一种不知足的心里,期待推销人员无底线的退让。反之,推销人员让步幅度小,次数多,会给客户一种真实的感觉,让客户不再怀疑产品的价格。

2. 处理货源异议的策略

客户提出的货源异议大都与推销人员所在的交货能力、售后服务、信用状况和生产规模等问题有关,消除货源异议可采用以下策略:

(1) 以诚相待。提出货源异议的客户多数有过不愉快的购买经历,他们担心再一次上当受骗,所以格外仔细认真。推销人员在处理货源异议时,一方面,要耐心倾听客户的抱怨,让客户吐露自己的不愉快,从而平衡心情;另一方面,要着重向客户保证自己企业的信誉和品质,消除客户的戒备心和怀疑。

(2) 提供例证。当客户怀疑推销的产品是否质量可靠、渠道合法时,推销人员可以向客户提供一些客观证据复印件,如厂家的代理授权证书、企业营业执照、产品生产及销售许可证、质量管理体系认证证书、产品质量鉴定报告、获奖证书及知名企业、知名人士的订货合同或者使用记录等资料。这些客观证据有利于客户消除顾虑,促进购买。

(3) 有效类比。若客户对某次交货不及时而感到不满,致使原本顺利成交的交易暂停时,推销人员可以采用类比的方法向客户保证一定会注意和改正以往的疏忽和不足,提供更贴心优质的产品和服务。

3. 处理购买时间异议的策略

在推销活动中,在推销人员进行详细的产品介绍之后,客户经常会提出购买时间异议来拒绝即时购买。实际上,客户大部分的时间异议是一种借口,他们主要是为了争取更大的价格或者服务优惠。针对这种异议,可以采取以下几种策略进行应对:

(1) 货币时间价值法。商品的价格一般会受到市场上供求关系的影响。推销人员可以结合市场的行情告诉顾客,未来产品可能供小于求,那么客户将会花费更多的金钱才能购买到相同的产品,而且拖延购买会增大客户的时间成本和机会成本,对于客户本身是不利的。

(2) 优惠成交法。这种方法主要是针对有购买意向,但是由于犹豫不决的客户。当客户已经对产品动心,但是因为价格或者造型等因素拿不定主意时,推销人员可以提出某一项优惠策略,比如降价 10%,或者赠送 5%的数量等。

(3) 区别对待法。这种方法是利用客户的自尊心理促进交易的达成。当推销人员给予客户不同于他人的优惠条件或者服务态度时，客户往往会产生一种满足感，进而接受交易。

(4) 竞争诱导法。推销人员向客户指出购买该产品将会使客户在某些方面获益，而且其竞争对手已经购买此类产品并且获得好处，客户如不尽快购买将会在与同行的竞争中处于劣势。这种方法可以打破客户的疑虑，促进成交。

(二)针对异议表现形式的排除策略

1. 沉默型异议的排除策略

可多问客户一些与销售无关的开放式的问题，引导其说话是第一步。当他与你谈话时，再慢慢地将其注意力引到推销品上。要鼓励客户多说话，多询问客户的需求与意见。

2. 借口型异议的排除策略

用友好的态度向客户解释，如"您提出的这些问题我们待会儿专门讨论。现在我先花几分钟时间给您看看我们的产品，您可以试用看看"等，将客户的这些借口型异议先搁置一旁，转移他们的注意力到其他感兴趣的项目上，在多数情况下这些借口自然就会消失。

3. 批评型异议的排除策略

首先要看客户对于这种批评型的异议是真的批判还是随口找出的借口。假如是真的批判，你应该及时解释："我不知道您是从哪里听来的这些消息，同时我也能够理解你对这些事情的担心……"接下来再向客户介绍目前产品的质量和服务都进行了改善提高，并且拿出客观证据来证明。假如是客户随口提一下，也需要解决客户的问题，打消客户疑虑，坚定客户信心，让客户认为买所推销产品物超所值。

4. 问题型异议的排除策略

首先要对客户的问题表示尊重以及兴趣，可以说"您的问题非常专业"或者"您的问题非常具有讨论价值"。接下来就可以回答客户的问题，在回答问题时，要穿插介绍自己产品的优点和竞争力，力求在解决异议的同时达到推销的目的。

5. 主观型异议的排除策略

主观型异议表明推销人员的亲和力较差，与人沟通交流的能力较差。如果出现了这种异议情况，推销人员应该立即改善亲和力，少说话，多听，多问，让客户阐述自己的观点。

【同步案例 7-6】

汽车销售进行中

推销人员：刚才介绍了这么多，您看，您喜欢这款车吗？或者还有其他我遗忘的问题没有介绍吗？

客户：哦，我还是很喜欢这款车的。但是，我需要和我太太商量一下，买车前还是让她了解一下比较好。

推销人员：当然了，让家人一同来看车是一件好事。我也是，在买任何东西前都得经过太太确认，否则就麻烦了。您太太现在在哪里？

客户：她在上班。

推销人员：您可以给她打一个电话吗？或者我们可以将车现在就开过去，给她一个惊喜。

客户：恐怕不太方便，她是一个客户经理，可能正在拜访客户，要不我们先谈谈价格，晚上她下班也许会过来。

推销人员：我的意思是先让她有机会看车或者试驾，当您决定要买了以后，我们可以协商一个好的价格。

客户：那我们还是晚上一起来看吧。

推销人员：先生，其实我有 3 个原因希望你们可以一起来试驾：第一刚才您试驾的时候时间比较短，可能对车的体会不深；第二如果与您太太一起试驾，两个人的体会会比较全面；第三您说了，您喜欢这款车，只有您知道您太太会喜欢什么样的车。

客户：哦，是这样。这款全新的车我还不熟悉，让我自己开还有一点担心。

推销人员：没有关系，只要开上手，就熟悉了，况且新车也有保险，不用担心。即使您不喜欢这款车，也没有关系，我们就当交个朋友。

客户：好吧，你为什么现在不能跟我说车的底价呢？

推销人员：我觉得在您太太不在场，谈价格有些不妥，除非您决定购车，不需要考虑她的态度。等您和太太一起来的时候，我们就开始讨论对您来说合适的价格。另外，我也要根据您的情况与经理协商一下，看是不是有好的分期付款计划。

客户：也许你说得对吧！那么我们现在就走吧。

（资料来源：太平洋汽车网．http://bbs.pcauto.com.cn/topic-1302106.html）

应用亮点：案例中推销人员非常理解家庭成员在家庭大额消费决策过程中互相沟通交流的重要性，让客户感受到自己家庭所有成员都得到了尊重，为交易的继续扫除了障碍。

六、处理客户异议的方法

每个推销人员都有自己独特的处理异议的方法，不同的方法适用于不同的客户、产品和场合。一名优秀的推销人员只有掌握多种多样的消除异议的方法，才能在处理客户异议过程中取胜。以下是最常用的几种处理客户异议的方法：

1. 间接否认法

间接否认法指推销人员听完客户异议后，先肯定对方异议，然后再阐述自己的观点。先肯定对方观点，是对对方的基本尊重；再说明自己的观点，是为了消除客户的异议，促成交易。人都需要被承认，需要被肯定，推销人员对客户的肯定会达成与顾客之间的共鸣，进而客户会更容易接受推销人员的观点。客户都需要被尊重，所以只能顺其性而智取，不能直接反驳。推销人员使用这种方法要让客户知道，为什么他的观点不对，即对于客户异议用“是的……但是……因为……”答辩。这样可以很好地转变客户的观念，将其思维引导到自己的推销模式里。

【同步案例 7-7】

承认对方异议

一位客户在购买吸尘器时提出：“这种型号的吸尘器价格太贵，几乎比另外一个型号贵了一倍。”

推销人员回答道：“先生，您说得很对，这个款式的价格确实是比较高。但是它的功能也是其他产品不能相比的，它有内置的可以灵活拆卸的垃圾桶，方便您及时清理吸尘器中的垃圾；它内置了雾化装置，确保吸尘过程中不会产生任何扬尘；而且它能够处理一些比较顽固的污垢，使吸尘效果更好，更加省时省力。所以，一分价钱一分货，它的性价比还是很高的。”

应用亮点：案例中推销人员在面对客户异议时没有直接反驳，而是设法消除客户疑虑，很好地处理了客户的异议。

2. 直接反驳法

直接反驳法又叫反驳处理法，是推销人员根据比较明显的事实与充分的理由直接否定客户异议的方法。理论上讲，这种办法应尽可能避免。直接反驳对方容易伤害对方的自尊心，使推销陷入僵局，使客户产生敌对心理，不愿意接纳推销人员的意见。但如果客户的异议是来自于对公司或者产品的偏见或者误解，推销人员不妨直言不讳。

应用这种方法，推销人员必须注意以下几点：

(1) 态度一定要友好而温和，最好是引经据典，这样才有说服力。

(2) 不能伤害对方的自尊心。

(3) 对自尊心强、爱面子的客户最好不要运用这种办法。

【同步案例 7-8】

直 接 反 驳

(1) 客户：“这房屋的公共设施占总面积的比例比一般要高出不少。”

推销人员：“您大概有所误解，这次推出的花园房，公共设施占房屋总面积的 18.2%，一般大厦公共设施平均占房屋总面积的 19%，我们要比平均占比少 0.8%。”

(2) 客户：“你们企业的售后服务风气不好，电话报修，维修人员都姗姗来迟！”

推销人员："我相信您遇到的情况一定是个案，有这种情况发生，我们感到非常抱歉。我们企业的经营理念就是'服务第一'。企业在全省各地的技术服务部门都设有电话服务中心，随时联络在外服务的技术人员，希望能以最快的速度为客户服务，以达成电话报修后两小时一定到现场的承诺。"

（资料来源：市场营销频道．http://www.studyems.com/library/3cf0f2b8e3f633a4.html）

应用亮点：案例中推销人员肯定客户所言的真实性，并以具有说服力的语言解除了客户心中的异议，使得成交更近一步。

3. 以优补劣法

以优补劣法又叫补偿法。如果客户提出的异议确实切中了企业产品或服务的要害，推销人员千万不能够直接否定或者拒绝回答。明智的办法是承认缺陷，然后利用一些优惠措施或者是商品的优点来弥补其不足。这种办法侧重于心理上对客户的补偿，以使客户获得心理平衡。

【同步案例 7-9】

以优补劣

客户："这个皮包的设计、颜色都非常棒，令人耳目一新，可惜皮的品质不是顶好的。"

推销人员："您真是好眼力，这个皮料的确不是最好的，若选用最好的皮料，价格恐怕要高出现在的五成以上。"

应用亮点：推销人员通过巧妙的赞美客户，顺势引出价格异议解决的关键，运用补偿法有效地弥补了产品本身的弱点，大大彰显了产品的性价比。

4. 委婉处理法

推销人员在没考虑好怎样答复客户的异议时，不妨先用委婉的语气把对方的反对意见重复一遍，以达到削弱对方气势的目的。有时转换一种说法会使问题的回答容易得多，但只能减弱而不能改变客户的看法，否则客户会认为你歪曲他的意见而产生不满。推销人员应在复述之后问一下："您认为这种说法确切吗?"然后再继续下文，以求得客户的认可。如客户抱怨："价格比去年高多啦，怎么涨幅这么高?"推销人员可以这样说："是啊，价格比起前一年确实高了。"然后再等客户的下文。

5. 冷处理法

这种方法适用于不影响成交的客户异议。对于这种反对意见，推销人员最好不要反驳，最佳办法是不予理睬。很多客户在销售过程中会提出一些情绪上的异议，以发泄自己的不满，但是这种异议一般不影响成交。推销人员要做的就是倾听，让客户发泄这种不满，进而能够以平常心对待自己的产品。但这种办法也存在不足，不理睬客户的反对意见，可能会引起客户的质疑，伤害客户的自尊心，使客户拒绝成交。所以，利用这种办法时一定要谨慎。

6. 转化法

转化就是把缺点转化为优点，利用客户的反对意见来处理异议。客户的反对意见是有双面性的，它既指出了产品的缺点，也指出了产品的独到之处。推销人员要做的就是利用这种双面性，以子之矛攻子之盾。比如客户说："太贵了！"推销人员立即回答："价格高才能体现您的身份和品位！"这种办法是直接利用客户的反对意见，转化为肯定意见，但应用这种技巧时一定要讲究礼仪，不能伤害客户的感情。此法通常不适用于与成交相关的或敏感性的反对意见。

【同步案例 7-10】

儿童图书的销售

客户："我的小孩连学校的课本都不感兴趣，怎么可能看课外读本？"

推销人员："我们这套读本就是为激发小朋友的学习兴趣而特别编写的。"

应用亮点：投其所好，直面客户的异议，并顺势将客户异议转化成购买产品的理由。

7. 预防处理法

预防处理法是指推销人员在推销过程中，预料到大多数客户都会存在某种异议，就在客户尚未提出异议时，自己先把问题说出来，继而适当地解释说明，予以回答。预防处理法的最大好处就是先发制人，有效地阻止客户的异议。但是这种方法要求推销人员要事先做好大量的调查工作，找出客户异议的原因及解决方法。

8. 正面解释法

当客户提出的异议是对产品质量或者企业信誉的质疑，涉及专业问题时，最好采用正面解释法。解释法的原则是先解释后再给答案，能够体现出推销人员的专业性，客户才更容易接受这种解释。例如，客户询问"会变形吗"，推销人员回答"因为我们的产品是采用××技术，经过××处理，所以不会变形"。这一方法的运用，对推销人员关于产品的材质、工艺、环保等方面的知识要求比较高。

9. 平衡法

当客户提出异议时，推销人员可以提示产品能给客户带来各种实际的其他好处，或者给客户提供一些打包的免费服务，这样客户的心理就容易得到平衡，这就叫平衡法。比如，在给客户做网站时，可以免费为客户提供一个国际域名；在向客户推销网络实名时，可以为没有网站的客户提供一个免费的模板网站或者网络名片；在向客户推销智能广告产品时，可以给客户附加一个汉语拼音的广告关键词；等等。

10. 化整为零法

化整为零法就是在客户对某个产品价格发生异议时，推销人员采取算账的方式，把价格化整为零，让客户在心理上容易接受。比如，把产品的价格算到月，或者算到天，那就是几元钱、几毛钱一天的小数字了，这样分摊后的价格，客户就容易接受。

学习情景 2　交易的促成

销售是以成交为目的而开展的一系列经济活动。客户异议的化解是销售的手段，让客户购买才是销售的目的。所谓成交，是指客户接受推销人员的推销建议而购买推销产品的行动过程，也就是客户与推销人员就推销产品的买卖商定具体交易。只有成功地达成交易，才是真正成功的推销。成交是面谈的继续，但并非每一次面谈都会成交。在推销过程中，成交是一个独特的阶段，它是整个推销工作的最终目标，而其他的推销阶段只是达到推销目标的手段。成交是整个推销工作的核心，其他各项工作都是围绕着这一核心进行的。只有到了成交阶段，客户才能决定是否购买推销产品。因此，成交是推销过程中最重要、最关键的阶段之一。没有成交，推销人员所做的一切努力是徒劳的。因此，一个优秀的推销人员应该具有明确的推销目标，千方百计地促成交易。

一、促成交易的心理障碍

推销人员在促成交易时表现出来的心理障碍主要有以下几种：

(一)害怕被拒绝，害怕失败

一般推销人员在推销时很害怕听到“我不要”“我考虑考虑”等回答。其实即使提出成交真的被拒绝了，也要勇于面对被拒绝的现实。销售中拒绝是常见的事。推销成功率是1%，那么向100个客户推销必然会有一个是成功的，也许成功推销的那个客户就是你现在服务的客户。推销人员不要把客户的一次拒绝视为推销的失败。事实证明，客户拒绝一次以后，推销人员仍然可以通过反复的劝说来促成最后的交易。

(二)对自己或对产品没有信心

推销人员对自己没信心，对自己的产品没信心，就会在客户面前心虚，底气不足。推销人员认为自己是为了利益而欺骗消费者，向消费者销售质量不过关、性能不好的产品。因此，推销人员的不自信直接造成了客户对推销人员及产品的质疑。

其实，事情的成功和自信存在着相当大的关系。没信心就会说话吞吞吐吐，不专心。推销人员一定要表现出对自己、对产品的绝对自信、坚信自己的产品能够为客户带来更大的利益或享受，要理直气壮地告诉自己，“我就是帮客户解决问题的”。

(三)期望客户自己开口，主动购买

很多时候，即使客户对产品有需求，也需要推销人员来推动他们做最终的决策。推销人员不主动提出成交，只会白白失去成交机会。更重要的是，推销人员不仅不能放过提出成交的机会，还要主动创造成交的时机，促成交易。

二、促成交易的基本策略

推销质量的高低最终决定于最后的成交结果，经验丰富的推销人员不仅善于采取各种方法排除推销过程中遇到的异议，而且更善于采用适当的方法有效地促进交易的达成。以下是几种主要的促成交易的基本策略：

(一)积极、热忱

积极、热忱是促成交易的关键，如果推销人员不够积极、表现得不够热忱，交易是不可能成功的。

(二)镇定自若，充满信心

有许多推销人员，甚至是有几年业务经验的推销人员，都可能会在成交时感到非常紧张。这很正常。推销人员如果对成交缺乏信心，整个推销活动都要受到影响，因为推销人员时刻担心不能促成交易，不能专心应付眼前的局面，更有甚者，对成交产生了一种恐惧感。这种恐惧感通常是由两个原因造成的：一是不懂成交技巧；二是羞于启齿。这往往说明这个推销人员还是一个新手，在业务上不纯熟。经验丰富的推销人员在接近成交时，始终如一地保持着平和的心态，才能让客户安心。在洽谈进入成交阶段时，推销人员的态度会对客户的决定产生很大影响。如果高度兴奋、喜形于色，那就说明你是一个新手，客户往往对新手处理的业务不完全放心。如果极度紧张、举动失常、词不达意，与客户的沟通就会受阻，不能顺利地达成交易。如果推销人员对即将取得的成交流表现出忧虑状或迫不及待，客户会怀疑其推销目的或者产品的质量。一个合格的推销人员，应该平静地把成交信息传递给客户，让对方认为成交是自己做出的决定。

(三)善于捕捉成交信号

成交信号是指客户在接受推销业务过程中有意无意流出的购买意向，它可能是一种成交的暗示。在实际推销工作时，客户由于处在特殊地位，为了取得或者保证对自己有利的交易条件，往往不愿意轻易提出成交。但是，客户的成交信号总是能有意无意地通过各种方式传递出来。以下就是几种典型的成交信号：

(1) 客户开始点头、微笑。

(2) 客户由放松状态转为谨慎状态。

(3) 客户身体下意识地向前倾。

(4) 客户放下跷起的二郎腿。

(5) 客户点起香烟但是不抽,任由其燃烧。

(6) 客户开始询问付款方式。

(7) 客户讨论有关售后服务的问题。

成交信号可能是稍纵即逝的,推销人员应当学会并且捕捉这些成交信号,及时抓住成交的时机。

(四)抓住成交的时机

从理论上说,一个完整的业务过程可分为寻找客户、接近客户、洽谈、处理异议、成交等不同阶段。但是,在实际业务过程中并不是绝对地严格按这一顺序进行,因为客户对产品的兴趣程度并不是随着时间的流逝而逐渐加深的,如图 7-1 所示。成交的最佳时机往往是目标客户在对商品的兴趣达到较大值的时候。在推销活动当中,随着双方对所商讨问题的不断深入,成交的机会可能随时出现,如图 7-2 所示。但不是说一个推销过程中成交的时机只有一次,而是说推销人员要时刻注意倾听和观察,抓住任何可能的机会促成交易。

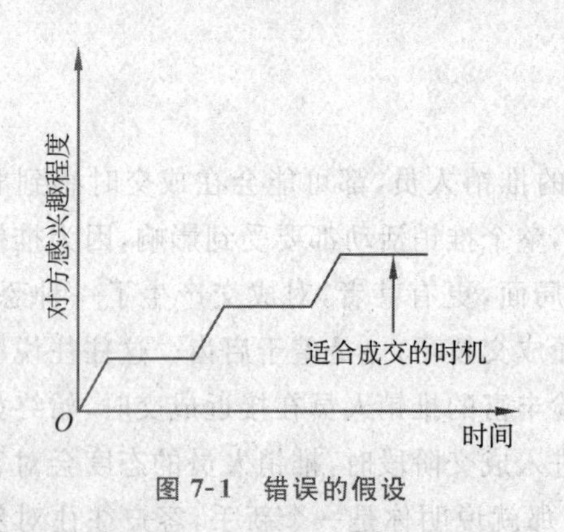

图 7-1　错误的假设

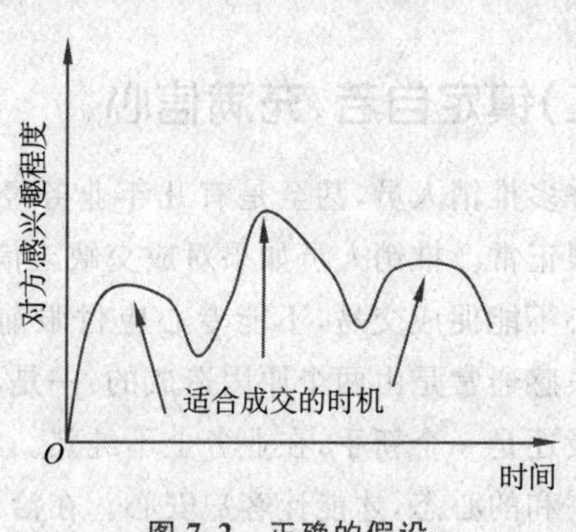

图 7-2　正确的假设

(五)锲而不舍力争成交

任何推销都不会一蹴而就。当推销人员提出成交的建议或者请求时,绝大多数客户不会立即接受。成交是一个过程:当时机成熟时,推销人员向客户提出成交的建议,客户就会犹豫或提出要求,推销人员要设法消除客户的异议并做出必要的让步,然后再次提议、让步,不断重复,不断深化,一次次争取直至成功。然而,并不是锲而不舍都会取得成果,要正确面对失败,在面对失败时仍旧不退缩才是一个合格推销人员应当拥有的素质。

(六)保留一定的成交余地

保留一定的成交余地,是指推销人员在推销过程中,要为自己留下足够的退让空间。任何交易都不是一蹴而就,所以在客户决定成交之前,推销人员不能亮出底线。人的欲望都是无限的，当推销人员报出自己的最低要求时，客户所期望的是更多的让步。如果推销人员在推销开始的时候就报出自己的底价，那么当客户要求再做出一些让步才同意成交时，就没有任何的退让余地了。所以，为了减少被动，有效地促成交易，推销人员一定要保留适当的退让余地。

三、促成交易的技巧

(一)利益总汇法

客户提了很多问题，推销人员解释得很好，客户也觉得满意，觉得这个产品或服务对他的确有帮助。推销人员与客户之间的交谈对推销人员是有很大帮助的，这种技巧性地促成交易的方法，这叫利益总结法，或叫作利益总汇法。

【同步案例 7-11】

利益总汇法在汽车销售中的应用

场景：推销人员和两位客户围坐在小会议桌旁，顾客认可推销人员对车辆的推荐，气氛比较轻松。

推销人员：总之，这辆车的油耗比同档次、同排量的车要低，外观也符合您的个性，越野性强，底盘高，您所期望的都可以满足，而且可以说是超出你的预想。

客户：是，我对要买的车的要求，你这款车都可以达到，我挺满意的。

推销人员：是呀，价格又适中，对，说到价格，您准备采用什么样的付款方式？

应用亮点：案例中推销人员集中向客户介绍各种所推销汽车的优点，获得客户积极肯定之后，进一步强调产品优势，并顺势加速成交。

(二)本杰明·富兰克林法

本杰明·富兰克林法也叫做总结法。多年来已经有很多推销人员成功地运用这个方法，它非常简单、清晰，容易理解。当推销人员与关键人物多次接触后，彼此建立了一定的人际关系，采用此种方法容易让客户坚定地下决心，特别是用书面形式写下这些总结性信息时，能让客户感觉到哪些地方好，哪些地方不好，这种情形可以让客户感觉到推销人员讲得有道理。

(三)提条件法

爱较真儿的客户往往要求推销人员按照严格的标准提供产品与服务，推销人员面对此类挑战时往往无法确定是否能够克服相应的困难。因此，如果能够能够满足客户提出的要求，便可以使客户做出购买决定。但也应注意，在客户提出一定条件时也要给顾客提一定的条件。

(四)价值成本法

价值成本法，是指推销人员通过分析，告诉客户产品能够带来的价值或者节约的成本远远大于产品本身的价格。当能够为客户提供改善工作效率、增加产量或者是降低成本的商品或服务，并且客户购买产品的成本小于购买产品能够节约的成本时，推销人员可以使用价值成本法促成交易，因为此方法具有极强的说服力。

【同步案例 7-12】

业务员的步步说服

总经理这样说："我不知道为什么你们公司派了三个顾问替我们改善库存及采购系统，两个月的时间共需要 100 万元的费用，相当于每人一个月差不多 20 万元了，我都可以花这么多钱请好几个厂长了。"

业务员回答："报告总经理，根据贵企业提供的每个月的库存资料，其金额为 6 000 万元，由于生产数量逐年增长，库存的金额也在逐渐地上升。我们顾问只花两个星期对贵厂的采购作业流程、生产的流程、现场生产作业的所有状况做了详细了解，并制定改善方案，贵公司在半年以后库存的金额会下降到 3 000 万元，你的利息每年可以下降 300 万元，你节省的费用足以支付我们顾问的费用。"

总经理说："话虽不错，你怎么能够保证将库存降到 3 000 万元呢？"

推销人员说："要做到库存的降低，采购作业方式要改善，交货期间、交货品质安排生产作业方式也要调整更改。库存金额的降低，只是最后显现的一种结果，因此你要同意签下这份合同，你每个星期都会收到一份报告，报告上会告诉你我们本星期会完成哪些事项，以及我们上星期完成的状况，这时您可以监视我的绩效，我们会让您清楚看出您投入的每一分钱都能够确实得到回报，若您认为不值得，您完全可以中止付款。因此您可以通过评估得出，您支付给本企业的顾问费都是从您省下来的费用中拨出来的，事实上您根本就不需要多支付任何额外的费用，却能够达成提升工厂管理品质的目的。总经理，我诚恳地建议您，这的确是值得一试的事情，如果您现在就签这份和约，我可以安排一个半月以后开始这个项目。"

（资料来源：势能学习网 .http://www.cneln.com/club/index/content_fabu.php?book_id=10998&id=46731）

应用亮点：案例中推销人员清晰的思路告知对方产品的价值，即通过投入与产出比的方法分析产品的性价，当购买产品的成本和产品所带来利益的差值足够大时，该产品的吸引力便自然大增。

（五）哀兵策略法

当推销人员用尽各种方法都不能引起客户的兴趣时，不妨采取哀兵策略，打开客户的恻隐之心，让客户卸下防备，说出自己的真实异议。具体步骤如下：

(1) 态度诚恳，做出请求状；

(2) 感谢客户安排时间让你推销；

(3) 请客户指出自己销售时有哪些错误；

(4) 客户说出不购买的真正原因；

(5) 了解原因，再度推销。

四、促成交易的方法

成交过程是一个客户内心衡量的过程，即使决定购买，内心也会斗争一下。成交技巧就是在客户的心理天平上增加一个小砝码，使其倾向于购买。针对不同的客户需要使用不同的方法。促成交易的方法有很多种，不同的方法适用于不同的场合，并且灵活运用和适当组合这些方法，推销人员就可以有多次促成交易的机会，不断推进自己的业务。

(一)把客户需要的卖给客户

这种方法是最简单也是最容易被推销人员所忽略的。无论是推销人员还是客户，每个人都有对方需要的东西。能让人去做任何事情的唯一方法，就是把他所需要的给他。

(二)直截了当法

直截了当法是指推销人员直接邀请客户购买产品，如“您看看您需要哪一款”。这种方法简单、直接、快捷，在某些场合十分有效。当推销人员妥善处理了客户的异议时，直截了当促成交易是非常有效果的。但是如果客户拒绝购买，推销活动即刻终止，使推销人员无果而终。因此，直截了当法也是许多推销人员保留到最后才用的“杀手锏”，当所有其他间接的方法都没有效果时，不妨要求直接成交，即使最后被拒绝，也能保证不会错过成交机会。

(三)征询意见法

有些时候推销人员并不能肯定是否该向客户请求成交，也许不敢肯定是否正确地观察到了客户的购买信号。在这样的情况下，最好能够使用征求意见法。比如“您觉得我们的产品如何”“您还有什么不满意的地方吗”等这种方法能试探客户的主观想法，在一个没有压力的环境下，观察客户的成交意向。如果客户没有提出新的异议，那么推销人员可以直接要求成交。

(四)选择法

永远不要把选择权放到客户手里。客户的选择一般只有两种情况：购买、不购买。如果让客户自主选择，会丧失很多成交机会。一个合格的推销人员应该主动为客户提供选项，比如“您是拿这个性价比高的还是这个精巧一些的”“您是刷卡还是付现金”等。总之，推销人员提供的选择不是介于买与不买之间，而是关于买什么类型的产品、怎么买。这种方法往往给客户一种暗示：我已经决定要买了。

(五)示之以利法

示之以利法是指在一系列的问题都已接近解决时，推销人员将客户感兴趣的一些利益综合起来，刺激客户下最终的决定。很多客户都对推销品动过心，但是真正购买的只是其中的一部分,因为有一部分在客户最后决定购买的时候被放弃了。为了防止这部分客户流失,在推销接近尾声、交易即将达成的时候,推销人员可以再一次重温产品能够给客户带来的利益,激起客户成交的冲动。

【同步案例 7-13】

保险推销中的示之以利

艾先生正在为是否购买人寿保险犯愁。

推销人员:"您的这份保障计划在交费期内有充足的身故保障金,又有一笔养老祝寿金。"

艾先生:"我考虑一段时间看看……"

推销人员:"明天会有什么事发生,谁都无法预料。趁现在身体健康时赶快投保才是最明智的抉择。根据您的保障额度,现在投保可以免体检,您这个月投保少算一岁,可以省1 000多元。以后再投保只会增加您的保费负担,而且身体状况也会走下坡路,那时候可能会丧失投保的资格。"

应用亮点:本例中推销人员站在客户的角度,以利益来驱动客户做出选择。

(六)细节切入法

在促进成交的过程中,不要直接让客户做出买与不买等比较重要的决定,而应当从较小的细节着手结束谈话。推销人员从较小的问题切入,如"您看哪一种造型最好"、"您喜欢什么颜色的"等,往往可以引领客户一步一步地挑选、喜欢上推销品。最终,客户碍于花费在选择产品上的精力和对产品的满意程度,往往会决定购买。

(七)激将法

激将法,就是利用客户的自尊心和逆反心理,将其潜能发挥出来,从而得到不同寻常的说服效果。在销售过程中,推销人员往往容易遇到一些客户,虽然有产品需要,但是犹豫不定,拿不定主意。面对这些客户,要想获得订单,促使他们下决心签单,推销人员也可以适当利用他们的好胜心、自尊心,采用激将法促使他们做出购买决定,迅速签单。但是,在使用激将法时要看清楚对象、环境及条件,不能滥用。同时,运用激将法时要掌握分寸,不能过急,也不能过缓。过急,欲速则不达;过缓,对方无动于衷,也就达不到推销目的。

(八)有意退让法

有意退让法一般这样使用:客户在决定时犹犹豫豫,不能下决心,那么推销人员可以向其提供另外一个选择,如"您对产品不满意,不如看看另外一个吧"。推销人员提出的第二个选择应当不如第一个好,客户会产生心理落差,进而接受第一个选择。

(九)直接行动法

直接行动法指马上行动,让犹豫不决的客户下决心。在推销过程中,准客户不会使用“我想买”“我愿意买”等直接表达自己的购买欲望。因此,只要确认已到了促成交易的时候,就可以借助一些动作来协助促成。如边包装边对客户说:“我帮你包起来,好吗?”如果客户不反对成交即定。

(十)惜失成交法

惜失成交法是指抓住客户“得之以喜,失之以苦”的心理,通过给客户施加一定的压力来敦促对方及时做出购买决定。一般可以从以下几方面去做:

(1) 限数量,主要是类似于“购买数量有限,欲购从速”。

(2) 限时间,主要是在指定时间内享有优惠。

(3) 限服务,主要是在指定的数量内会享有更好的服务。

(4) 限价格,主要是针对要涨价的商品。

需要注意的是,惜失成交法不能滥用、无中生有,否则最终会失去客户。

(十一)结果提示法

让客户提前想象一下购买后的种种喜悦,也是促成交易的方法之一。例如“您要是买回去,您的孩子会多么开心啊”“您不妨带一个回去吧,这样您明天的生活就会因为它节约很多时间呢”等。当客户认识到了购买产品的好处,提高购买的欲望时,自然就会购买。这种方法不需要什么技巧,人人都会,也不会让客户有压迫感,既简单又有效。

(十二)宠物成交法

宠物成交法即先使用、后付款的小狗成交法。统计表明,如果准客户能够在实际承诺购买之前,先行拥有该产品,交易的成功率将会大为增加。这就是宠物成交法。很多企业都在使用这种成交法。例如:请客户提供联系方式或填写一份调查表便免费领取一份试用护肤品;免费赠送客户一期杂志;把打印机送到客户的办公室让其试用两天。

【同步案例 7-14】

打印纸的买卖

小黄为一家公司推销新型打印纸时,一般客户还没听说过这种产品,虽然该公司产品的质量人人信得过,但客户用惯了其他品牌的打印纸,谁都没兴趣为买这点小东西而多跑几家厂,多比几家货。

小黄最初上门推销时,除了一个客户正巧旧打印纸用完,为了偷点懒不去商店才买下一批以外,其余的客户都摇摇头说:“我们不需要。”

“我可以用你的打印机吗?”第二天,小黄来到客户办公室寒暄之后,第一句就这么问。

客户怔了怔，便点点头："当然可以。"得到了允许，小黄就把自己带来的打印纸夹到打印机里，然后在电脑前坐了下来，在屏幕上输入这么一行字："您用普通打印纸，能打出这么清晰的字吗？"接着便发出打印命令。

小黄从打印机上取下打印纸拿给客户看："您不妨把它跟您用的普通打印纸比较一下。不用多说，您就会相信我们的新型打印纸一定适合于您。"

客户仔细地比较了一番，非常信服地看着小黄："你们的质量的确一流。"说完，爽快地向小黄订购了一批新型打印纸。

以后几天，小黄满怀信心地来到前些天说"不需要"的客户那里，也用同样的办法推销，结果客户都纷纷购买了新型打印纸。

（资料来源：五星文库《推销学案例》，作者不详）

应用亮点：案例中推销人员在准客户实际承诺购买之前，让其先体验该产品的使用效果，使得交易的成功率大大提高，即有时候语言描述不如直接体验更有助于销售工作。

（十三）拜师学艺法

有时推销人员使用各种方法都无法说服客户，此时可以转移话题，不再向客户推销，而是向顾客请教自己在销售中的问题。客户提出不满意的地方后，推销人员应先诚恳道歉，再继续说明，解除客户的疑虑，然后找准机会再次提出成交。

（十四）交朋友法

怀着交朋友的心态和客户交流工作、生活、对事物的看法，尽可能找到共同的话题，有时推销人员对工作的态度、热情、学识、气质等，都有可能赢得客户的赞誉，打动他们，从而使其从内心接受推销人员，把他当作朋友，支持他的工作。

（十五）证实提问法

证实提问法就是提出一些特殊问题，对方回答这些问题之后，就表明其更加感兴趣而且愿意继续深入下去。提出证实性问题其实是在寻求正面激励。证实提问法主要有以下两种方式：

(1) 直接询问法。例如："王总，您是否在预约单上签下您的大名，好让我安排出货手续。"

(2) 选择法。这项策略是向潜在客户提供两个选择，每个选项都对销售有利。这样比只是提出一项建议要好得多，因为建议有可能被对方一口否决。提供选择有助于客户思考什么对自己有好处，以及他们实际上需要什么。例如："陈主任，您看是周一给您送过来，还是周二比较方便？"如果客户不确定，他将产生异议或者竭力改变话题。

▶ 五、促成交易的注意事项

(1) 让客户做最后的决定。在促成交易时，推销人员的积极主动是必不可少的。因为客户是被动的，推销人员必须一步一步引导客户做出决定。但是有一点要格外注意，不论客户怎么认同推销人员的观点和行为，都只能在最后做决定。如果对其施以压力，客户就会认为“都是你做的决定”，会越想越不对劲，很有可能最后拒绝购买。

(2) 让客户对购买有信心。当客户购买以后，推销人员千万不要沾沾自喜，认为自己成功了。一定要借用这个机会说上几句利于巩固销售的话。比如：“先生，你做出了非常好的决定，这将有利于你……”对此，客户很可能需要进一步提高满意程度。销售不是一次性的，推销人员要尽可能留住客户，让客户再次回头购买。

(3) 推销结束后话不宜过多。推销人员在促成交易以后，话不能过多。俗话说言多必失，过多的言语可能会引起客户别的想法，让本来已经达成的交易告终。另外，推销人员言语过多很可能忽略客户的反应，造成客户的不满。

(4) 如果交易不成功，不能表现出不满情绪。如果不成功，要创造下次接触客户的机会，或是想方法把其他适合的产品介绍给客户。离开时不要流露出失望的神情，以免准客户产生质疑。

六、促成交易的时机选择

促成交易的时机是指推销人员与客户思想契合度最高的那个时间点。在这个时间点促进交易的达成，往往能提高交易的成功率和交易的达成效率。总的来说，促成交易的时机有两个：宏观时机和微观时机。

(一)促成交易的宏观时机

宏观时机是指从大的、整体上来考虑的时机。一般促成交易的宏观时机指的是市场上的有关政策、供求所引起的适合交易的时间段。比较常见的宏观时机有以下几种：

1. 产品新旧更替的阶段

一般来说，新旧产品更替的时候，旧的库存会适当降价销售，以免在新产品上市以后造成积压。相当一部分客户会选择在旧产品即将下架的时候购买，以获得性价比最高的产品。在新旧产品更替的阶段，推销人员如果能把握时机向客户宣传旧产品的良好性能和优惠价格，客户即使暂时不需要这类产品也会决定购买。

2. 新产品上市的阶段

对于比较新潮的人群，特别是年轻人，往往更倾向于走在别人的前面，购买最新上市的产品。在新产品即将上架之前，如果推销人员能够做好足够的宣传，将新产品的创新点突出出来，那么大部分的新潮人群都会尝试购买。

3. 自然灾害出现以后

自然灾害的发生，往往会引起某一类或者几类农产品的短缺或者某一个地区道路的中断。当某些农产品短缺时，供求关系发生改变，市场上不仅仅是这些农产品的价格会提升，以这些农产品为原料的产品价格也会提升。当某一个地区道路中断后，这个地区的特有产品不能及时运出来，价格会在短时间内上升到一个新的水平。如果出现了这两种情况，人们往往会大量购买这些价格上涨的产品，以预防在将来的某个时期其价格会涨得更高。更重要的是，人们都有一种从众心理，一个人的购买会带动一群人的疯狂热购。所以，自然灾害出现以后，对于受其影响的产品是一个销售的黄金时期，但是这个黄金时期并不长。

4. 市场热度比较高的时候

所谓的市场热度是指客户对于产品的反响程度。一类产品的热度越高，知道的人越多，客户购买的时候就会越倾向于它。产品也是有明星效应的，往往明星产品不需要推销人员做任何产品讲解或者是异议处理，都能够很好地完成销售。

5. 节假日期间

一般每逢节假日，各个企业都会进行促销活动。节假日的产品价格不一定真正低于平时的价格，但是很多客户都会选择在节假日购买产品。一是因为大部分客户在节假日才有足够的时间来挑选自己喜欢的产品；二是因为购买产品有一个跟风的特点，越是很多人购买的产品越是客户争抢的对象，越是无人问津的产品越是备受冷落。所以节假日也是一个销售产品的黄金时期。

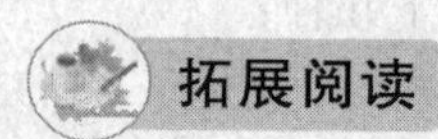
拓展阅读

节假日家电促销能抵半年

2012 年 11 月 13 日，亚马逊中国联合国际著名市场研究机构 GFK 发布了家电行业半年度报告。报告称，家电市场的激烈竞争反映在商品的价格上，从生产企业到销售渠道再到消费者，商品价格已经成为商品购买的直接驱动性要素。随着节假日商业促销模式的成熟，家电类商品的消费者已经习惯于在节假日优惠活动期间购买大件家电类商品。例如，国庆假期的促销活动在很大程度上直接决定了家电企业整个下半年的销量。来自亚马逊中国的数据显示，2012 年国庆节期间，亚马逊中国家电频道共计销售 3.2 万件商品，销售额超过 5 000 万元。

6. 反季时期

许多中老年人偏向于购买反季节的产品，比如在夏天购买皮靴、大衣、羽绒服等，在冬天购买空调、电扇、冰箱等。他们选择反季节产品的原因不外乎是价格因素。对于企业来讲，在当季推销积压的上季或者是往年的产品不失为一个很好的方法。

拓展阅读

羽绒服反季促销

对于羽绒服这种季节性的产品来说,每年的销售旺季仅仅是当年的11月到次年的2月这短短的四个月的时间。而反季销售,不但能提高品牌的知名度,而且比清理库存更合适,造成了各大羽绒服品牌商家争相抢滩反季销售的市场。中国商业信息中心统计数据显示,2012年上半年在华东地区羽绒服销售量比2011年同比增长9%左右。可能人们会怀疑,冬天穿的羽绒服在夏天会有人买吗?相关市场调查显示,人们根据各自不同消费理念会选择不同的季节购买,图实惠的人夏季的时候反季购买,赶时髦的人冬季出新款的时候购买。同时,羽绒服的样式不断推陈出新,也是刺激销售量的一个主要因素。反季销售主要以实惠为主。以波司登为例,一款原价700元的羽绒服在反季销售时可以特价销售为300元。虽然价格便宜,但是将积压的库存及时清理出来,让利给消费者的同时还进行了品牌的宣传推广。据统计,波司登在反季的销售量能达到冬季销售总量的50%。

(二)促成交易的微观时机

微观时机是指从小的、局部上来考虑的时机。一般促成交易的微观时机是指在单次推销过程中,客户满意度最高的时间点。客户满意度最高的时间点也就是促成单次交易的最好时机,而怎样捕捉和选择这个时机就是推销人员促进交易的一个重点。客户在满意度最高的时候会发出一种购买信号,但是客户的这种购买信号往往不会通过语言来表达出来。因此,对于推销人员而言,必须善于观察客户的言行,捕捉各种购买信号,及时促成交易。客户表现出来的购买信号主要有语言信号、行为信号、表情信号等。

1. 语言信号

语言信号是指客户通过询问价格、使用方法、性能、售后、保养、注意事项、成交方法、支付手段、产品优缺点以及市场走向等方面表露出的购买信号。以下几种情况都属于购买的语言信号:

(1) 客户对商品某一方面表示肯定。

(2) 询问交易方式、交货时间和付款条件。

(3) 详细了解商品的成分及使用时的注意事项。

(4) 对产品质量及价格提出质疑。

(5) 询问售后服务事项,如安装、维修、退换货等。

(6) 由鉴定的口吻变为商量的语气。

(7) 由怀疑的问答用语转变为惊叹语气。

(8) 提出一个新的购买问题。

语言信号种类很多,推销人员必须具体情况具体分析,准确捕捉语言信号,顺利促成交易。

2. 行为信号

行为信号是指客户仔细观看说明书、要求推销人员展示样品,并亲手触摸、试用产品等所表露出来的购买信号。例如:一位女士在购买护肤品时,不停地将试用装擦拭在各个部位,足足折腾了一刻钟,并且不断地照镜子。可以看出,这位女士的行为属于强烈的购买信号。正因为通过客户的行为可以发现许多客户发出的购买信号,因此推销人员应当引领客户成为一位参与者,而不是当一位旁观者。在这种情况下,通过细心观察,推销人员就会很容易发现购买信号。捕捉到购买信号后,再稍做努力就可以成交了。常见的行为信号有以下几种:

(1) 由一个角度到多个角度观察产品。

(2) 由对资料随手翻翻到看得很仔细,甚至还问问内容。

(3) 由只是听推销人员的讲解,变为边听边动手翻资料、观察模型等。

(4) 由身体前倾、靠近推销人员及产品变为放松姿态,或者身体后仰,或者其他舒展动作。

(5) 有签字倾向的动作。如找笔、摸口袋,甚至靠近订货单、拿订货单看等。

3. 表情信号

表情信号是指从客户的面部表情和体态中所表现出来的一种购买信号,如点头、微笑、雀跃、兴奋等。常见的表情信号有以下几种:

(1) 眼睛转动由慢变快,眼睛发光,神采奕奕。

(2) 紧锁的双眉分开、上扬。

(3) 嘴唇开始抿紧,好像在品位什么东西。

(4) 神色活跃起来,态度更加友好,原先做作的微笑让位于自然的微笑。

(5) 由咬牙沉思或托腮沉思变为脸部表情明朗、轻松、活泼、友好。

情感由冷漠、怀疑、深沉变为自然、随和、亲切,客户的语言、行为、表情等表明了客户的想法。推销人员可以据此识别客户的购买意向,及时地发现、理解、利用客户所表现出来的购买信号促成交易。把握成交时机,要求推销人员具备一定的直觉判断能力与职业敏感。

学习情景3 实训与演练

一、角色演练

1. 演练内容

一位同学扮演销售人员,另一位同学扮演顾客。根据所学的促成交易的方法,灵活处理以下场景。

场景一：你是一家 4S 店的员工，你根据顾客的预算为他推荐了一款威驰 1.3 排量的手动版汽车。简单介绍完产品后，顾客很满意。因为在其他店里都试驾过了，所以顾客就直接要报价，说："我感觉威驰跟思迪那款配置差不多，只是油耗低一点，价钱却贵 4 000 块，太贵了。"作为销售顾问，你会怎么做？

场景二：你是一家家具公司的员工，李某与其朋友一同来到此家具店，李某对贵公司家具非常满意，尤其中意于红木家具，但是其朋友对红木家具的评价一般并试图劝说李某购买普通家具。作为销售顾问，你会怎么做？

场景三：你是箭牌卫浴公司的员工，张某来贵公司旗舰店挑选新房子的卫浴产品。张某对产品性能、颜色、造型相当满意，但是碍于箭牌卫浴的价格，准备转而购买其他中等品牌公司的产品。作为销售人员，你会怎么做？

2. 演练目的

巩固所学的异议处理的方法。

3. 演练步骤、要求

(1) 不分组，以个人为单位。

(2) 每位学生都要选择一个场景进行角色模拟。

(3) 课堂上积极鼓励学生发言，教师充当主持人角色。

(4) 教师及时点评及总结。

4. 评分规则

(1) 由班委组成评委，对每个同学进行评分，最后取评委平均分。

(2) 评分标准：

① 整体形象(40 分)：语音语调、肢体语言、精神面貌等；

② 异议处理方法与手段(50 分)：处理异议的方法与手段多样化，且顾客易于接受，效果明显；

③ 时间掌控(10 分)：以 3～5 分钟为宜，超过 5 分钟则不得分。

二、课内模拟实训

1. 实训内容

每位同学选取以下一个场景，从销售人员的角度，灵活使用所学的促成交易的方法，写出若干种达成交易的思路。

场景一：一个卖记事本电脑的女孩去拜访一位公司经理，她向经理推荐和介绍了她的产品，并拿出产品向这位经理做了演示。这位经理接过她的产品在手上摆弄了半天，很喜欢，但是这个公司有固定的笔记本电脑供应商。

场景二：一个著名服装品牌的实体店店长正在推销其公司的积压商品。一个中年女顾客看中了一件皮衣，对其价格、样式、大小都相当满意，在镜子面前试了又试。但是女顾客想要的皮衣颜色已经卖完，并且由于这是积压产品，公司已经不生产了，所以没有办法从其他地方调配到货物。

场景三：某银行的理财经理正在向顾客们介绍新的理财保险产品，该理财产品门槛低、回报率高但是投资时间较长。一个刚工作不久的女青年对该理财产品比较感兴趣，不停地询问其真实回报率、理财期限、风险大小等问题，但是由于刚参加工作不久，还是不能很放心地将所有积蓄投入长期理财产品。

2. 实训目的

巩固促成交易的方法。

3. 实训要求

(1) 反复思考各种达成交易的方法在以上场景中应用的可能性，与身边同学可进行适当的讨论。

(2) 教师筛选出有代表性或创新性的达成交易的思路，请入选的同学上台分享，并请其他同学点评。

4. 实训步骤

(1) 以个人为单位。

(2) 学生各自选好场景，积极思考，从达成交易的目标出发，尽可能思考各种可能的交易思路。

(3) 学生点评及教师总结。

5. 实训课时

1 学时。

三、课外实战训练

1. 训练任务

选择一种文具用品，向学校师生展开推销。

2. 训练目的

见识推销过程中各种顾客的异议,寻找促成交易的时机,掌握各种促成交易的方法。

3. 训练要求

(1) 小组或个人完成。

(2) 训练结束后,由小组或个人形成书面报告,下次课前15分钟汇报体会。

4. 考核点

异议的处理和交易的促成。

【实训教学建议】

1. 授课教师围绕本项目的教学目标,创设一个与工作、生活实际相似的情境。

2. 通过情境设计,在课堂教学中给学生更多参与互动的机会,实现教学双向互动。

3. 在实训教学过程中,实施教、学、做一体的教学思路,尤其是强调学生动脑(思考)、动口(表达)和动手(写与做)的能力训练,改“教师为单一主体”的教学方式为“学生、教师双主体”的教学方式,培养学生课堂上积极参与的好习惯。

8 项目8 Chapter 8 客户回访

知识目标

1. 了解客户回访的方式。
2. 掌握客户回访的工作内容。
3. 理解并掌握让客户满意和培养忠诚客户的手段。

能力目标

能够采用正确的方式进行客户回访，提高客户满意度和忠诚度。

导入案例

帅康售后呼叫中心回访员历险记

2014年8月，小张应聘到帅康集团售后服务部，成为呼叫中心的一名回访员。

"先生，您好，请问您是张先生吗?"下午4点，小张开始了维修用户的回访。

"嗯，对呀!"

"张先生您好，我是帅康公司回访员，可以打扰您几分钟吗?"

"哦，帅康的呀！嗯，电话来得正好！你们不来电话我也准备去电话找你们领导呢!"

服务质量不到位！小张的脑袋里立即闪出这个念头。

"不好意思，张先生，给您添麻烦了，请问在油烟机检修过程中您对哪方面不满意呢?"

"不是不满意，而是非常不满意!"

"张先生，请问是我们工作人员的服务态度还是服务质量给您添了麻烦?"

"刘师傅是个很不错的小伙子，帅康公司的形象全部在刘师傅身上反映出来了。倒是你们公司让我很不理解。姑娘，告诉你们领导，帅康的一些制度必须得改改了。不改肯定会有很多用户闹意见!"

张先生的话让小张懵了:“非常感谢张先生对我们的支持,相信我会把您的宝贵建议转给相关部门领导的。请问张先生的建议是……”

“你们公司规定员工不许在用户家里吃饭、喝水对不对? 是哪位领导规定的呀? 太没有人情味了吧?”

原来刘师傅2日下午跟张先生去电约好3日10点到张先生家里检修。但是去之前张先生却因为临时有急事出去了。等下午1点多张先生回来的时候发现了刘师傅的留言条。张先生马上与刘师傅联系,没几分钟刘师傅就到了,同来的还有两位邻居。原来刘师傅到达后发现张先生家里没人,就留了留言条,然后去附近一用户家调试指导用户使用燃气灶。

等将张先生家里的油烟机完全检修好已经过了下午2点,张先生和他的邻居让刘师傅喝水都被他婉拒了,更别说吃饭了。刘师傅说这是公司的规定,必须遵守,张先生和邻居纷纷抱怨公司的制度太不近人情。

听完张先生满含怨气地讲完缘由,小张长长地舒了一口气,但她的心情久久不能平静。小张相信,张先生已经接受了帅康公司的所有合理及“不合理”的制度,因为他那句“感谢帅康给我了做‘上帝’的机会,我也会一直和我更多的亲戚朋友一起做帅康的忠实用户”给了小张满意的答案。

(资料来源:帅康集团股份有限公司资料,有删减)

【思考】在上述案例中,客户回访的满意度主要基于什么前提条件? 请谈谈你的观点。

学习情景1 客户回访工作

一、客户回访的含义

客户回访是企业用来进行产品或服务满意度调查、客户消费行为调查、客户关系维护的常用方法。客户回访往往会与客户进行比较多的互动沟通,是企业完善客户数据库,为进一步的交叉销售、向上销售所做的准备,因此认真策划就显得尤为重要。

客户回访是客户服务的重要内容,做好客户回访是提升客户满意度的重要方法。客户回访对于重复消费的产品企业来讲,不仅通过客户回访可以得到客户的认同,还可以创造客户价值。我们对很多企业的客户回访进行分析后,得到的结论是客户回访不会只产生成本,充分利用客户回访技巧,特别是利用CRM系统(客户关系管理系统)来加强客户回访会得到意想不到的效果。

一般来说,客户对于具有品牌知名度或认可其诚信度的企业回访往往会比较放心,愿意沟通和提出一些具体的意见。客户提供的信息是企业在进行回访或满意度调查时的重要目的。如果企业本身并不为太多人知晓,而回访又策划得不好,往往很难得到客户的配合,得不到什么有用信息,更有可能会对企业及其形象造成负面影响。

二、客户回访的意义

1. 开展回访是延伸客户服务的一种重要形式

成功的回访不仅可以保障客户服务质量，掌握客户心理变化，提升客户的忠诚度、满意度，增进与客户的感情，而且还能从客户那里收集到有关市场、产品、服务等方面的营销信息，加强对市场的掌控能力。回访既是一种实用的营销，也是深化服务的重要途径。

2. 对有投诉记录的客户开展回访是加强内部监管的体现

回访是监督客户经理、客户服务中心等是否为客户尽心尽力地做好本职工作的重要方式。提升服务，就应当针对客户投诉过程中提出的营销、服务工作的薄弱环节开展有针对性的整改，以完善客户服务流程、提高员工的积极性以及服务意识，提高办事效率。

3. 回访是客户拜访的新起点

回访是上次客户拜访的延续，也是新一轮客户拜访的起点，因此，不能简单地走过场，当成是检查客户对于投诉处理情况的满意度的一个程序。首先，客户经理应该对自己以前拜访客户的情况进行检查，发现不足之处，及时改进，比如公司安排的任务是否完成、对客户的承诺是否兑现、制订的营销计划是否完成等；要做好拜访路线规划，统一安排好工作，合理利用时间，提高以后拜访客户的效率；回访客户，要有明确的目标，清楚自己回访客户的目标是什么，如何去做才能实现目标。其次，尽可能地在回访中收集市场信息，多与客户沟通，将自己掌握的市场信息、企业的服务信息、企业的情况有选择性地向客户传达，了解客户的情况，帮助客户制订订购计划；了解辖区内消费者信息反馈，发现问题，进行指导，做好销售。此外，在回访客户中，还应该宣传解释工作流程，提高客户对推销人员的工作支持，提升对企业的忠诚度。

4. 让客户切实感受到回访的好处

回访客户的目的就是提高客户的满意度，因此，必须让客户体会到回访带来的好处，才能使客户不觉得回访是在走形式。首先，回访客户应该及时，解决客户的投诉之后，企业应该安排人员走访客户；其次，对于回访中客户表达的新的不满、新的建议，应该及时向客户服务中心反馈，及时解决，可以二次回访。推销人员在回访中可以延伸服务，借回访的机会，向客户提供一些帮助、指导；收集客户企业存在的见解和看法，应该成为客户回访的重要内容，对于客户提出的个性化的问题进行个性化的服务，对于共性的普遍反馈的问题则进行专项改进，通过新的服务形式，增强客户的配合、支持以及满意度。

三、客户回访的准备

客户回访之前，推销人员或客户服务工作人员一定要尽可能地多收集客户的信息。在市场经济条件下，每一个客户身边肯定会有几个推销竞争对手，即使没有竞争对手，也不能打无准备之仗。

(一)信息的准备

客户服务工作人员必须具备一定的调查能力和收集信息的能力，要围绕客户去追踪和调查，直到了解客户的所有信息，这样，在回访客户时，一切都显得游刃有余，能在最短的时间内缩短与客户之间的心理距离。客户服务工作人员要提高工作效率，不能仓促回访客户，否则会浪费自己的时间和精力。

1. 了解客户的基本情况

客户的基本情况指客户所购产品的质量、价格、市场定位、推销网点分布、每年的销售量、与经销同类产品企业的关系、进货价格、在市场上与此同类企业相比的竞争优劣势、企业经营的特点、企业内部分工、决策程序等。

2. 了解客户主要负责人和负责进货的关键人员的基本情况

该项包括客户主要负责人和负责进货的关键人员的职务、籍贯、经历、所学专业、脾气性格、兴趣爱好、主要家庭情况、社会关系、信用状况等。

3. 了解与竞品的情况

与竞品的情况包括竞争对手如何选择代理商、有多少个代理商、其服务与自己的服务有什么区别、价格的差异有多大、客户的口碑如何等。

客户的信息准备还可以通过客户的网站或客户的熟人了解，客户服务工作人员平时要对自己的客户进行分类，对每类客户的回访目的和洽谈方式都做到心中有数。

(二)物品的准备

客户服务人员上门回访客户之前，必须携带一些物品，如名片、笔记本电脑、资料夹、笔记本、笔、新产品样品等，携带的东西齐备，给客户的感觉是客户服务人员对回访工作很用心，很重视回访工作。在适当的时候，将新产品的样品介绍给客户，这样也使客户容易接受。当然，客户会把你推荐的新产品与对手的产品特别是一些知名度较高的产品进行比较，在这种情况下，如果能向客户展示所准备好的资料，往往会出奇制胜，收到意想不到的效果。

有的客户服务人员上门带的东西很齐全，但是放得很零乱，在与客户沟通的时候会给人一种工作杂乱无章的印象。因此，客户服务人员应事先考虑好东西如何摆放，做到方便和顺手，这样，在与客户洽谈时就能顺手找到。

东西携带齐备，还要检查所带的东西使用是否正常，比如笔能不能写出字来，以防在与客户洽谈时出现尴尬局面。比如，某公司生产了一种新型的小手电筒，由于事先没有检查，客户服务人员在回访拿出来给客户演示时，电池没有电，客户服务人员只好说句“对不起，电池没电了”。客户本来很有兴趣的，一见这情景，马上降低了兴趣，一方面，客户不相信客户服务人员推荐的产品；另一方面，更不相信推荐产品的人了。因此，客户服务人员一定要养成回访前认真检查所携带物品的职业习惯。如果回访前没做好准备，可能会因为回访而失去已有的客户，使前期做的所有的工作付诸东流；如果做好了回访前的准备，哪怕客户再懂行、再刁钻，你也能做到从容不迫，对答如流，从而赢得客户的信任，使其成为企业的忠实客户。

(三)心理的准备

回访客户时，客服人员肯定收集了不少客户的信息，对客户有了一定的了解，但是客户可能由于对企业或企业的产品有这样那样的抱怨而态度冷淡、言辞刻薄。因此，你必须做好面对一切的心理准备。要在客户的批评和抱怨的情况下实现自己的回访目的。

回访时应该做好的心理准备有以下几种：

(1) 回访时客户冷落自己是正常的；

(2) 回访时是向客户推销自己；

(3) 对客户的情况和客户所关心的问题非常熟悉；

(4) 为客户提供有价值的信息；

(5) 将业内最新信息和成功经验介绍给客户；

(6) 如果这次回访发挥得不好，善于总结，下次改进。

如果做好了这样的心理准备，不管遇到什么样的客户，都能心平气静，保持自信。古人常说不打无准备之仗，如果准备非常充分，肯定会比随意的回访要有成效。

(四)确定回访时间

1. 不宜回访的时间

(1) 周一。客户周末一般都会休息，在周一时，就会安排新的一周的工作，所以周一会很忙碌，没时间来接受回访。

(2) 节假日之后。节假日后客户第一天上班都要先处理一些内部事务，会议也比较多。

(3) 刚上班时。因为客户刚上班，要做些上班的准备工作，也没时间接受回访。

(4) 快下班时。因为马上就要下班或关门，客户不可能静下心坐下来与你洽谈，如果影响了客户下班或关门，客户可能还会产生厌烦的情绪。

(5) 月末。一般月末各公司都比较忙乱，一般也不要去做回访。

2. 适宜回访的时间

(1) 上班或开门一个小时后。这时客户的上班准备工作已经完成,会有空闲时间来接受回访。

(2) 下班前一个小时。这时的回访既不影响客户的工作,也不会影响客户正常下班。

(3) 上午10点、下午3点左右。这时,客户当天的工作大致告一个段落,而且也觉得有些疲倦,精神也放松了,希望找个人聊天。

(4) 客户比较清闲的时候。这时回访的成功率也会很高。

四、客户回访的方式

(一)上门回访

1. 上门回访时的"要"与"不要"

上门回访时应注意做到"要"与"不要",具体见表8-1。

表8-1 上门回访的注意事项

环 节	要	不 要
目光接触	在人际交往中,70%的眼神接触足以表明你的诚恳。在倾听过程中增加到90%以上的眼神接触则表明你很专注、感兴趣而且愿意接收信息	(1) 看着下面或其他方向; (2) 向上翻眼睛(代表恼怒或不相信); (3) 一直盯着客户看; (4) "恶狠狠"地看着客户(表示你的气愤)
面部表情	(1) 微笑; (2) 保持感兴趣的、愉快的而且热情的表情; (3) 自然地表现出与客户相同的表情,这表明你理解甚至是分离了他们的激动、关心等	让气愤、挫折感、不适宜的情绪等从你的表情中"泄露"出来
语调	(1) 姿势会影响到语调,所以尽量站直或坐正,并在与客户交谈之前深呼吸; (2) 保持中等程度的声调、节奏和音高(像新闻播音员); (3) 让热情、关心和其他积极的情感渲染你的语调	让气愤、挫折感、不适宜的情绪等从你的语调中"泄露"出来

续表

环节	要	不要
动作	(1) 很自然地运用手势来“解释”你所说的事情。 (2) 使用开放掌形“手势”。 (3) 点头表明你理解了客户所说的事情	(1) 在客户面前心不在焉地做小动作或在纸上乱涂乱写，看上去你漠不关心； (2) 使用闭合掌形的手势，比如在客户面前指指点点或晃动手指(说得好听是傲气，说得不好听就是具有攻击性)； (3) 客户还在讲话，你就合上文件或公文包，或者不停地看表(表明你想摆脱他们)； (4) 双手交叉抱于胸前，摆出对客户受够了的姿势(看上去具有攻击性)； (5) 不停地摸自己的头、鼻子或嘴(看上去好像是躲躲闪闪)
姿势	(1) 保持开放的姿势； (2) 面对客户，但是下半身略微错开他的方向； (3) 略微向客户的方向倾斜身体，表明你很专注	(1) 保持头部、肩膀及脚等部位直直地正对客户(看起来像人质)； (2) 向远离客户方向挪动身体(表明你没有听进去)； (3)“退缩”的姿势，用手“保护”自己(看起来你不乐意与客户交谈)； (4) 在客户面前表现出懒散(传达出一种“事不关己”或“漫不经心”的态度)
距离	与客户保持大约1米的距离。这样的距离足以保证谈话内容不被别人听到，但是又不至于近到引起不自在，或者远到造成与客户之间的距离感	(1) 站得离客户远远的，好像避免和他们打交道； (2) 站得离客户太近，以至于让他们感到不适，因为你“侵入”了他们的私人空间

同时，你个人的登记表及工作环境也能传递一些关于你自己的信息。所以你要检查并确保这些事物传递出的是对客户的友好的信息。

2. 上门回访成功的因素

(1) 微笑并保持目光接触。

(2) 控制自己的面部表情以及语调，因为这些都是容易“泄露”情感的地方。

(3) 在自己的面部表情以及语调中自然地表现出与客户相同的感觉。

(4) 使用开放的掌形手势。

(5) 在与客户交谈时，站直或坐直。

(6) 与客户保持大约1米的距离。

(二)电子邮件回访

1. 电子邮件回访的优势

电子邮件拥有无穷的潜力和优势，原因如下：

(1) 相对便宜；

(2) 非常便捷；

(3) 回访时客户不必在线；

(4) 可以很容易地把同样的文件抄送给多个客户；

(5) 节约费用。

2. 电子邮件回访的劣势

尽管电子邮件有上面列举的种种优势，但是它比上门回访或电话回访更容易造成误会，原因如下：

(1) 无法用肢体评议或者语调来发送并明确回访的内容；

(2) 没有一种得到大家普遍接受的格式(与商业书信相比较而言)，变化度更大，而且术语或格式的运用更为随意；

(3) 电子邮件太容易送出，推销人员或客户服务人员往往缺乏冷静下来的时间，因而更容易写出情绪化的内容；

(4) 电子邮件的容易送出还导致一些人在不适当的时候错误选择了这种媒介；

(5) 各种邮件大同小异，难以区分优先次序。

由于电子邮件非人性化的特点，它还有另外一些缺点，比如很难通过电子邮件建立一种关系，很难利用无形的客户标准，因为要确定这些标准，很大程度上要靠个人接触。

不过，有两个方法能够帮助推销人员或客户服务人员完成回访任务，就是使用良好的“网络礼仪”和建立“电子化”的和睦关系。

3. 网络礼仪

良好的网络礼仪可以通过表 8-2 中与电子邮件回访的“要”与“不要”进行归纳。

4.“电子化”环境下和睦关系的建立

通过模仿对方的用户词、表达方法及使用具有感官色彩的语言，就能够建立起和睦的关系。我们用自己的感官，视觉、听觉和触觉，来体验和诠释周围的世界。因此，感官对我们具有重要的意义。在回访时，通过电子邮件这种非人性化的媒介，可以采取两种途径建立与客户的和睦关系：

(1) 在邮件中运用一些具有感官色彩的特殊词语和表达方法。

表 8-2 电子邮件回访的"要"与"不要"

要	不 要
(1) 了解给你写电子邮件的客户(他们的风格是否"开门见山"、实事求是而且惜字如金;或者语气和缓随意,似乎是在分离感受或聊天),并用类似的风格进行回复; (2) 在主题栏写明邮件的目的; (3) 明确你希望收信人做什么以及应何时给予回复; (4) 检查是否把所有的相关事实和信息都写在里面,而又没有无关的废话; (5) 除了检查内容,还要检查语气,是正式、随意、闲聊、武断、不耐烦,还是条理分明; (6) 通过模仿客户的用词、表达方法及使用具有感官色彩的语言与客户建立起和睦关系; (7) 检查排版、拼写和语法错误,这也是发送信件的一部分; (8) 在发送前一定要通读一遍	(1) 对粗鲁或骂人的电子邮件以牙还牙; (2) 忽略主题或者使用模棱两可的主题; (3) 使用"不"的问候或者不适当的署名; (4) 在格式、拼写、标点符号、段落、版式或语法方面过于疏忽; (5) 使用大写字母或连串的标点符号来表示感情强调; (6) 使用只有"内行人"才懂的缩写; (7) 乱用抄送功能; (8) 假定对方的系统能够兼容你选用的格式、字体等

(2) 寻找来信中的各种有感官色彩的特殊词语和表达方法,并在回复中使用同类型的用词和表达方法。这条建议背后的基本原理是,我们通过自己的感官来体验周围的世界,每个人都具有一种自己特别偏爱的感官,而且这种感官偏好会明白无误地体现在我们所使用的词语和表达方法中。如果用同类型感官色彩的词语和表达方法来回复,客户会自然而然地觉得你们"对路"。

以下是一些具有各种感官色彩的词语和表达方法的例子:

视觉:"看看""关注到""明白你的观点""获得清楚的视角""观察情况";

听觉:"倾听""很高兴听到""说到点子上了""听上去不错""敲响警钟";

触觉:"保持联系""处理""感觉有趣""抓住不放"。

5. 电子邮件回访成功的因素

(1) 在写给客户的电子邮件中,要了解客户,甚至是他们使用的一些关键词语和表达方法。

(2) 确保主题栏能够说明问题。

(3) 完全清楚所要传递的信息以及所希望达到的效果。

(4) 运用技巧建立起电子化的和睦关系。

(5) 在发送前检查一遍邮件。

(三)电话回访

1. 与电话回访有关的要点

(1) 移动电话的出现让人们可以随时随地与他人取得联系。

(2) 自动交换机越来越多，很容易出现由没有受过接听电话技巧培训的人接听客户电话的情况。

(3) 语音信箱和答录机越来越盛行。

(4) 绝大多数在工作时间给客服打电话的人都是内部或外部的客户。

2. 电话回访的特殊环境

在进行电话回访时无法看到客户，这就产生了一个特殊的环境：

(1) 双方都看不到对方，所以打电话的人不确定对方是否就是自己要找的人，而接电话的人并不知道是谁打电话来。

(2) 打电话的人无法预知接听人是否愿意接听电话，比如他们是否正在开会或正在研究一份复杂表格。

(3) 无法运用肢体语言帮助交流，所以接听人所接收到的信息比较少，比如无法看到面部表情或手势。而打电话的人也很难得知接听人是否接收到、理解并同意自己说的话。

(4) 很容易就会在无意中打断对方。

(5) 语调突然变得更重要了。一般而言，电话回访中有85%的信息传递是通过语调实现的，而只有15%是通过措辞实现的。在电话回访时，语调能够很有效地传递一个人的态度。

3. 电话回访的关键因素

(1) 预先准备好"口头握手"，即简短、正式、友好地向客户问候。

(2) 明确打电话的对方是谁。

(3) 弄清楚此时谈话是否合适。如有必要，在谈话开始前先发送信息(电子邮件或传真)，让对方初步了解情况。如有必要，安排"电话预约"，也就是约定在电话上进行交流的时间。

(4) 明确自己的需求及对方的期望。

(5) 注意不要打断对方。

(6) 在回访中做"路标"，如"我能问个问题吗"或者"让我核实一下自己的理解"。

(7) 明确谁来做什么，什么时候做。

(8) 总结并核实双方是否达成共识。

(9) 保持中性的语调。

4. 电话回访的原则

(1) 知道自己在说什么。了解自己的公司、产品和工作，不要做不能实现的许诺。

(2) 核实重点内容。为确信正确理解了对方的要求，可重复一下在谈话中讲过的重点。一定要让你们谈话的结果一致。

(3) 保持积极的态度。首先接电话时要微笑，这也许会很可笑，但对打来电话的人会有影响。其次要用肯定的语气论述观点。研究表明人们更易理解用肯定语气表达的意思，而不太容易明白用否定语气表达的意思。

(4) 保持冷静。如果听出对方生气、失望或很激动，那么深吸一口气，记住自己是在代表公司，不要让对方把自己当成争吵的对象，否则就失去了控制权。此时要平静地听，直到对方说完，不要打岔，等对方说完后再对自己有疑问的地方提问。

【同步案例 8-1】

电话回访案例

置业顾问：我们是温江德坤·海地亚项目，您房交会时到访过我们项目，很感兴趣并留下了联系方式，你还有印象吗？

客户：那天我看了好多项目，想不起来了……

置业顾问：我们的位置在国色天香板块和温江城区交汇处，有高层电梯公寓和多层电梯洋房两种类别，如果我没记错，您当时对我们的性价比很认同，说“虽然位置感觉有点偏，但实际离市区也不远，还可以享受这么好的环境，不错”，还请我给您算了一套 80m² 套二变套三户型，说是考虑给儿子做婚房用的，回忆起来了吗？

客户：哦，对对对，我想起来了。

置业顾问：呵呵，房交会我们项目到访客户和订单较多，没能及时回访您，还请您多多原谅。

客户：没关系的，没想到你们还这么认真.

置业顾问：应该的。那您的房子买了吗？

第一种情况：

客户：已经买了，所以谢谢你。

置业顾问：哦，虽然我有点小小的遗憾，但我还是由衷地恭喜您买到了自己中意的房子。买房是件大事，祝贺您！您买的是哪个项目呢？肯定比我们便宜。

客户：价格好像差不多。

置业顾问：那您更喜欢他们的哪些方面呢？比如户型、环境、位置……

客户：……

置业顾问：您没有选择我们项目，一定是我们的工作还很不到位，可以给我们一些建议吗？

客户：……

置业顾问：非常感谢您的建议，我会如实反馈回公司，在以后的工作中加以改进。跟您交流真开心，我学到好多东西，谢谢您！真心希望我以后有机会能再次为您服务。打扰您了，再见！

这时一定等对方挂断电话后再放下听筒。将客户反馈信息详细记录、整理并上报。

第二种情况：

客户：还没买，但家里不同意，不考虑了/近期不考虑买房了/……

置业顾问：可以告诉我原因吗？

客户：太远了/户型不喜欢/面积不合适等。**（这些属于营销不能解决的项目硬伤）**

置业顾问：真遗憾，看来这次我没有荣幸继续为您服务了，您觉得哪个项目在这方面做的比较好呢？

客户：……

置业顾问：您说的有道理，我们在这些方面的确还需要努力。如果您时间允许，还想麻烦您给我们的项目或工作一些建议，可以吗？

客户：……

置业顾问：非常感谢您的建议，跟您交流让我学到很多东西，谢谢您！真心希望我以后有机会能再次为您服务。打扰您了，再见！

这时一定等对方挂断电话后再放下听筒。将客户反馈信息详细记录、整理、上报。

第三种情况：

客户：还没有，还在比较。

置业顾问：您比较满意的有哪些项目？有我们吗？呵呵，跟您开个玩笑哈。

客户：你们价格高了/相比较而言，我最喜欢的还是……

置业顾问：我今天专门打这个电话，就是想要告诉您公司推出了一项新的促销政策：由于本次房交会我们意外地卖了好多房子，所以为了感谢房交会的到访客户，只要是在房交会到访过我们项目展位和现场的客户，在享受房交会原有优惠的基础上，还可以累加享受100元/m^2的优惠，这是一个很大的优惠了，相当于又多了2%的优惠。

客户：现在房价还在降，我还想观望一下……

置业顾问：您很专业哦，您对目前的市场也很了解，的确很多项目开始降价销售了。其他项目的降价原因我不敢妄加推断，我们是因为年底资金有一些缺口，开发商想与其出很高的利息去贷款，还不如把这部分费用优惠给我们的客户，这样双方各取所需，各得其所。所以这次也只推出了少量房源，销售完后，还会恢复原价。因为您给我留下了深刻的印象，我感觉您对我们项目还是挺喜欢的，所以就以最快的速度把这个好消息告诉您。

客户：优惠力度不够嘛。

置业顾问：对这个问题我是这样看的，因为限购和贷款难等原因，很多开发商资金开始出现短缺，所以大多会选择打折促销，这点相信您是非常了解的。但作为购买方，什么时间下手最好呢？个人认为这有点像炒股票：散户永远做不到最低点进、最高点出！再结合目前市场频现的高利贷风波、一部分企业倒闭和中央政策调控的初衷（抑制房价过快上涨而非房价下调）等诸多因素综合分析，只要房价过快上涨得到有效抑制，相关政策自然就会放宽，楼市就会回到正常的销售秩序。所以开商们绝不会无底线地降价，只要能满足其目前开发需要，是不会大量低价快速推销房源的。再说买房就等于买生活方式，地段、环境、风格和户型应该是在价格差异不大时更为重要的因素，是带有一定缘分因素的购买行为，毕竟能够选中一套满意的房子才是最重要的，您说是吗？所以根据我个人多年的从业经验，大部分项目开始打折促销之日，就是下手买房之时。这只是我个人的观点，供您参考。

客户：你还挺专业的呢，说得也有点道理。

置业顾问：谢谢您的夸奖，作为专业人士，这些是我们必须要关注和总结的，希望能帮到您。要不您看这样好吗？这周末我不休息，您抽空再来看看，我们再好好聊聊，我也希望有机会跟您多学点东西，可以吗？

客户：到时再说吧……

置业顾问：好的，我周五时再联系您。

客户：那……好吧。

置业顾问：跟您交流真的很开心，我学到好多东西，谢谢您！那我们周末见。打扰您了，再见！

（案例来源：新浪博客．http://blog.sina.com.cn/s/blog_6a464d480100v3l8.html）

应用亮点：本案例作为电话回访，体现了推销人员很多精心设计的技巧应用，既有对宏观环境的深刻分析，也有对客户消费心理的准确把握，使自己赢得了宝贵的回访机会。

五、客户回访的目的

（1）希望客户因成交而使需要（或问题）获得真正的满足（或解决），为日后重复购买奠定基础。

（2）希望客户在成交失败后能对推销人员及企业留下美好深刻的印象，为今后推销成功创造机会。

（3）希望推销人员在成交失败之后，能痛定思痛、检讨错误，为今后改进推销、提高成功概率作参考。

六、客户回访的内容

（一）成交后的客户回访

成交后客户回访就是服务跟进。成交仅是客户和推销人员对推销建议所暂时达成的一致。推销人员拿到成交订单后，必须及时进行服务跟进，以巩固订单及客户关系，防止“煮熟的鸭子飞了”，所以，“跟进”即客户回访，是“成交”不可或缺的连续行为，两者必须配合适当才能使推销达到满足客户的目标。成交只是客户和推销人员对推销建议所达成的一时合意，真正要使客户成交后获得满足，推销人员要及时回访。

1. 表示感谢

在成交后，推销人员要利用适当的时机或方法，向客户表示感谢。致谢的时间最好在交货后2～3天内，致谢的方式可以是书信、电话或亲自登门向客户表示谢意。

2. 检验交货

如果推销人员亲自去交货，在交货之前应先自行查验，如有瑕疵，立即更换；如有缺少，理应补足，以免送至客户处，造成不良印象。如果由其他人送货，推销人员应与负责交货的人员密切联系，在货未出门之前先进行检查和核对(订单)，避免出现问题。

交货完毕后，应当另用电话或书信向客户询问是否满意；若有问题发生；应及早解决。这种检验交货的跟进行动有三个好处：一是保证交货满意；二是维持企业信誉；三是避免因交货失误而引发客户不满。

3. 教育客户

客户对于新上市或结构复杂的商品，多半所知有限，在成交后，需要推销人员给予使用操作指导和说明，否则小则导致故障，使商品应有的功能无法全面发挥，大则造成伤害或危害生命等不幸事件。另外，商品日常的维护、保养和修理的简单知识，也需要推销人员传授。

这种售后教育客户，是推销人员应负的责任，在某些特殊商品推销方面，常被视为商品实体的延伸部分，不能有丝毫马虎和忽视。

4. 获取客户满意的证明

当客户对回访表示满意之后，推销人员不妨趁机请求客户对其所购买的商品及回访服务进行评价，并出具书面证明。客户满意的证明，对今后说服其他客户具有极大的作用。

5. 建立联系

推销人员应与客户建立长期的业务关系，需要通过售后回访来建立。回访不仅是推销业绩的保证，而且为日后扩大销售奠定了基础。

6. 诱导客户重复购买

客户重复购买，是客户回访成功使客户对商品和服务满意所引发的连续购买决策，也是上次成交后，由于推销人员采取客户回访使客户满意，所给予再一次购买的保证。所以，重复购买，既是客户前次购买满意的结果，也是下次再买的先决条件。

面向一个愉快的老客户销售比面向一个新客户销售要简单得多。面向老客户的销售，推销人员有三个有利的方面：

(1) 不需要再花很长时间，因为在对新客户进行销售时，很多时间用于推销人员与客户之间的互相了解和熟悉。例如，推销人员要了解客户的需求，客户要了解供应商的背景、产品、报价方式等。对于满意的老客户，推销人员已经与客户建立了互信的关系，往往一个电话就可以确定一个订单。

(2) 降低销售费用。例如，在接近新客户时，推销人员需经常请重要的客户去公司参观并承担交通和住宿的费用。客户亲临公司了解公司的全面情况，在整个参观的两三天里，推销人员可以与客户建立良好的关系，这通常会花掉不少的时间和费用。客户已经购买自己公司的产品并很满意时，就会重复采购，成为老客户，也不需要再次请他们去参观了。

（3）提高胜率。胜率是指推销人员成交订单与所做的全部订单的比例。从长期来看，胜率高的推销人员业绩一定很突出，因为他们更容易分配时间和资源，尤其对于老客户的小订单，推销人员几乎都可以轻松胜出，这些零散的小订单加起来可一点都不少，而且有更好的利润。优秀的推销人员的小订单的销售额可以占总销售额的40%，利润却能占到60%以上。

老客户背后存在大量的新客户。省时、省费用和高效率只是老客户给推销人员带来的一部分好处，老客户还可以变成销售代表开发新客户资源。每个客户都有一个圈子并对这个圈子产生影响。客户回访是建立互信的最好时机。在签订合同之前，客户应该对推销人员和公司印象很好，否则就不会签合同。一般使客户不满是从为客户的售后服务开始的。如果推销人员能够很好地承诺，客户会记在心里。如果推销人员拿到订单后，在客户遇到困难时也不出现，就再也不能从这个客户身上拿到订单。

在客户享受售后服务的阶段，客户的心态已经改变。以前，客户将推销人员当作供应商的一个代表，从这一刻起，客户将把推销人员看作合作伙伴。随着客户心态的改变，他自然而然地放弃了对推销人员提防的心理。推销人员应该利用这个时间去弥补以前做得不够好的地方。在这个阶段，推销人员一定要去回访在采购中反对自己的人，了解他们为什么这样做，并设法解除他们的顾虑。去拜访那些级别很高、以前没有能接触到的客户，询问他们有什么要求，并尽力去满足他们的要求。当然，推销人员还应该拜访支持自己的客户，向他们表示感谢，询问他们还有哪些地方需要改进。优秀的推销人员一旦成功获得一个客户就再也不会给自己的竞争对手留下机会。

顽强的竞争对手失去订单后只是暂时退却，他们将隐匿于黑暗之中等待机会，一旦产品质量、安装实施或者服务出现问题，竞争对手就会趁机争夺这个客户。可惜的是没有任何产品或者服务能够使客户百分之百满意，这样就会给竞争对手留下乘虚而入的机会。其实产品和服务出现问题是难免的事情。客户心里都知道这一点，这时客户就要看企业的技术支持和服务了。如果推销人员不去跟踪客户的反应，就等于给竞争对手创造抢夺自己客户的机会。

客户的体验决定了客户的满意程度。客户的体验是指客户与厂家的人员接触或者使用厂家产品时的感觉。这种体验不是逻辑的或者可以用数字来衡量的。客户的满意程度取决于客户的体验。例如，推销人员是否诚实、是否认真、是否守时、是否尊重客户等。提高客户体验满意度不仅仅是推销人员的职责，每个公司都应该把它作为头等大事。

（二）推销失败后提供客户服务

1. 推销失败之后的跟进策略

在推销失败后，推销人员通常有两种不同的态度，或者就此放弃，或者继续跟进。前者不足取，因为在失败之后就放弃，和推销"积极、主动、进攻"的性质是不相符的。在失败后，推销人员采取跟进策略，有可能创造出新的成交机会。推销人员在推销失败之后的跟进策略主要有以下三种：

（1）重新审视客户。重新审视客户包括重估客户的购买需要和动机、客户购买行为的再探讨、准客户条件的再审查、客户拒买理由的再分析等。尤其是客户拒绝购买的理由，是推销人员一定要弄清楚的。例如，当客户只是因为一时手头拮据而没有其他拒买理由时，就值得推销人员再跟进回访，继续保持联系。再如，推销人员如果发现客户对推销建议的兴趣并不因推销失败而减退，只是希望在某些障碍（如交货期、包装、付款条件等）消除后再做商谈。那么，推销人员也可以考虑继续进行回访，设法突破障碍，实现成交。

(2) 合理计时。合理计时是指推销人员在跟进回访时，回访次数的多少和每次回访时间长短的分配。这个问题可以从两方面进行把握：一是所推销的商品的价值；二是以特定产业常被接受的访问比率而定。例如，某些产品结构简单、价值低，经过一两次面谈就能成交，而且每次所谈时间并不长；但有些产品结构复杂，价格也高，必须经过多次长时间的洽谈、报价、建议、修正等，才能完成交易。前者跟进回访的次数少，时间亦短；而后者则需要长期多次的跟进回访。

(3) 更新策略。推销人员如果因为成交失利而跟进回访，就表示原来所采用的推销策略和技巧有不足或值得商榷之处，必须设法更新推销策略，用新资料或新诉求对客户进行试探。推销人员在跟进回访时，如果依然陈腔旧调，必然难以引起客户的注意和兴趣。倘若推销人员换了各种推销方法依然不能使客户对商品产生兴趣，不妨提出小量试用、部分代购的建议（假定商品能分割）、先行建立前卫据点。这是一种试图让客户亲身试验产品的有效方法，胜过任何口头说明。有些推销人员就是在客户先接受试用、试销之后才成功的。

2. 推销失败之后的转化之道

推销失败对于许多推销人员而言，似是不可挽回的死局，但优秀的推销人员往往能死中求生、败中求胜，化不利为有利。转化之道，关键在于四个字——外究、内省。

(1) 外究。所谓“外究”，就是探讨推销失败的外部原因。推销人员可直接向客户询问其不购买的原因。这些原因，有的属于推销人员个人可以改变调整的，有些则是推销人员个人无法解决的，如产品价格、交易条件等。在某些限度内，推销人员可以依据客户需求，做适当的调整；但若推销失败是因商品本身引起的，如商品品种、质量、式样、包装等不符合客户的需求，则推销人员就无能为力了。不过，推销人员是企业的信息员，他的职责之一就是及时搜集、了解客户的需求情况，并及时地反馈给企业。

(2) 内省。所谓“内省”，就是推销人员自我检讨面谈中可能犯了哪些过失，推销推销失败。推销失败必有原因，检讨失败的原因，吸取教训，有益于今后的成功。

总之，无论交易是否成功，推销人员都要对整个推销过程从以下几方面做一个全面彻底的检讨：

① 是否准确地了解和把握了客户的需求和购买动机；

② 接近时是否能引起客户注意；

③ 面谈时能否激发客户购买欲望；

④ 当客户提出异议时，是否能应用转化技巧予以妥当化解，并加深对自身、企业及推销建议的信心；

⑤ 在成交阶段，推销人员是否能熟练运用各种成交策略和技巧，诱导客户立即采取购买行动；

⑥ 推销人员个人的态度、仪表、风范是否恰当。

诸如此类问题，推销人员皆须一一加以深刻反省，如有不当，就要尽快设法改正或补救。

3. 推销失败之后的处理方式

推销人员都要面对失败，而失败是一个重新开始的绝佳机会。在遭遇失败时，推销人员应该遵循下面的原则：

(1) 客户永远是对的。推销人员输了订单时应该具有愿赌服输的精神，不应指责客户的不公平。销售竞争本来就是残酷的，客户有权做出自己的选择。采取极端的措施是无能的表现，上诉、写信投诉都不能挽回失败，这样只能使客户永远与自己告别。当然，如果推销人员发现竞争对手有非法的不正当行为，则另当别论。从厂家的角度来看，有时不能完全了解客户的采购心理，因此，推销人员觉得不公平并不表示这个采购就真的不公平。况且，世界本身就没有绝对的公平可言。即使客户的决定真的不公平，推销人员也不能一味地责怪客户。

(2) 立即拜访客户。“胜败乃兵家常事”，销售也是一样，没有从来不输的推销人员，如果推销人员做了很多工作，最终还是丢失了订单，这时客户在内心中会觉得有负于这个推销人员。如果继续努力，推销人员将产品卖出去的机会会因为以前的失败而大大增加。这个时候放弃客户是最不理智的。

(3) 关注下一个订单。在大多数情况下，推销人员在输掉的订单中已经清清楚楚地了解了客户的资料，并与很多重要的客户建立了互信的关系。这样推销人员就在下一次竞争中占据了领先的地位。当推销人员发现自己要输掉订单时，就应当考虑怎样弥补失去的订单，最佳的方法就是关注下一个订单。

客户回访调查表的使用

客户回访工作必须有的放矢，回访过程必须搜集一定的有效信息，为客户管理工作打好基础，因此客户回访工作初始阶段必须做好相应的准备工作，包括设计好客户回访调查表，见表 8-3。

表 8-3　客户回访调查表

客户名称		地　址		联系人	
电　话		传真/QQ		电子邮箱	
回访人员				回访时间	离开： 到达：
使用时间		维护记录		满意度	

续表

客户情况简介：			
产品的使用情况（稳定性、优势、问题、需求）：			
服务质量（客服人员的服务态度、技术人员的服务态度、项目配合及实施情况、优势/劣势）：			
回访内容记录：			
客户售后服务要求：			
纠正/预防措施：			
客户签名：			
部门主管		公司主管	

七、正确认识和处理客户的投诉与抱怨

客户投诉是每一个企业、每一位推销人员都会遇到的问题。它是客户对企业管理和服务不满的表达方式，也是企业有价值的信息来源，它为企业创造了许多机会。因此，如何利用处理客户投诉的时机来赢得客户的信任，把客户的不满转化为客户满意，锁定他们对企业和产品的忠诚，获得竞争优势，已成为企业管销的重要内容之一，企业推销人员在此任务实施中的主要应做的是正确认识处理客户的投诉与抱怨。

（一）正确认识客户的投诉与抱怨

客户投诉是指客户对企业产品质量或服务不满意，而提出的书面或口头上的异议、抗议、索赔和要求解决问题等行为。

客户对推销人员提出抱怨或投诉，表示客户对推销人员的工作不满意。客户服务人员在回访工作中最棘手的问题就是处理客户的投诉与抱怨，而培养忠实客户最有效的方法就是处理好客户的投诉与抱怨。因为客户投诉与抱怨表明他们希望推销人员在回访时能改进服务水平，这实际上是推销人员改进工作、提高客户满意度的机会。如果提出投诉与抱怨的客户的问题获得了圆满的解决，其忠诚度会比从来没有遇到问题的客户要高。也就是说客户的投诉与抱怨并不可怕、可怕的是不能有效地化解抱怨，最终导致客户更严重的投诉甚至更多客户的流失。

（二）正确处理客户的投诉与抱怨

处理客户的投诉与抱怨是一项复杂的系统工程，它需要经验和技巧的支持，将其妥善处理好绝不是一件易事。要处理好客户的投诉与抱怨需要掌握以下七个“一点”：

1. 耐心多一点

在客户进行投诉和抱怨的时候，要耐心地倾听。不要轻易打断客户的叙述，也不要批评客户的不足。而是鼓励客户诉说下去，让他们尽情发泄心中的不满。当耐心听完客户的倾诉与抱怨后，客户也就能够比较自然地听进去客户服务人员的解释和道歉了。

2. 态度好一点

客户有抱怨或投诉就是说明客户对公司的产品及服务不满意。从心理上来说，他们会觉得企业亏待了他。因此，如果在处理过程中态度不友好，会恶化其与企业之间的关系。反之，如果客户服务人员态度诚恳、礼貌热情，会减少客户的抵触情绪。态度谦和友好，会促使客户平静心情，理智地与客户服务人员协商解决问题。

3. 动作快一点

处理投诉和抱怨的动作快，可以让客户感觉得到了尊重，表示公司解决问题的诚意，及时防止客户的负面消息对公司造成更大的伤害，从而将损失减至最小。一般接到客户投诉或抱怨的信息之后要马上向客户了解具体内容并做好记录，然后大家一起协商处理方案，最好当天给客户答复，如果是处理不了的情况应及时反映给上级领导。

4. 语言得体一点

当产品出现问题时，客户在发泄不满的言语陈述中有可能会言语过激，如果客户服务人员与之针锋相对，势必恶化彼此之间的关系。在解释问题的过程中，措辞也应该十分注意，要合情合理，得体大方，不要一开口就说“绝对不会给你退货的”“买的时候你就不要同意和接受我们的规则啊”等伤人的话，尽量用婉转的语言与客户沟通。即使客户存在不合理的、无法沟通的情况，也不要过于冲动，否则，只会使客户失望，意见越来越大，认为推销人员服务态度差，造成投诉升级。

5. 补偿多一点

客户在抱怨或投诉之后，往往希望得到补偿，这种补偿有可能是物质上的，如退费赔偿等；也可能是精神的，如道歉等。在补偿时，应该尽量补偿多一点，多说一些歉意的话。有时是物质及精神补偿同时进行。多付一点补偿金，让客户得到额外的收获，他们会理解企业的诚意而对企业再建信心的。

6. 层次高一点

客户提出投诉和抱怨之后都希望自己的问题受到重视。处理这些问题的人员的层次会影响客户的情绪，高层次的领导亲自为客户处理或亲自给用户电话慰问，会化解许多客户的怨气和不满，比较容易处理问题。因此处理投诉和抱怨时，如果条件许可，应尽可能提高处理问题的服务人员的级别，如企业领导或服务人员所在部门领导与客户进行及时沟通。

7. 办法多一点

很多企业处理客户投诉和抱怨的手段就是进行慰问、道歉或赠送东西等。其实解决问题的办法有许多种，除以上所述手段外，可邀请客户参观企业，或者给他们奖励，感谢他们提出这些问题等。

【同步案例 8-2】

成功地处理投诉事件比推销成功更为重要

计算机销售代表小马接到一位总工程师的电话，说其香港分部的电脑出了问题，让小马尽快解决。这个总工程师是非常重要的客户。小马答应第二天上午10点以前去见他。现在已经是下午5点了，小马立即打电话到客户服务中心要来客户的服务记录，发现客户已经从香港那边投诉过来了，而且公司已经进行了上门维修。在第一次上门没有解决问题之后，公司又从国外请了一个维修工程师来到现场，维修工程师判断客户的电脑需要升级。客户并不同意维修工程师的观点，因为以前采购的电脑配置更低也没有问题。因此香港分部的客户就将问题反映到总部。小马也判断不出到底原因在哪里，但是维修工程师告诉小马只要客户肯升级内存，问题就一定可以解决。小马又打电话到客户那里，询问了情况，与相关的人约好第二天10点30分举行一个电话会议，小马将维修记录都准备好，计算好需要升级的费用之后才离开了公司。

第二天，小马准时来到客户的办公室。客户刚介绍完情况，小马就将维修记录拿了出来，并简单介绍了己方的观点及与香港分部之间的分歧。接着，小马与客户服务中心的维修工程师、客户的香港分部一起通过电话讨论了情况。客户服务中心的工程师和与客户之间对于谁应该承担责任还是存在分歧，但是客户服务中心承诺：只要升级内存，问题就一定可以解决。客户一直仔细地听着，几乎没有插话。电话会议一结束，他就向小马询问升级的费用，小马拿出准备好的报价递给他。他用眼扫了一眼数字，简单确认了一下，表示即刻升级电脑。

后来，这位客户告诉小马："出问题是难免的，而且有时很难搞清楚原因和责任。本来我是请你来讨论维修问题的，没想到你已经将问题搞清楚了。我看到你们很认真而且效率很高，态度可嘉，因此我就很快地同意支付升级费用了；而且升级费用非常合理和公道。"这位客户对小马所在企业的服务赞不绝口，成了他们公司最踏实的客户，一直在使用他们的电脑。

（资料来源：新浪博客．http://blog.sina.com.cn/s/blog_508dc7e10100byxu.html.有删减）

应用亮点：案例中推销人员积极主动的态度赢得了客户的认可，对推销人员来说，充分认识客记投诉的原因，为客户提出解决办法，远远比与客户争论责任归属更为重要。

一个成功的企业总是十分重视客户投诉，尽一切可能树立企业的良好形象。因此，非常有必要对客户投诉进行登记、分类、整理，使客户投诉的主要内容及各部门的意见一目了然，并以此为基础不断进行经验总结，以保证企业日后经营工作的顺利开展和稳定发展。

总之，企业经营目标应是尽最大可能减少客户的抱怨，建立、维护和拓展自己的忠诚客户群体。在客户抱怨不可避免地发生之后，企业应采取一切可能采取的措施减少其长远损失，让客户再给企业一次为其提供服务的机会。

当然，如何更好地处理客户投诉与抱怨，还包含许多学问和技巧。但是最好的方法应该是让抱怨没有产生的土壤。这就必须坚持以客户为中心，有效地引导、创造客户群体的需求，并提供优质的产品和服务来满足需求，加大投入，不断开发产品和新服务，同时强化质量管理。抓好这一环节，也就达到了处理客户抱怨的最高境界——让客户没有理由抱怨。

客户投诉分类表

客户投诉是客户服务过程中碰到的最常见的问题，投诉的原因五花八门，客服人员必须认真分析，分类处理，而表 8-4 所示客户投诉分类表恰恰能在分类记录客户投诉内容的同时有效记录不同客户的不同投诉类型，收到事半功倍的效果。

表 8-4　客户投诉分类表

序　号	投诉内容	客户名称	投诉时间	记录人	回复时间
1					
2					
3					
4					
5					
6					
7					
8					
9					
10					

学习情景2 客户满意与客户忠诚

一、客户满意度分析

(一)客户满意的含义

客户满意,即 customer satisfaction,简称 CS,是人的一种感觉水平,其来源于对产品或者服务所设想的绩效或产出与人们的期望所进行的比较。菲利普·科特勒认为,顾客满意"是指一个人通过对一个产品的可感知效果与他的期望值相比较后,所形成的愉悦或失望的感觉状态"。客户体验与期望一致,其差值为0时,客户是基本满意的。当客户体验超出客户期望,差值为正时,客户就会感到物超所值,就会高兴,正数越大,满意度越高。相反,差值为负时,客户是不满意的,负数值越大,越不满意。

客户满意是客户的一种心理感受,具体地说就是客户的需求被满足后形成的一种愉悦感或状态。此处的满意不仅仅是客户对服务质量、服务态度、产品质量和产品价格等方面直观的满意,更深层的含义是企业所提供的产品或服务与客户期望的吻合程度如何。

客户满意度指客户满意程度的高低,为客户体验与客户期望之差。用公式表示为

客户满意度=客户体验值-客户期望值

客户体验值-客户期望值>0,则客户满意度高;反之,则客户满意度低。因此企业更多的努力应放在提高客户的体验值上,以提高客户的满意度。

客户满意作为一种经营战略,是以客户为中心的理念的集中体现。现代企业都认可以客户为中心这一理念。

拓展阅读

定期回访短信模板

1. 刚购买产品的回访

尊敬的顾客:您好!感谢您信赖、选购A公司眼镜,您可随时到A公司各连锁店免费享受售后服务。

2. 购买半年的回访

温馨提示:您好,您的眼镜已使用了半年,为了更好地保养眼镜,您可到A公司各连锁店免费享受眼镜清洗和调校服务。

3. 购买一年的回访

温馨提示:您购买的眼镜产品已有一年,为了呵护您的眼睛,您可随时到A公司各连锁

店免费复查视力。

4. 年抛隐形眼镜半年回访

温馨提示：尊敬的顾客，A公司眼镜提醒您，您所购买的隐形产品已有半年，为呵护您的眼睛，您可随时到A公司各连锁店免费复查视力。

5. 隐形眼镜到期回访

尊敬的顾客：A公司眼镜提醒您，您所购买的隐形眼镜即将过期，为保护您的眼睛，请及时到A公司各连锁店免费复查视力。

（二）客户满意的意义

1. 客户满意是企业战胜竞争对手的重要手段

当今买方市场，客户对产品或服务能够满足或超越他们期望的要求非常强烈。客户不但需要优质的产品或服务，还希望以最低的价格、最便捷的方式获得。

客户是企业建立和发展的基础，如何更好地满足客户的需求，是企业成功的关键。如果不能满足客户的需求，而竞争对手能够满足，客户一般会选择竞争对手一方的产品或服务。只有能够让客户满意的企业才能在激烈的竞争中获得长期的、起决定作用的优势。

2. 客户满意是企业取得长期成功的必要条件

客户满意是企业实现效益的基础。客户满意与企业盈利之间具有明显的正相关性。客户只有对自己以往的购买行为感到满意，才可能重复购买同一家企业的产品或服务。

现实中客户因为一个心愿未得到满足而会离开长期合作的企业，企业因此而损失一个老客户。

时刻让客户满意，才能确保企业得到客户长期的认可，才能节省企业维系老客户的费用，有助于企业降低开发新客户的成本，树立企业的良好形象。

3. 客户满意是实现客户忠诚的基础

从客户的角度说，曾经带给客户美好经历的企业意味着可能继续使客户满意，或者是减少再次消费的风险和不确定性。客户忠诚意味着重复购买同一品牌的产品和服务，不为其他品牌所动摇。但如果没有令客户满意的产品或服务，则无法形成忠诚客户。客户满意是形成客户忠诚的基础。

(三)客户满意度的衡量指标

1. 对产品的美誉度

美誉度是指客户对企业或品牌的褒扬程度。一般而言,持褒扬态度、愿意向他人推荐企业及其产品或者服务的客户,对企业提供的产品或服务肯定是满意的。

2. 对品牌的指名度

指名度是指客户指名购买品牌的产品或服务的程度。如果客户在消费或者购买过程中放弃其他选择而指名购买,非此不买,表明客户对这种品牌的产品或服务是非常满意的。

3. 消费后的回头率

回头率是指客户消费了某企业产品或服务后,愿意再次消费的次数。客户是否继续购买产品或服务,是衡量客户满意的主要指标。该数值越大,满意度愈高。

4. 消费后的投诉率

投诉率是指客户在购买某企业产品或服务后所产生的投诉比例,投诉率越高,表明客户越不满意,这里的投诉率还包含隐性投诉。

5. 单次交易的购买额

购买额是指客户购买产品或服务金额的多少。客户对某产品的购买额越高,表明客户对该产品满意度越高。

6. 对价格变化的敏感度

当产品或服务价格上调时,客户表现出很强的承受能力,则表明客户对产品或服务的满意度高。

7. 向其他人员的推荐率

客户主动将产品或服务推荐和介绍给他人购买或消费,也可反映客户满意度。

(四)提高客户满意度的措施

1. 把握客户的期望值

要提高客户的满意度,企业须采取措施引导客户在消费前对企业形成一定的期望,让客户有合理的期望值，这样能够吸引客户，又不至于让客户因期望落空而失望。可以从以下几方面实现对客户期望值的把握：

(1) 不过度承诺；

(2) 宣传留有余地；

(3) 适时超越客户期望。

2. 提高客户体验价值

(1) 提升产品价值。

(2) 提升服务价值。

(3) 提升人员价值。

(4) 提升形象价值。

(5) 降低货币成本。

(6) 降低时间成本。

(7) 降低精神成本。

(8) 降低体力成本。

3. 以客户为中心，实现客户满意

(1) 企业必须有强有力的制度作保障，企业所有活动都得围绕客户需求展开。

(2) 要真正做到客户导向，在强化制度保障的基础上，把客户导向融入企业文化中。

(3) 强化以客户为中心的理论，还应做到：充分掌握客户信息，实施有针对性的客户满意策略；不同级别的客户实行不同的客户满意策略；加强与客户的双向互动和沟通；重视对客户投诉和抱怨的及时处理。

二、客户忠诚度分析

(一)客户忠诚的含义

客户忠诚是指客户对某企业产品或服务一种长久的忠心，并且一再指向性地重复购买。

有学者从研究角度出发，把客户忠诚细分为行为忠诚、意识忠诚和情感忠诚。但是，对企业来说，他们最关心的是行为忠诚。如果客户只有意识忠诚或者情感忠诚，却没有实际的行动，对于企业来说并没有直接意义。

(二)客户忠诚的类型

对于客户的行为忠诚，又可以划分为几种不同的类型，如垄断忠诚、惰性忠诚、价格忠诚、激励忠诚和超值忠诚。

(三)客户忠诚的意义

1. 节省企业综合成本

包括节省开发客户成本，降低交易和服务成本。

2. 增加企业综合收益

(1) 忠诚客户能放心地增加购买量，从而增加销售量。
(2) 忠诚客户愿意尝试新产品或新服务。
(3) 忠诚客户对价格的敏感度低，承受能力强。
(4) 忠诚客户维系成本低而再购买率高。

3. 确保企业长久效益

(1) 忠诚客户自觉排斥货比三家的心理，会主动抑制对其他品牌需求的欲望。
(2) 忠诚客户还注重与企业的感情联系，寻求一种品牌的归属感。

4. 降低企业经营风险

随着科技的发展和企业经营水平的提高，产品和服务的差异化程度越来越低，竞争品牌之间的差异性越来越小，客户因改变品牌所承受的风险大大降低，所以客户忠诚的作用更为明显。

5. 获得良好口碑

忠诚客户即为免费广告，可以使企业的知名度和美誉度大大提高。

6. 促进企业良性发展

忠诚客户带来的效益是递增的，能够为企业带来发展的良性循环。

(四)客户忠诚与客户满意的关系

客户忠诚和客户满意之间的关系既复杂，又微妙。
(1) 满意才可能忠诚。
(2) 满意也可能不忠诚。
(3) 不满意一般不忠诚。
(4) 不满意也有可能忠诚。
(5) 只有在完全满意的情况下，客户忠诚的可能性才会最大。

(五)客户忠诚度的衡量指标

(1) 重复购买率。

(2) 购买时间和购买频率。

(3) 购买支出份额。

(4) 挑选时间的多少。

(5) 情感上的信任与支持。

(6) 潜在客户推荐的数量。

(7) 对企业竞争对手的态度。

(8) 对价格或质量的态度。

(六)提高客户忠诚度的措施

1. 想方设法,使客户忠诚度最高

(1) 通过提供优质的产品和服务及合理的价格来实现客户的完全满意。

(2) 企业还应重视来自客户的反馈意见,不断满足他们的需求。

(3) 忠诚应该是企业与客户之间双向、互动的,不能单方面追求客户对企业的忠诚,而忽视了企业对客户的忠诚。

2. 通过财务奖励措施,为忠诚客户提供特殊利益

企业的利益是建立在客户能够获得利益的基础上的。企业要赢得客户忠诚,就要对客户进行财务奖励和特殊关照,特别是利用价格这一直观、有效的手段予以回报。

(1) 要清除妨碍和不利于客户忠诚的因素,废除一些不合理的规定,要让老客户从忠诚中受益,得到更多的实惠。

(2) 企业要奖励重复购买,让客户中的忠诚者得到回报,让若即若离者得到奖励。企业应制定有利于与客户形成持久合作关系的价格策略。

(3) 企业要想方设法找到忠诚客户进行奖励的有效措施。

(4) 企业还应避免奖励计划带来的不足。

3. 采取多种有效措施,提高客户的转移成本

(1) 加强与客户的结构性联系。经验表明,客户购买一家企业产品越多,对这家企业的依赖性越大,客户流失的可能性越小。

(2) 提高客户服务的独特性与不可替代性。应不断提高竞争对手难以模仿的个性化产品或服务。

(3) 设法增加客户的转移成本。如果客户更换品牌或企业时感觉到转移成本太高,或

客户原来所获得的利益会因更换品牌或企业而损失,或者将面临新的风险和负担,就可以加强客户忠诚。

4. 增加客户对企业的信任感与情感交流

一系列客户满意必然会产生客户信任,长期客户信任会形成客户忠诚。企业要建立高水平的客户忠诚,必须把焦点放在赢得客户信任上,而不能仅仅是在客户满意上。并且要持续不断地增强客户对企业的信任,这样才能获得客户的永久忠诚。

除了增加客户的信任感外,还要加强企业与客户的情感交流。建立客户忠诚其实是赢得客户的心。

(1) 企业要与客户积极沟通、密切交往。企业应积极地与客户进行定期和不定期的沟通,如定期对客户进行拜访或者经常电话问候,真正了解客户和重视客户的想法和意见。

(2) 企业要学会雪中送炭,并能够超越客户的期待。企业应时刻留意客户需求的变化,不断满足和超越客户期待。

5. 加强企业内部管理,为客户忠诚提供基础保障

(1) 提高员工的满意度。

(2) 通过制定严格的制度,避免员工流失造成客户流失。

(3) 要扩大客户与企业的接触面,减少客户对企业单个员工的依赖。

6. 建立不同类型的客户组织,有效稳定客户队伍

(1) 企业运用某种形式将分散的客户组织起来,建立客户组织,如会员制或客户俱乐部,并向客户提供价格和非价格的刺激,可将一系列独立的交易转变为具有密切联系的交易。

(2) 客户组织可使企业与客户之间由短期联系变成长期联系,由松散联系变为紧密联系,由偶然联系变为必然联系,从而保持现有客户和培养忠诚客户,确保企业有一个基本的忠诚客户群。

三、客户保持管理

(一)客户保持的基础认识

1. 客户保持的概念

客户保持是指企业维持已建立的客户关系,使客户不断重复购买产品或服务的过程。客户保持的决定因素有客户满意、客户认知价值和转移成本。客户保持绩效的度量维度就

是重复购买的意向。

2. 客户保持的必要性

争取新客户的成本显然要比保持老客户昂贵得多,从客户营利性的角度考虑是非常不经济的。因此,越来越多的企业转向保持老客户,把营销重点放在获利较为丰厚的客户群上,即使不在新客户上投资,企业也能够实现大部分盈利目标。

因此,客户关系管理的策略主要在于维持现有客户,而不是一味地争取新客户。

3. 客户保持的重要作用

(1) 能够从现有客户中获得更多的市场份额,以增加企业的产品盈利、降低企业的销售成本。

(2) 能够赢得口碑宣传,提高员工的忠诚度。

(3) 能够提高企业的信誉度、美誉度。

4. 客户保持管理的内容

(1) 重视客户数据库的建立和管理工作,注意利用数据库来开展客户关系管理。

(2) 通过客户关怀提高客户满意度和忠诚度。

(3) 利用客户投诉或抱怨等相关资料,分析客户流失的原因,从而改进服务。

(二)客户保持策略的三个层次

(1) 第一层次:增加客户关系的财务利益。这一层次是利用价格刺激来增加客户关系的财务利益。

(2) 第二层次:优先增加社会利益。这一层次既增加财务利益,又增加社会利益,而社会利益要优先于财务利益。

(3) 第三层次:附加深层次的结构性联系。这一层次在增加财务利益和社会利益的基础上,附加了更深层次的结构性联系。所谓结构性联系是指提供以技术为基础的客户服务,从而帮助客户提高效率和产出。

(三)不同类型客户的保持策略

(1) 已下订单的客户,应确保其所购买的产品的质量及售后服务,向客户询问使用情况,提高客户忠诚度,从优质的服务开始。

(2) 对于近期内有希望的潜在客户,应对其进行分析判断,制定有针对性的销售策略。

(3) 近期没希望的潜在客户,可以通过电话、短信、组织活动等形式与客户保持联系,让客户记住你的存在。

学习情景3 实训与演练

一、角色演练

1. 演练目的

通过本次演练掌握客户回访的要领。

2. 演练内容

李明是厨神厨房洁卫公司新来的推销员。按照第一次拜访时大融连锁超市集团采购部的主管刘斐提出的要求,李明准备了更翔实的资料,准备回访刘斐。回访时,刘斐一开始仍然不表态,说领导还在研究,而李明也通过自己的信息渠道得知自己的竞争对手前天也来拜访过刘斐。

扮演李明完成此次回访工作。

3. 演练步骤、要求

(1) 演练地点可选择在模拟办公室或教室等场所,道具可以自带。

(2) 应分组进行,可以3人一组,其中1人扮演李明,1人扮演刘斐,1人进行监督和评价。时间允许的情况下,可以每个人都扮演一次李明。

(3) 每个同学在演练过程中一定要严肃认真,言行符合规范。

(4) 每个同学最好都能按照演练内容设计演练的脚本(包括情节和台词),并给本小组成员分派角色。

(5) 教师可以临场发挥,比如增设模拟角色和任务;在同学们演练时,组织其他同学对演练进行评论。

4. 评分规则

(1) 由小组代表组成评委,对每个同学进行评分,最后取评委平均分。

(2) 评分标准:

① 整体形象(40分):语音语调、肢体语言、精神面貌等。

② 异议处理方法与手段(50分):处理异议的方法与手段多样化,且顾客易于接受,效果明显。

③ 时间掌控(10分):以3～5分钟为宜,超过5分钟则不得分。

二、课内模拟实训

1. 实训内容

以线上和线下客户为例，讨论做好客户回访与维护工作的实质性内容，并总结出线上线下客户维护的异同点，可以辅以小范围的调查，最终形成条理清晰的总结性报告。

2. 实训目的

通过小组内充分讨论，认识客户回访工作的意义，并理解客户回访工作在企业经营中的重要性。

3. 实训要求

（1）自由发言，及时总结，每个小组完成一份总结性报告。

（2）小组汇报。

4. 实训步骤

（1）以小组为单位，选好报告执笔人。

（2）教师课堂上督促、激励学生参与讨论。

（3）上交报告，小组汇报，教师及时点评及总结。

5. 实训课时

1学时。

三、课外实战训练

1. 训练任务

以购买前面各项目课外实战训练中所销售产品的客户为回访对象，完成一次客户回访与维护工作。

2. 训练目的

巩固客户回访的核心内容。

3. 训练要求

（1）小组或个人完成。

（2）训练结束后，由小组或个人形成书面报告，并在最后的课程总结中进行汇报。

4. 考核点

客户的评价。

【实训教学建议】

1. 授课教师围绕本项目的教学目标，创设一个与工作、生活实际相似的情境。

2. 通过情境设计，在课堂教学中给学生更多参与互动的机会，实现教学双向互动。

3. 在实训教学过程中，实施教、学、做一体的教学思路，尤其是强调学生动脑（思考）、动口（表达）和动手（写与做）的能力训练，改“教师为单一主体”的教学方式为“学生、教师双主体”的教学方式，培养学生课堂上积极参与的好习惯。

附　录

Appendix

附录 A　商务谈判与推销技巧案例

农机设备谈判中的竞争与合作

中国某公司与日本某公司在上海著名的国际大厦，围绕进口农业加工机械设备，进行了一场别开生面的竞争与合作、竞争与让步的谈判。

谈判一开局，按照国际惯例，首先由卖方报价。首次报价为 1 000 万日元。

这一报价比实际卖价高许多。日方之所以这样做，是因为他们以前的确卖过这个价格。如果中方不了解谈判当时的国际行情，就会以此作为谈判的基础，那么，日方就可能获得丰厚的利润；如果中方不能接受，日方也能自圆其说，有台阶可下，可谓"进可攻，退可守"。由于中方事前已摸清了国际行情的变化，深知日方是在放"试探气球"。于是中方直截了当地指出：这个报价不能作为谈判的基础。日方对中方如此果断地拒绝了这个报价而感到震惊。他们分析，中方可能对国际市场行情的变化有所了解，因而己方的高目标恐难实现。于是日方便转移话题，介绍起产品的特点及优良的质量，以求采取迂回前进的方法来支持己方的报价。这种做法既回避了正面被点破的危险，又宣传了自己的产品，还说明了报价偏高的理由，可谓"一石三鸟"，潜移默化地推进了己方的谈判方案。但中方一眼就看穿了对方在唱"空城计"。因为谈判之前，中方不仅摸清了国际行情，而且研究了日方产品的性能、质量、特点及其他同类产品的有关情况。于是中方运用"明知故问，暗含回击"的发问艺术，不动声色地说："不知贵国生产此种产品的公司有几家？贵公司的产品优于 A 国、C 国的依据是什么？"此问貌似请教，实则是点了对方两点：其一，中方非常了解所有此类产品的有关情况；其二，此类产品绝非你一家独有，中方是有选择权的。中方点到为止的问话，彻底摧毁了对方"筑高台"的企图。中方话未完，日方就领会了其中的含意，顿时陷于答也不是、不答也不是的境地。但他们毕竟是生意场上的老手，其主谈人为避免难堪的局面借故离席，副主谈也装作找材料，埋头不语。过了一会儿，日方主谈神色自若地回到桌前，因为他已利用离席的这段时间，想好了应付这一局面的对策。果然，他一到谈判桌前，就问他的助手："这个报价是什么时候定的？"他的助手早有准备，对此问话自然心领神会，便不假思索地答道："以前定的。"于是日方主谈人笑着解释说："唔，时间太久了，不知这个价格是否有变动，我们只好回去请示总经理了。"老练的日方主谈人运用"踢皮球"战略，找到了退路。中方主谈人自然深谙谈判场上的这一手段，便采取了化解僵局的"给台阶"方法，主动提出"休会"，给双方以让步的余地。中方深知此轮谈判不会再有什么结果了，如果追紧了，就可能导致谈判的失败，而这是中日双方都不愿看到的结局。

此轮谈判，从日方的角度看，不过是放了一个"试探气球"。因此，凭此取胜是侥幸的，而"告吹"则是必然的。因为对交易谈判来说，很少有在开局的第一次报价中就获成功的。日方在这轮谈判中试探了中方的虚实，摸清了中方的态度。同时也了解了中方主谈人的谈判能力和风格。从中方角度来说，在谈判的开局就成功地抵制了对方的"筑高台"手段，使对方的高目标要求受挫。同时，也向对方展示了己方的实力，掌握了谈判中的主动。双方在这轮谈判中，互道了信息，加深了了解，增强了谈判成功的信心。从这一意义上看，首轮谈判对双方来说都是成功的，而不是失败的。

第二轮谈判开始后，双方首先漫谈了一阵，调节了情绪，融洽了感情，创造了有利于谈判的友好气氛。之后，日方再次报价："我们请示了总经理，又核实了一下成本，同意削价 100 万日元。"同时，他们夸张地表示，这个削价的幅度是不小的，要中方"还盘"。中方认为日方削价的幅度虽不小，但离中方的要价仍有较大距离，马上"还盘"还很困难。因为"还盘"就是向对方表明己方可以接受对方的报价。在弄不清对方的报价离实际卖价的"水分"有多大时就轻易"还盘"，往往造成被动，高了己方吃亏，低了可能刺激对方。"还盘"多少才是适当的，中方一时还拿不准。慎重起见，中方一面电话联系，再次核实该产品在国际市场的最新价格，一面对日方的二次报价进行分析。

根据分析，这个价格，虽日方表明是总经理批准的，但根据情况看，此次降价是谈判者自行决定的。由此可见，日方报价中所含水分仍然不小，弹性很大。基于此，中方确定"还盘"价格为 740 万日元。日方立即回绝，认为这个价格很难成交。中方坚持与日方探讨了几次，但没有结果。鉴于讨价还价的高潮已经过去，因此，中方认为谈判的"时钟已经到了"，该是展示自己实力、运用谈判技巧的时候了。于是，中方主谈人使用了具有决定意义的一招，郑重地向对方指出："这次引进，我们从几家公司中选中了贵公司，这说明我们成交的诚意。此价虽比贵公司销往 C 国的价格低一点，但由于运往上海口岸比运往 C 国的费用低，所以利润并没有减少。另一点，诸位也知道我国有关部门的外汇政策规定，这笔生意允许我们使用的外汇只有这些。要增加，需再审批。如果这样，那就只好等下去，改日再谈。"

这是一种欲擒故纵的谈判方法，旨在向对方表示己方对该谈判已失去兴趣，以迫使其做出让步。但中方仍觉得这一招的分量还不够，又使用了类似"竞卖会"的高招，把对方推向了一个与"第三者竞争"的境地。中方主谈人接着说："A 国、C 国还等着我们的邀请。"说到这里，中方主谈人把一直捏在手里的王牌摊了出来，恰到好处地向对方泄露，把中国外汇使用批文和 A 国、C 国的电传递给了日方主谈人。日方见后大为惊讶，他们坚持继续讨价还价的决心被摧毁了，陷入必须“竞卖”的困境；要么压价握手成交，要么谈判就此告吹。日方一时举棋不定，握手成交吧，利润不大，有失所望；告吹回国吧，跋山涉水，兴师动众，花费了不少的人力、物力和财力，最后空手而归，不好向公司交代。这时，中方主谈人便运用心理学知识，根据“自我防卫机制”的文饰心理，称赞日方此次谈判的确精明强干，中方就只能选择A国或C国的产品了。

日方掂量再三，还是认为成交可以获利，告吹只能赔本。这正如本杰明·富兰克林的观点所表明的那样，“最好是尽自己的交易地位所能许可来做成最好的交易。最坏的结局，则是由于过于贪婪而未能成交，结果本来对双方都有利的交易却根本没有能成交”。

[资料来源：白远．国际商务谈判理论案例分析与实践(第三版)．北京：中国人民大学出版社，2012]

案例分析：谈判成功的原因主要在于中方在谈判之前就为谈判投入了大量的精力，进行市场调查，搜集信息，分析预测，从而为谈判做好了充分的准备工作。同时在谈判过程中，为了准确“还盘”，对变动不定的市场行情仍时刻注意调查了解，从而在谈判前和谈判过程中都能做到胸有成竹，应付自如，进而为掌握主动权打下了坚实的基础。也正是在上述基础上，谈判过程中的手段、技巧、策略运用得及时、高超和有效。从谈判一开局，中方运用信息的力量，成功地扒了对方筑起的“高台”，进而适时地使用“给台阶”的方法，提供了使对方让步的机会；在第二轮谈判中，又慎重而恰当地“还盘”，一步到位。其后中方面对日方坚持讨价还价的情况，采用了欲擒故纵、“竞卖”等方略，陷对方于被迫与A国、C国竞争的被动局面。最后再用出手不凡的一招，借“泄情”之法向对方亮出关键性的王牌。上述环节紧紧相扣，谈判手段运用巧妙，一气呵成，最后达到谈判的圆满成功。从表面上看，日方卖给中国的产品价格的确低了一些，但是由于他们与中国是近邻，运费和风险都比售往其他国家小得多，也就是说他们的利润并未减少。当然谈判的结局与日方的谈判目标从形式上看不相符，这是由于日方在谈判之初报了一个过高的价格作为谈判的基础。日方的成功之处在于他们既设计了一个谈判“高台”，又为这个“高台”设计了下来的台阶。另外，日方在这场谈判中不由自主地陷入“竞卖”的境地，使之在客观上处于谈判的劣势，不压低价格是谈不成功的。日方是精明的，他们宁肯低价出手，获得利润，也绝不维持高价，让竞争者取胜。于是日方在谈判的时钟说“到了”的时候，及时调整了谈判的目标，勇敢地选择了成交。总之，中日双方都是该谈判的胜利者。

附录B　推销训练任务书参考范本

参考范本一　“FABE模型实战训练”校内课外训练任务书

1. 技能名称

FABE模型实战训练。

2. 技能性质

本技能是市场营销专业必备职业技能。

3. 训练目标

通过本技能的训练，使学生在实际推销工作中能熟练运用 FABE 模型来提升推销技能，并提高语言表达的准确性、专业性。

4. 技能训练内容与要求

技能训练内容与要求见表附 B-1。

表附 B-1 技能训练内容与要求

序号	训练项目	依托课程	训练内容	考核标准与要求	考核方式
1	产品 FABE 分析表制作	市场营销理论与实务	制作服装或者机电行业里一个典型产品的 FABE 分析表	表格内容按照 FABE 的特征、优点、利益、证据四个方面填写，文字流畅，有说服力	提交最终版 FABE 表（上交时间 12 月 31 日）
2	FABE 实战训练	推销与谈判	按照产品的特征(F)、优点(A)、利益(B)、证据(E)的流程反复进行推销语言训练	要求语言准确、规范、专业性强，且流畅及富有感染力	面试（元旦过后一周）

注：FABE 分析表主要是将某产品的性能、外型、构造、作用、使用方便程度、耐用性（不局限于这些方面）等按照特征(F)、优点(A)、利益(B)、证据(E)四方面分别进行描述。在实际推销过程中重点将这四个方面淋漓尽致地向顾客进行解说，以提高顾客的购买意愿。

5. 训练建议

(1) 训练场地：多媒体教室、空间较大的实训室、寝室（自备电脑）。

(2) 考核与评价建议：以学生集中申请考核为主，分散考核为辅。

参考范本二 推销计划任务书

背景企业一：旺源驼奶实业有限公司

【简介】骆驼奶被称为“沙漠白金”，其营养相当丰富。骆驼奶是一种珍贵的且极具营养价值的滋补佳品。骆驼奶的味道比牛奶略咸，奶油味更浓。其营养价值远远高于一般的动物乳制品。驼乳中含有的大量的免疫成分，可有效消灭人体内多种病毒细菌，综合提升人体的免疫力，调节人体器官机能，以达到抗病健身的目的。嘉兴企业家陈钢粮创办的新疆旺源驼奶实业有限公司生产的“旺源”骆驼奶(如图附 B-1 所示)，在中国·亚欧博览会上，受到了很多中外客商的青睐。同时该公司申请的低温杀菌、低温干燥和益生菌发酵活性驼奶粉三大技术的国家发明专利，能解决骆驼奶在高温或低温储藏和运输时容易丢失营养成分的问题。同样在新疆创业的温商汪文杰得知以上商业信息之后，决定将原汁原味的骆驼奶引进温州市场。

图附 B-1 “旺源”骆驼奶

【任务】请为骆驼奶走进温州市场设计推销计划书(Word 文件)，并以 PPT 形式汇报。

背景企业二:龙文教育集团

【简介】龙文教育成立于 1999 年，是由海淀教委批准的个性化学校，公司 Logo 如图附 B-2所示。创立伊始，龙文教育以“良心办学，诚信办学”为发展基础，不断引进优秀师资。2006 年 9 月，龙文提出“1 对 1 个性化全日制”辅导模式，以全面推进学生的素质教育为前提，综合培养学生应对各种基础教育考试、考核的能力。截至 2011 年 7 月，龙文教育已经在北京的教学点超过 160 家，并成功开发建设上海、杭州、成都、天津、苏州、南京、无锡、广州、西安、深圳等 51 个城市 1 000 余所分校。

图附 B-2 龙文教育集团 Logo

服务对象包括小学生、中学生；服务内容包括高考、中考、国际游学等考试辅导，以及作文、英语、奥数等学科辅导。

教学特色体现在以下几个方面：

1. 领先的教学理念

龙文教育急家长所急，想学生所想，积极倡导“以人为本”的教育理念，在业内率先推出“个性化”创新教育理念，推出“一个学生一个教学团队，一个学生定制一套教学计划”的因材施教模式；最大程度地尊重和关注学生的个性化差异，把中小学生从繁重的课业负担中解放出来，让学生有更多独立思考、独立实践的学习机会，提升素质并发挥潜能，促进学生的全面发展。

2. 全程个性化服务流程

龙文教育通过对学生的全程个性化服务流程，为每一个学生进行个性化的诊断测评、匹配适合的优秀教师、量身定做个性化的教学方案、进行个性化的辅导教学。帮助学生培养良好的学习习惯、开拓学习思维，获得学习成绩与综合素质的双丰收，为学生的终身学习能力打下基础。

3. 丰富的辅导内容

龙文教育根据学生不同的学习阶段、学科特点和辅导需求，为学生定制个性化的辅导内容。包括校内各科目个性化1对1同步辅导，面向基础知识薄弱的考生提供的个性化委托辅导、考试串讲与模拟考试暑假的预科课程辅导、优等生单科或全科强化、小升初培优等。

4. 雄厚的师资力量

龙文教育具有丰富个性化教学经验的教师，履行“客户至上”的理念，为学生提供优质专业的服务。龙文教育的教师在个性化教育教学方面体现了诸多特色：相信所有学生都能出色地学习、充分了解全国中小学教学和考试特点、创造丰富的教学情境、加强教师团队的培训与教研活动，这些都是龙文教育优质教学服务的基础。

5. 6对1服务模式

根据以学生学习为中心的服务理念，龙文教育在业内率先提出并实践了6对1服务模式，为每一个学生提供全方位的个性化教学辅导服务，包括专业的教育咨询师、资深的学科教师、细致周到的班主任(学习管理师)、优秀的陪读教师、心理咨询专家、个性化教育专家。

6. 独特的教学特色

根据教学组织形式的不同，龙文教育的模式包括1对1、小组教学和班级串讲等教学形式；根据个性化教学对学生全面发展的要求，龙文的个性化教学计划，可以理解为全程1对1个性化教学，通过授课、陪读、答疑3种辅导方式，获得知识、能力、习惯3种提升结果的133提升计划。

【任务】请为龙文教育集团开拓您所在城市的教育市场，以中小学家长为目标市场，设计推销计划书。

背景企业三：三星公司

【简介】清洁地板和家具是主妇们每天的例行公事，然而低头弯腰清洁一些难以清洁的卫生死角，实在让人头疼。这时候你最需要一台能够自动清扫地板并且能把死角及时清理的自动扫地机。三星自动扫地机VC-RM84V(如图附B-3所示)最大的亮点莫过于79mm超薄型的机身设计，这让它可以去更多平时难以清扫的地方，卫生死角一网打尽。此外，三星VC-RM84V采用自动充电技术，具备线路预绘系统和虚拟墙功

图附 B-3　三星自动扫地机 VC-RM84V

能，可以应付地毯、地板地面等各种环境。另外，该机还应用了双重 CPU 智能清洁系统，会计算房间的大小与障碍物区域，配合预定清洁模式，自动调节清扫路线，清扫任务完成后会自动回到充电座充电。

【任务】请以大学所在城市为市场区域，为三星自动扫地机设计针对性强的推销计划书，并以 PPT 形式汇报。

附录 C　推销计划书与情景模拟剧本

润田矿泉水推销计划书与情景模拟剧本

一、推销计划书

准备 1：选择特定的商品（服务）：江西润田矿泉水。

准备 2：产品特性分析，见表附 C-1。

表附 C-1　润田矿泉水产品特性分析

特　征	优　点	缺　点	利　益	证　明
中外合资企业，注册资本 2.1 亿元，着力绿色环保主题	倡导“回归自然，关注健康”的绿色理念，着力打造润田健康、安全的品牌形象，在消费者中有非常好的口碑	市场面临多种同类竞争产品，农夫山泉等产品的强力打压使得销售市场不是很乐观	市场很广，在各种小型商店、大型超市都有润田产品，销售量每个月都在上升，而且最近品牌已打响，口碑不错	到目前为止，在全国拥有多个现代化生产基地，设备先进，环境优美，生产及开发能力强，拥有水饮料、果汁饮料、茶饮料、果奶饮料、碳酸饮料、运动饮料六大系列 30 多个品项

准备 3：客户信息分析，见表附 C-2。

表附 C-2　客户信息分析

基本资料	性格特点	个人爱好	购买习惯	潜在需求
欧阳某：沃尔玛大型连锁超市（南昌分店）采购经理	做事很认真，非常严肃	喜欢篮球等娱乐活动	喜欢盈利大的产品	大批量采购饮料产品，增加销量，扩大超市利润，提高自己在公司的业绩

准备 4：回答异议练习。结合情景，预想客户可能提出的异议，作应答准备，如：

(1) 真的有效果吗？

答:本公司目前在全国拥有多个现代化生产基地,设备先进,环境优美,生产及开发能力强,拥有水饮料、果汁饮料、茶饮料、果奶饮料、碳酸饮料、运动饮料六大系列 30 多个品项。肯定不会让您失望的。

(2) 我没有时间。

答:不好意思,打搅您了,请问您什么时候有空呢?

(3) 考虑考虑再说。

答:现在是最后一批了,如果贵超市还在犹豫的话,那么不仅会损失掉这么好的销量,而且还会让其他竞争对手从中盈利,夺取您的顾客,如果您考虑好了要马上联系我啊!时间不能太长啊!

(4) 我现在不需要。

答:经理,我希望您再考虑考虑,因为这个产品真的很不错,肯定会给您带来利润的,而且我们公司一直以来都有很好的口碑,最近的市场销量更是不断飙升。

(5) 价格太贵了。

答:我们的产品和其他产品是等价位的,同时我们的产品更具有市场性,和其他产品相比更加具有消费吸引力(比较优势法),你们肯定能获得丰厚的利润,这样的话,价格就不算高了。

准备 5:制订推销访问计划,见表附 C-3。

表附 C-3 推销访问计划

推销目标	推销要点	推销策略	访问路线	日程安排
让沃尔玛超市采购我们的批量矿泉水	1. 要让采购经理给我们当面推销的机会; 2. 面谈的时候吸引经理的兴趣; 3. 阐述本产品的优点	1. 当经理有疑问的时候采取比较优势法、以优补劣法等; 2. 先和经理取得情感交流,加深印象,取得他的信任	1. 电话预约; 2. 当面交谈	周五:电话预约; 周六:继续电话预约; 周日:登门拜访,当面交谈

二、情景模拟剧本

(一)概　述

1. 背景资料

江西润田饮料股份有限公司是一家致力于生产经营天然饮料食品的中外合资企业,注册资本 2.1 亿元,总部位于历史名城赣江之滨——江西省南昌市创建于 1994 年,从地方性品牌到全国性品牌,逐年稳步发展,以产品质量求市场,倡导"回归自然,关注健康"的绿色理念,着力打造润田健康、安全的品牌形象,在消费者中有非常好的口碑。

2. 推销理论

"推销人员"程经理向大客户沃尔玛超市(南昌分店)进行矿泉水产品推销。首先运用电话预约的方式给顾客留下第一印象,并想办法约定见面时间;然后登门拜访,进行当面交谈并推销。

在推销过程中，我们在处理顾客疑问的时候，采用了以优补劣法、比较优势法等方法。

3. 角色分配

程某：江西省润田饮料股份有限公司大客户经理

欧阳某：沃尔玛大型连锁超市（南昌分店）采购经理

（二）情景模拟

1. 电话预约

（周五早上，程某拨通了欧阳经理办公室的电话）

程某：您好，欧阳经理，我是润田饮料股份有限公司公司大客户经理，我姓程，想和您谈一谈我们有关产品批量出售的问题，请问您现在有时间吗？

欧阳某：不好意思，程经理，我们马上就要开部门例会了，真的很抱歉。**（急于结束通话，估计对这次交谈没有任何兴趣，也许心存疑虑）**

程某：哦，是这样啊！请问您什么时间有空，我再打电话给您。**（让对方给出具体时间，以便他没有借口拒绝）**

欧阳某：具体时间也不清楚，明天这个时间吧，应该有空。**（间接拒绝再次打电话给他）**

程某：好的，明天再联系。很抱歉，打扰您了。**（一定要保持绝对有礼貌，把自己的位置放到最低）**

（周六早上，程某再次拨通了欧阳经理办公室的电话）

程某：您好，欧阳经理，我是润田公司大客户经理程某。我昨天给您打过电话，再次麻烦您了。

欧阳某：哦，你要谈什么产品？你们产品怎么了？

程某：是这样，我们公司有大批润田产品批量出售，而您刚好在这一方面有需求，我公司希望能与您公司合作。

欧阳某：你们这个润田品牌我倒是听说过，但是目前我们超市已经有几个牌子的饮料产品在销售，所有我们暂时还没有增加销售品牌的打算，不好意思啊。**（显然欧阳经理很想结束谈话）**

程某：欧阳经理，您说得没错，超市里有很多品牌，你们可能已经足够供应市场需求，但是我们的产品一直都是符合绿色环保要求的，都是健康产品。

欧阳某：难道我们出售的产品不是健康产品吗？

程某：经理，当然，健康是前提，我的意思是我们的产品没有什么安全问题，一个产品要想有市场就要看口碑，是不是符合消费者，我们的产品已全面进入市场，销量每个月都在上升，尤其是在南昌，已经打下很好的基础，我公司采用"高价格、高促销"的市场推广策略，我们的产品肯定能和贵超市双剑合璧、共谋大利的。

欧阳某：……

程某：我们公司在全国拥有多个现代化生产基地，设备先进，环境优美，生产及开发能力强，拥有水饮料、果汁饮料、茶饮料、果奶饮料、碳酸饮料、运动饮料六大系列30多个品种。

欧阳某：你们这么有信心？还能说说吗？

程某：当然可以，明天是周末，我想和您当面谈谈，请问您有没有时间？我们有信心，也有决心。

欧阳某:好吧! 你明天来我公司,我们把酒言欢。

程某:经理客气了,不打搅你了,明天见。

2. 登门拜访

(周日早晨,程经理来到了欧阳经理办公室)

程某:欧阳经理,您好,我是润田饮料股份有限公司大客户经理。

欧阳某:您好。

程某:昨天我在电话里和您提起过我们的产品。

欧阳某:其实我觉得你们的产品还不错,口碑不错,我们很有意愿和你们长期合作,只是价格方面是不是再降一点?

程某:我们的产品和其他产品是等价位的,同时我们的产品更具有市场性,和其他产品相比更加具有消费吸引力**(比较优势法)**,你们肯定能获得更大的利润,这样的话,价格就不算高了。当然我们还有些优惠条件。**(欲先取之,必先予之)**

程某:我们的产品产销量一直雄居江西省第一,饮料产品市场占有率非常高,远远超出竞争对手,是江西饮用水第一品牌。相信贵超市在南昌销售我们的产品一定很有前景。**(转折法、以优补劣法)**

欧阳某:好吧,那我就先采购一批试试,具体事宜要再商量商量。

程某:好的,谢谢欧阳经理,合作愉快!**(不可急功近利)**

(资料来源:江西润田实业股份有限公司资料)

参考文献

[1] [美]杰勒德·姆·戈德曼.推销技巧[M].谢毅斌,译.北京:中国农业机械出版社,1984.

[2] [英]P.D.V.马什.合同谈判手册[M].上海:上海翻译出版公司,1988.

[3] [美]罗杰·费希尔,威廉·尤里,等.理性谈判制胜术 [M].李小刚,等,译.成都:四川人民出版社,1995.

[4] 崔新有.商务谈判[M].北京:中国商业出版社,1998.

[5] 李兴国.公共关系实用教程[M].北京:高等教育出版社,2000.

[6] 刘园.国际商务谈判[M].北京:中国对外经济贸易出版社,2001.

[7] 马克态.商务谈判——理论与实务[M].北京:中国国际广播出版社,2003.

[8] 陈企华.最成功的推销实例[M].北京:中国纺织出版社,2003.

[9] 韩广华.推销技术[M].北京:中国财政经济出版社,2003.

[10] 王红.推销技巧[M].武汉:武汉大学出版社,2004.

[11] 邱少波.现代推销技能[M].上海:立信会计出版社,2005.

[12] 萧野.乔·吉拉德的推销思想[M].北京:中国纺织出版社,2005.

[13] 周琼,吴再芳.商务谈判与推销[M].北京:机械工业出版社,2005.

[14] 郑方华.销售技能案例训练手册[M].北京:机械工业出版社,2006.

[15] 周庆.商务谈判实训教程[M].武汉:华中科技大学出版社,2007.

[16] 王晓.现代商务谈判[M].北京:高等教育出版社,2007.

[17] 丁建衷.《商务谈判》(第二版)教学案例[M].北京:中国人民大学出版社,2007.

[18] 冯华亚.推销技巧与实战[M].北京:清华大学出版社,2008.

[19] 李旭穗.现代商务谈判[M].北京:清华大学出版社,2009.

[20] 杨雪青.商务谈判与推销[M].北京:北京交通大学出版社,2009.

[21] 王国梁.推销与谈判技巧[M].北京:机械工业出版社,2009.

[22] 范忠,陈爱国.商务谈判与推销技巧[M].北京:中国财政经济出版社,2010.

[23] 尹正年.推销实务[M].成都:西南财经大学出版社,2010.

[24] 李文新.推销技巧[M].武汉:华中师范大学出版社,2012.

[25] 张迺英.推销与谈判[M].上海:同济大学出版社,2012.

[26] [美]福克斯.哈佛谈判心理学[M].胡姣姣,译.北京:中国友谊出版公司,2014.